Judas Ischarioth: «Überlieferer» des Evangeliums

TVZ

reformiert!

herausgegeben von
Matthias Felder, Magdalene L. Frettlöh,
Frank Mathwig, Matthias Zeindler

Bd. 5 – 2018

Matthias Käser-Braun

Judas Ischarioth: «Überlieferer» des Evangeliums

Karl Barths erwählungstheologische Interpretation der biblischen Judasgestalt

Mit einem Geleitwort von Magdalene L. Frettlöh

TVZ
Theologischer Verlag Zürich

Gedruckt mit freundlicher Unterstützung von der Burgergemeinde Bern, der Lang-Stiftung, Zürich, den Reformierten Kirchen Bern-Jura-Solothurn und der Kirchgemeinde Berner Münster.

Bibliografische Informationen der Deutschen Nationalbibliothek
Die Deutsche Nationalbibliothek verzeichnet diese Publikation in der Deutschen Nationalbibliografie; detaillierte bibliografische Daten sind unter http://dnb.dnb.de abrufbar.

Umschlaggestaltung
Simone Ackermann, Zürich
Unter Verwendung eines Bilds von Matthias Hestermann des Kapitells «Jesus trägt Judas» in Vezelay

Druck
Rosch Buch GmbH, Schesslitz

ISBN 978-3-290-18178-9

www.tvz-verlag.ch

«Öffne deinen Mund für den Stummen,
für den Rechtsanspruch aller Schwachen!»

Sprüche 31,8

«Es ist wahr, wir sind oft zu schwach, um Ungerechtigkeit zu beenden;
aber wir können wenigstens gegen sie protestieren.
Es ist wahr, wir sind zu hilflos, um den Hunger auszutilgen;
aber wenn wir einem einzigen Kind zu essen geben,
bieten wir dem Hunger die Stirn.
Es ist wahr, wir sind zu ängstlich und zu machtlos,
um gegen alle Wärter aller politischen Gefängnisse der Welt anzutreten;
aber wenn wir einem einzigen Gefangenen unsere Solidarität anbieten,
prangern wir alle Peiniger an.
Es ist wahr, wir haben keine Macht gegen den Tod;
aber solange wir einem Mann, einer Frau, einem Kind helfen,
eine Stunde länger in Sicherheit und Würde zu leben,
bestärken wir das menschliche Recht auf Leben.»

Elie Wiesel

«GOTT hat alle unter den Unglauben beschlossen,
auf dass SIE sich aller erbarme.»

Römer 11,32

Im Gedenken
an meinen Urgrossvater Moritz Walter
Geboren am 1. April 1908 in Essen und am 28. Mai 1943 in Sobibor ermordet.

Vorwort zur Reihe

Die Schweizer Reformation war die erfolgreichste Reformation sowohl im Blick auf ihre Reichweite als auch auf ihre Nachhaltigkeit. Das Ausrufezeichen hinter «reformiert» hebt den Finger im deutschsprachigen Raum der lutherischen Erbengemeinschaft. Die reformierte Tradition steht für Offenheit gegenüber anderen Konfessionen und Religionsgemeinschaften, für ein kritisch-engagiertes und zugleich aufmerksam-widerständiges Verhältnis gegenüber dem Staat und für einen revisionsfreudigen Gegenwartsbezug ihrer Glaubensinhalte.

Das Ausrufezeichen fällt auf und bekräftigt sichtbar das, worauf es bezogen ist. Ausrufezeichen sind – wie Theodor W. Adorno bemerkt hat – ein Stilmittel des Expressionismus, das zugleich Auflehnung und Ohnmacht signalisiert. Ein Widerspruch wird über- oder zugespitzt – Karl Barths «Nein!» – oder ein Protest als kollektive Bewegung stilisiert – Stéphane Hessels «Empört euch!». Der Strich mit dem Punkt hat Konjunktur in den sozialen Medien als Satzzeichen der ewig Unverstandenen. Das Ausrufezeichen reagiert auf eine gestellte oder unterstellte Frage und versucht die Zweifel zu überspringen, die der Satz selbst nicht auszuräumen vermag. Das Ausrufezeichen nach «reformiert» steht für all das: eine Position, ihre Bekräftigung und den dadurch alsbald provozierten Widerspruch.

Mit dem Ausrufezeichen unterscheiden sich die Reformierten vom Punkt der Lutheraner. Was bei diesen zum Abschluss kommt, wird bei jenen offengehalten. Wer ein Ausrufezeichen setzt, rechnet mit Fragezeichen: mit Nachfragen, Einwänden, Kritik und der Nötigung, noch einmal und immer wieder neu zu beginnen. In diesem Sinn folgen die reformierten Reformatoren dem Humanisten Erasmus, der den Ausdruck *logos* in Johannes 1,1 nicht mit *verbum*, «Wort», sondern mit *sermo*, «Gespräch»/«Rede», übersetzte. Reformiertes Bekennen gehört seither in das Gespräch der Kirche über den Glauben und tritt nicht an seine Stelle. Kirche nach reformiertem Verständnis ist entsprechend geistbegabte Kommunikationsgemeinschaft in der Nachfolge ihres Herrn.

Die Geschichte und Gegenwart der reformierten Kirchen und Theologien besteht aus einem Netz solcher Kommunikationsgeschichten. Das machte sie einerseits zum weltweit wirkungsmächtigsten schweizerischen Exportartikel. Andererseits erzeugt dieses Selbstverständnis bis heute ein vielstimmiges Gemurmel, in dem das eigene Wort manchmal untergeht, Missverständnisse und Dissense zum Alltag gehören und der Streit um die Wahrheit zum Dauerbrenner wurde. Die Zumutung, die Debatte nicht abreissen zu lassen oder gar dok-trinär abzubrechen, kann so ermüdend werden, wie sie unverzichtbar ist und bleibt.

Die Reihe «reformiert!» greift diese lange Tradition des reformierten Gesprächs auf: zeitgenössisch, herkunftsbewusst, kontrovers, innovativ. Reformiert steht nach dem Verständnis der Herausgebenden für einen lebendigen Streit um die Sache ohne Schlusspunkt, aber mit deutlichem, zur kritischen Reflexion herausforderndem Ausrufezeichen.

Matthias Felder
Magdalene L. Frettlöh
Frank Mathwig
Matthias Zeindler

Bern, im November 2017

Inhalt

Geleitwort

Vom Rand in die Mitte – die Entdeckung der Judas-Passagen in § 35.4 als Schlüssel zu Karl Barths Lehre von Gottes Gnadenwahl

Es mangelt nicht an Literatur zu Karl Barths Lehre von Gottes Gnadenwahl, wie er sie in Band II/2 seiner Kirchlichen Dogmatik 1942 mitten im Zweiten Weltkrieg publiziert hat. Die Gründe dafür liegen auf der Hand, geht es doch um den dogmatischen Topos, in dessen Sache Barth «die Summe des Evangeliums» (Leitsatz zu § 32) findet, und entfernt er sich doch nirgendwo in seiner Theologie so sehr von seiner reformierten Tradition und insbesondere von Calvin wie in seiner grundlegenden christologischen Revision der Lehre von der doppelten Prädestination. Hinzu kommt, dass gerade auch Barths Wiederentdeckung der konstitutiven Bedeutung des Gottesvolkes Israel für eine evangelische Gottesrede ihren primären dogmatischen Ort in der Erwählungslehre hat. Entsprechend spielt KD II/2 ebenfalls in Arbeiten zum Verhältnis von Kirche und Israel bei Barth eine zentrale Rolle.

Macht nun ebendies für Barth den Gnadencharakter des göttlichen Erwählens aus, dass Gott in Jesus Christus «sich selbst für den sündigen Menschen und den sündigen Menschen für sich bestimmt und also die Verwerfung des Menschen mit allen ihren Folgen auf sich selber nimmt und den Menschen erwählt zur Teilnahme an seiner eigenen Herrlichkeit» (Leitsatz zu § 33), deutet er die doppelte Prädestination also auf diese göttliche Selbstbestimmung hin, so gibt es – anstelle der traditionellen Fokussierung auf eine Scheidung der Menschheit in Erwählte und Verworfene – nur mehr *einen* Verworfenen, den Gottes- und Menschensohn selbst, der die Verwerfung anderer in seinem stellvertretenden Sterben getragen hat. Die Darlegung der «Bestimmung des Verworfenen» (§ 35.4) wird so zur Probe auf Barths radikalen Neuaufbruch in der Erwählungslehre. Hier muss sich seine Neuinterpretation der doppelten Prädestination bewähren. Das biblische Fundament der «Bestimmung des Verworfenen» aber findet Barth in der neutestamentlichen Judasgestalt, der Hauptfigur des Dramas in § 35.4.

Damit steht ein Doppeltes zur Debatte: Wenn denn Jesus Christus der einzige von Gott Verworfene ist, wie kann dann überhaupt noch von irgendeinem anderen Menschen als einem «Verworfenen» die Rede sein? Und inwiefern ist Judas überhaupt ein «Verworfener»?

Umso mehr muss nun erstaunen, dass Barths in § 35.4 entfaltetes Judasbild in den Arbeiten zu seiner Erwählungslehre und seiner Israellehre ebenso wenig wie in denen zu seinem Schriftverständnis und -gebrauch angemessene Aufmerksamkeit zuteil wird. Barths Auslegung der biblischen Judas-Texte ist in der Barth-Forschung weithin eine Marginalie und erfährt auch in Forschungen zur breiten Rezeptionsgeschichte der Judasgestalt kaum Berücksichtigung. Diesem mehrfachen Desiderat begegnet die vorliegende Studie Matthias Käser-Brauns mit erstaunlichen Entdeckungen: In einer minutiösen Exegese von § 35.4, zunächst im Kontext der Erwählungslehre, sodann im weiteren Horizont der Kirchlichen Dogmatik, erschliesst Käser-Braun die Judas-Passagen als hermeneutischen Schlüssel zur Lehre von Gottes Gnadenwahl und in ihrer fundamentaltheologischen Bedeutung für weitere Themenfelder der Barth'schen Dogmatik wie exemplarisch der Lehre vom Nichtigen in KD III/3 und der Hamartiologie der Versöhnungslehre. Indem Käser-Braun – frei von jeder Barth-Apologetik (apologetische Theologie war ja Barth selbst als ausgesprochen langweilige Theologie zuwider) – gerade auch das bleibende Be- und Gefangensein Barths in antijüdischen Stereotypen offenlegt, gelingt es ihm zugleich, aus Barths Judas-Interpretation wichtige Impulse zur Rehabilitierung der biblischen Judasfigur zu gewinnen. So trägt er dazu bei, diese aus der Überzeichnung durch eine sie verzerrende, dämonisierende wie idealisierende Rezeptionsgeschichte zu befreien. Im Zentrum steht dabei Barths Wahrnehmung, dass der sogenannte Verrat des Judas nichts anderes ist als die apostolische Tätigkeit des Überlieferns (*paradounai*). Judas tut, was ein Apostel zu tun hat: Er überliefert das Evangelium. Diese Einsicht hat Käser-Brauns Arbeit ihren Titel gegeben.

***

Ungeduldigen Lesern und Leserinnen, die von vornherein auf die Spuren des grossen Forschungsertrags dieser Arbeit gesetzt werden möchten, empfiehlt sich der Einstieg mit der Thesenreihe im Abschnitt 3.2, um von dort an den Anfang der Studie zurückzukehren. Deren erstes Kapitel bezeugt die Notwendigkeit einer gründlichen Aufarbeitung der mit der Rezeption der Judasgestalt verbundenen Schuldgeschichte wie einer sachlichen und nüchternen, allemal nicht moralisierenden Auseinandersetzung mit den so spannungsvollen und gegensätzlichen Judasbildern in Geschichte und Gegenwart. Die mehr forschungsgeschichtlich Interessierten werden die Lektüre womöglich eher mit dem zweiten Kapitel beginnen wollen.

Wie auch immer der Zugang gewählt wird, Kapitel 4 lädt als das Herzstück der Studie zu einem wiederholten *close reading* ein. Spätestens hier sollte die Lektüre entschleunigt werden. Käser-Braun spannt in Abschnitt 4.1 zunächst den Horizont auf, dessen die Lesenden für das eigene Urteil über mögliche Spannungen zwischen den Grundentscheidungen in Barths Lehre von Gottes Gnadenwahl und seinen Ausführungen zur «Bestimmung des Verworfenen» bedürfen. Sodann inszeniert und interpretiert er in 4.2 Barths Deutung der biblischen Judasfigur als «Geschichte in Partnerschaft». Käser-Braun macht dabei eine bei Barth allenfalls implizite Systematik nicht nur sichtbar, sondern weist überzeugend nach, dass und wie das *Tun* des Judas allererst in diesen vier Relationen als ein verworfenes erkennbar wird:

Was die Relationierung zwischen Jesus Christus und Judas betrifft, die einerseits eine geradezu intime Nähe, andererseits eine von Judas in der (vermeintlichen) Wahrung seiner Freiheit selbst gezogene Grenze gegenüber Christus offenbart, ist insbesondere die johanneische Erzählung von der Salbung in Bethanien (Joh 12,1–8) mit der «Warum?»-Frage des Judas von erheblichem hermeneutischen Gewicht für Barths Judas-Verständnis.

Für die Beziehung zwischen Judas und den übrigen Aposteln rückt nicht nur die bleibende Zugehörigkeit des Judas zum Zwölferkreis, sondern vielmehr noch die Kontrastierung von Judas und seinem De-facto-Nachfolger Paulus in den Fokus des Interesses. Sosehr Barth auch von einem univoken Verständnis des *paradounai* des Judas und der anderen Apostel ausgeht, so ausschliesslich verortet Barth doch Judas vorösterlich, so dass er von dem Evangelium der Auferweckung Jesu Christi ausgeschlossen bleibt.

Das Verhältnis zwischen dem ewigen göttlichen Überliefern Jesu Christi und seiner geschichtlichen Überlieferung durch Judas wirft die Frage nach einer *cooperatio Dei* des Judas auf – und damit ein Motiv, mit dem Barth sich auch unabhängig vom *paradounai* des Judas in seiner Theologie schwertut. Es handelt sich hier – in 4.2.3.2 – um eine der theologisch aufregendsten Passagen der ganzen Studie, die einen Punkt markiert, an dem sich für Barths Judas-Deutung fast alles entscheidet. Nicht zufällig bringt Käser-Braun darum die Sache auf eine dialektische Formulierung: «Gott *will*, was Judas tut, aber das, was Judas tut, kann nur Jesus Christus tun und so ‹wird› das, was Judas tut, zu dem, was Gott *nicht will*.» War Judas also einfach nur zu ungeduldig und hätte abwarten sollen, bis Jesus sich selbst den Römern ausliefert, also den Dingen ihren Lauf lassen sollen, statt sie durch sein *paradounai* zu beschleunigen? Wäre dann nicht Ungeduld die eigentliche Sünde des Judas anstatt des Hochmuts, das tun zu wollen, was Gott selbst ‹längst› getan hat?

Die vierte Relation, die zwischen Judas und Israel/Judentum, wird von Käser-Braun völlig zu Recht als die theologisch problematischste ausgewiesen, fällt Barth hier doch deutlich hinter grundsätzliche hermeneutische Entscheidungen zurück. Schon die Überschriften mit den Motiven «Judaslohn» und «Suizid» zeigen auf, wie Barth gerade dieser Relation die Negativposten des Judasbildes einschreibt.

Eine wichtige Scharnierfunktion nimmt nach der sorgfältigen Sichtung und überzeugenden Interpretation dieses vierfachen Beziehungsgefüges der das vierte Kapitel abschliessende christologische Abschnitt ein: «Die ‹Superiorität des erwählten Jesus Christus›». Hier wird der Grund gelegt für die eschatologische Perspektivierung der Arbeit im sechsten Kapitel, also für ihren *Überschuss an Hoffnung für Judas.* Damit aber genug der Wegleitung in die Lektüre von «Judas Ischarioth: ‹Überlieferer› des Evangeliums»!

***

Es gehört zu den Sternstunden einer akademischen Lehrerin, eine studentische Qualifikationsarbeit, die eine solche Forschungsleistung erbringt, betreuen und sie als erste Leserin begutachten zu dürfen. Dass Käser-Brauns Studie zu Barths Judas-Deutung im Oktober 2017 mit dem Fakultätspreis der Theologischen Fakultät Bern für die beste Masterarbeit des Jahrgangs ausgezeichnet wurde, hat ihr eine erste öffentliche Würdigung eingebracht. Weitere, dessen bin ich gewiss, werden folgen. Zunächst aber wünsche ich der – auf einhelligen Vorschlag meiner Herausgeber-Kollegen – in unserer Reihe «reformiert!» rechtzeitig zum Karl-Barth-Jahr erscheinenden Publikation, Matthias Käser-Brauns erster Monografie, viele neugierige Leser und aufmerksame Leserinnen. Mögen diese sich von seiner Auseinandersetzung mit Barths erwählungstheologischer Interpretation der biblischen Judasgestalt zu einer eigenen Beschäftigung mit den neutestamentlichen Judas-Texten und einer kritischen Sichtung ihrer vielfältigen Wirkungsgeschichte sowie zu ebenso sorgfältigen Lektüren der Kirchlichen Dogmatik Karl Barths anregen lassen.

Indem Matthias Käser-Braun die in seine Studie als *verba externa* eingestreute kleine Auswahl literarischer und kunstgeschichtlicher Motive der Judas-Rezeption (mit Ausnahme des Titelbildes) unkommentiert gelassen hat, laden sie ihre Leser und Betrachterinnen zu eigenen Interpretationen und zu Knüpfungen mit Barths Judas-Deutung ein. Zugleich wecken sie das Interesse an weiteren Beispielen der Rezeptionsgeschichte und schärfen unsere Achtsamkeit für diese.

So können Sie, geschätzte Leserinnen und Leser, selbst mit Ihren Lektüren, Interpretationen und neuen Suchbewegungen – jenseits der Perhorreszierung oder Idealisierung der biblischen Judasgestalt – an einer Auslegungsgeschichte mitschreiben, die diesem Jünger Jesu und mit ihm dem jüdischen Volk nicht länger Unrecht tut und den gerade mit der Judasfigur verknüpften kirchlichen und theologischen Antijudaismus hinter sich lässt. Dass der Jünger, dem nach dem Zeugnis des Matthäusevangeliums mit den Folgen seines Überlieferns Jesu das eigene Leben unerträglich geworden war, für den auferweckten Gekreuzigten selbst tragbar ist und bleibt (siehe Titelbild), unterläuft jede selbstgerechte Verurteilung und Distanzierung von Judas. Der «Zusprache grösserer Hoffnung über das Nein des Todes hinaus», wie Helmut Gollwitzer das Evangelium in «Krummes Holz – aufrechter Gang», Kapitel «Gute Botschaft für Judas Ischarioth» charakterisiert, sind wir alle bedürftig.

Magdalene L. Frettlöh
Bern, am Eröffnungstag der Woche der Brüderlichkeit 2018

VorSchrift oder: Ein etwas anderes Vorwort

Ich sehe sie beinahe täglich, seit ich mein Studium der evangelischen Theologie an der Theologischen Fakultät der Universität Bern vor sechs Jahren begonnen habe. Ich sehe sie, wie sie dort graziös steht, gar anmutig thront. Manchmal glaube ich, dass sie mich anstarrt, dann schaue ich verlegen weg – manchmal starre ich aber auch zurück. Ob es ihre Schönheit ist, die unwiderstehlich anziehend auf mich wirkt? Oder ist es ihre Verwegenheit, die mich immer wieder irritiert, dort zu stehen und zu thronen, als wüsste sie nicht, wie es um die Welt steht, als liesse sie das Leid und Elend unserer Zeit unberührt? Ganz so bestimmt weiss ich es nicht. Ich glaube, es hat von beidem etwas. Ihre Ästhetik ist zweifelsohne einzigartig und ihr Glänzen ein wahres Kunstwerk. Wenn sie sich dann noch in den warmen Strahlen der Abendsonne wiegt, bleibe ich auch mal länger stehen, um sie zu betrachten. Doch Tag für Tag zieht das geschäftige Treiben unserer Zeit an ihr vorbei. Unzählige Menschen strömen in der Hektik, die ihnen ihre Arbeit beschert, zu ihr hin und von ihr weg – doch die Menschen würdigen sie nur selten eines Blickes. Das Blaulicht der Polizei, die Sirenen der Feuerwehr und das Heulen der Ambulanz machen ihr Dastehen ziemlich fragwürdig. Und wenn direkt vor ihr ein Randständiger unserer Gesellschaft eine Geschäftsfrau um einige Rappen Geld bittet, Letztere aber ohne Antwort zielstrebig weitergeht, wirkt ihr Thronen beinahe anmassend.

Ich sehe sie beinahe täglich, seit ich mein Studium der evangelischen Theologie vor sechs Jahren begonnen habe. Sie ist mir zu einer treuen Begleiterin geworden. Eine Begleiterin, die mich ganz schön auf Trab hält und der ich zuweilen heftig widersprochen habe, mit der ich rang und es wohl auch in Zukunft tun werde. Als Begleiterin meines Studiums wurde sie mir zum Korrektiv, zur kritischen Stimme in den ersten Versuchen theologischen Denkens. Sie wurde mir zum *verbum externum* und damit schlechterdings nicht nur zum Denk-, sondern gleichsam zum Mahnmal. Sie hat mich gelehrt, dass Theologie not-wendig der politischen Implikationen bedarf, um ernst zu nehmende und «ernstnehmbare» Theologie sein zu können. Sie hat mich gelehrt, warum, um mit Walter Benjamin zu sprechen, uns die Hoffnung nur um der Hoffnungslosen willen gegeben ist (Goethes Wahlverwandtschaften, Gesammelte Schriften I.1, 201). Oder anders ausgedrückt: Sie wurde mir – dogmatisch gesprochen – zum eschatologischen Vorbehalt.

Ich sehe sie beinahe täglich, seit ich mein Studium der evangelischen Theologie vor sechs Jahren begonnen habe. Ich sehe sie, wie sie dort graziös steht, gar anmutig thront – sie, die in goldenen Lettern am Hauptportal des ehemaligen Berner Burgerspitals stehende lateinische Inschrift «CHRISTO IN PAUPERIBUS».

Die vorliegende Arbeit, die im Frühjahrssemester 2016 von der Theologischen Fakultät der Universität Bern als Masterarbeit angenommen und für den Druck geringfügig überarbeitet wurde, ist ein fragmentarischer Versuch, theologisch über jenen lateinischen Zu- und Anspruch – «Dem Christus unter den Armen!» – Rechenschaft abzulegen. Dass es sich dabei um eine systematisch-theologische Studie handelt, ist sachgemäss, liegt doch der Gegenstand der Dogmatik in der gedanklichen Rechenschaft über die christlichen Glaubensinhalte und das Ziel dieser Rechenschaft im Erweis einer Gegenwartsrelevanz des christlichen Glaubens.

Mein Dank gilt allen voran der Erstgutachterin und Betreuerin dieser Arbeit: Prof. Dr. Magdalene L. Frettlöh. Wie keine andere theologische Lehrerin hat sie mich für das Theologietreiben begeistert und zu eigenständigem theologischen Denken herausgefordert. Ihre Gelassenheit und ihr Vertrauen im Entstehungsprozess dieser Arbeit haben mich in vielerlei Hinsicht motiviert. Ihr habe ich auch für zahlreiche Anregungen für die Druckfassung, ein kritisches Lektorat und das meine Arbeit in die Öffentlichkeit begleitende Geleitwort zu danken.

Des Weiteren gebührt den Mitgliedern des von Prof. Dr. Magdalene L. Frettlöh und Prof. Dr. Andreas Krebs geleiteten Ökumenischen Forschungskolloquiums für Fundamentaltheologie und Dogmatik Dank für anregende und meine Arbeit bereichernde Gespräche.

Prof. Dr. Matthias Zeindler danke ich für das Wahrnehmen der Aufgabe des Zweitgutachters dieser Arbeit sowie seine kritischen Anregungen im Hinblick auf die Überarbeitung der Studie für den Druck. Des Weiteren danke ich Matthias Felder, Magdalene L. Frettlöh, Frank Mathwig und Matthias Zeindler für die freundliche Aufnahme dieser Arbeit in die Reihe «reformiert!». Dem Theologischen Verlag Zürich, insbesondere Lisa Briner von der Verlagsleitung und Bigna Hauser vom Lektorat, sei für die angenehme und konstruktive Zusammenarbeit gedankt. Für sorgfältiges Korrekturlesen der gesamten Arbeit sowie das Erstellen der Register gebührt Luana Hauenstein, Eliane Ruef und Manuel Zimmermann Dank.

Der Burgergemeinde Bern, der Lang-Stiftung, Zürich, den Reformierten Kirchen Bern-Jura-Solothurn sowie der Kirchgemeinde Berner Münster danke ich für die grosszügigen Druckkostenzuschüsse.

Für das grösste Geschenk der Anteilnahme während des Entstehens und der Überarbeitung dieses Buches habe ich meiner Ehepartnerin Tabea Maria-Lisa

Käser-Braun zu danken. Selbst einer anderen denn der theologischen Leidenschaft verschrieben, hat sie mit grossem Interesse an meinen Entdeckungen teilgenommen.

Matthias Käser-Braun
Bern, im Januar 2018

1. Das Unrecht des oder an Judas?

1.1 Judas Ischarioth zwischen Verrat und Mitwirkung am Heilsgeschehen

1.1.1 «Judas verrecke!» Der nationalsozialistische Missbrauch der biblischen Judasgestalt – drei Szenen

Erste Szene. Nach dem Ersten Weltkrieg in einer kleineren Stadt in Südostdeutschland. Ruth Rolloff, geborene Singer, jüdische Tochter, polnische Emigrantin, Zeugin der Schoa, erinnert sich:

> «In den zwanziger=und dreissiger Jahrn, ... begannen [...] die Nazis munter zu werden (2) Und (1) wenn ich durch kleine dunkle Strassen ging hat mein Herz so geklopft dass ich glaubte jeder Mensch sieht das ‹wie mein Herz klopft› /I: mhm/ (1) Und ich sah da die ersten, Nazis (1) laufen in ihren Uniformen (1) und *brüllen* und ‹und also› (1) mir war das \furchtbar ((tonlos))\, ... ich hab gehört wie die gebrüllt haben, *JU*das verrecke un Judas verrecke und (1) ... wie ich das erste Mal hörte Judas verrecke, \ah es war mir so furchtbar da hab ich gedacht lieber Gott (1) wie kommste bloss hier weg ((sehr leise))\ ... Da=hab ich geglaubt dass jeder sieht dass ich ne Jüdin bin (1) /I: hm/, Und ähäh bin, immer (1) ja am Trottoir an den Geschäften langgegangen (1) und habe geglaubt jeder kuckt mir ins Gesicht und hab mich hingestellt und ins Fenster gekuckt, obwohl es dort in dem Fenster gar nischt zu kucken gab (3) Un ich war erschrocken, /I: hm/, weil ich, das erste Mal das wahrgenommen habe /I: Ja/ (14) Ja (8) ... (atmet tief) Es sind zwei oder drei Juden ich weiss es nich mehr zusammen gegangen und, unterhielten sich jiddisch, und Pejes[] trugen se also so lange Haare (1) Pejes nennt man das /I: mhm/ (1) und ähäh (1) \so lange Kutten (leise:)) \ also wie sie (1) vor, hundert oder zweihundert Jahren getragen worden sin (1) mit ihren breiten, Krempen an dem Hut (2) und- (2) die (1) Nichtjuden die da kamen ham, gelacht und sind stehngeblieben \ham sich benommen (1) ((leise))\ also ich kann Ihnen das nicht sagen wie se sich benommen ham, das hat mich *so* tief beeindruckt ... s hat mich *nie*dergedrückt /I: Hm/, und ich konnte auch niemand sagen was mir *is* ...»[1]

[1] Völter, Judentum und Kommuismus, 94f. Es handelt sich bei dem hier abgedruckten Text um ein Transkript mehrerer Interviews, die Bettina Völter mit Ruth Rolloff führte. Alle Hervorhebungen in Zitaten sind, wo nicht anders vermerkt, gemäss Original.

Zweite Szene. Vor dem Ausbruch des Zweiten Weltkriegs in München. Erich Hartmann, jüdischer Sohn einer Unternehmersfamilie, Liquidierung ihres Geschäfts im Zuge der Arisierungsmassnahmen 1938, Zeuge der Schoa, er erinnert sich:

> «Dann kam der 30. Januar 1933, der 35. Geburtstag meiner Mutter und der Tag, an dem die neu gewählte deutsche nationalsozialistische Regierung an die Macht kam. Ein Fackelzug marschierte an unserer Wohnung vorbei, ich hörte einen Stein in eines der Fenster im Schlafzimmer meiner Eltern einschlagen und eine raue Stimme heraufschreien: ‹Judas verrecke!› Ich hatte geglaubt, dass mich unsere Eltern gegen die Dunkelheit und alles Böse beschützen konnten, aber ich verstand schnell, dass die Gefahren viel grösser waren als die, die mir oft aus Märchen und Geschichten in den Schlaf folgten. Es war der Anfang der schweren Zeit, deren Absichten und Ausmass zuerst unglaublich erschienen, aber nicht lange. Ich war zehn Jahre und sechs Monate alt und meine Kindheit war zu Ende.»[2]

Dritte Szene. Zu Beginn des Zweiten Weltkrieges in Königsberg in Preussen. Michael Wieck, Sohn eines nichtjüdischen Vaters und einer jüdischen Mutter, durch die Einnahme Königsbergs Inhaftierung im sowjetischen Internierungslager Rothenstein, Zeuge der Schoa, erinnert sich:

> «Wie reif ist denn schon ein Kind – ich war elf Jahre alt. [...] In jener bewegten Zeit nahmen mich Stocks mit in den Dom. Dort führte man die Matthäuspassion auf: Ich werde zur Vorsicht ermahnt und weiche allen Gesichtern aus, die ich kenne oder die mich kennen. Im überfüllten Dom ergreift und erschüttert mich die herrliche Musik. So wird [...] Bachs Passion zum [...] musikalisch überwältigenden Erlebnis. Schlimm finde ich nur den Text. (Vom ‹Judas, der ihn verriet› über ‹Juda verrecke› bis Auschwitz sehe ich eine deutliche psychologische Verbindung.) Immer wenn der Evangelist den Namen Judas singt, schrecke ich zusammen, und mir ist, als wenn er mich meint. Die Primitivität menschlicher Emotionen kann gross sein. Ausser den Römern lebten in Jerusalem vorwiegend Juden (Semiten). Aber Juden werden mit dem wie Jude klingenden Judas in Verbindung gebracht, nicht mit Christus. Auf die Frage: ‹Warum hasst ihr die Juden?› kam oft die Antwort: ‹Sie haben Christus gekreuzigt, und Judas hat ihn verraten›. Christus gleich Christen und Judas gleich Juden. Noch heute, nachdem alles vorbei ist – ist es das wirklich? –, verursachen die Worte des Evangelisten dieselbe Beklemmung, wann immer ich eine Passion spiele und höre.»[3]

2 Hartmann, Münchener Jahre, 75.
3 Wieck, Zeugnis vom Untergang, 77f.

Mitten in ihre Kindheit hinein hören Ruth Rolloff, Erich Hartmann und Michael Wieck jenen Ruf, der ihr Leben für immer verändern sollte: «Judas verrecke!» Dieser Ruf, häufiger in der Form «*Juda* verrecke!»,[4] ist die Kampfansage des nationalsozialistischen Regimes zur Vernichtung des Judentums. Er ist die Kampfansage, welche die grösste Bestialität der Menschheitsgeschichte mit sich bringen sollte: Über sechs Millionen Menschen wurden leibhaftige Todesopfer dieser Kampfansage – von all den übrigen Opfern nicht zu sprechen. Ruth Rolloff, Erich Hartmann und Michael Wieck lebten nach der Schoa weiter, doch jenen Ruf der Stigmatisierung werden sie nie vergessen. Dabei stand Judas als Chiffre sowohl für den Juden und die Jüdin als auch für denjenigen Jünger Jesu Christi, der diesen ans Kreuz gebracht hatte und ein Dieb und Verräter war. Dass einem der zwölf Jünger Christi zugeschrieben wurde, Repräsentant des jüdischen Volkes zu sein, war nicht das Verdienst des Nationalsozialismus, sondern der christlichen Theologie und Kirche – wie auch der Zeugenbericht des späteren Musikers Michael Wieck eindrücklich zeigt. Zwar erlangte die biblische Judasgestalt durch das nazionalsozialistische Regime zweifelsohne ihren folgenschwersten Missbrauch, doch das antisemitische und antijüdische Gedankengut der Kirche hatte von jeher ein besonderes Interesse an jener neutestamentlichen Gestalt.[5]

1.2 *Judas, das «Projektionsobjekt» des Christentums: Eine folgenschwere Wirkungsgeschichte*

Dass Judas das jüdische Volk repräsentiere, behauptete bereits Kirchenvater Ambrosius von Mailand (339-397)[6] und auch Johannes Chrysostomos (350–407) widmet dem Verrat des Judas einen eigenen Traktat in seinen «Adversus Judaeos»-Texten[7]. In seinem Kommentar zu Ps 108 (= 109 MT) kommt Eusebius (347–420) zum Schluss, dass die Geschichte des Judas die Geschichte der Juden darstelle.[8] Und auch Augustinus (354–430) folgt jener Auslegung des Eusebius.[9]

4 Vgl. Kübler, Das abendländische Judasbild, 19.554.

5 Für einen ausführlichen Überblick und Angabe der Quellen vgl. Zwiep, The Spirit and the Community of God, 77–99.

6 Vgl. a. a. O., 87.

7 Vgl. a. a. O., 86f.

8 Vgl. a. a. O., 88.

9 Vgl. a. a. O., 88–90.

Die Malerei und Kirchenmusik nahm diese antijüdische Typologisierung der biblischen Judasgestalt auf und setzte sie fort.[10] In der bildenden Kunst trug Judas oft ein gelbes Gewand, um damit die dem Judentum aufgezwungene Farbe ins Bild zu setzen, die für Neid, Verrat und Schande steht.[11] Die spätmittelalterlichen Passionsspiele überzeichneten den Jünger Judas als bösartigen Juden. Auch die Lyrik, Dramatik und Epik hat Wesentliches zur antijüdischen Verdunkelung dieser Figur beigetragen.[12]

Judas wurden jedoch nicht nur antijüdische Züge zugeschrieben.[13] Die biblische Gestalt galt ebenso als Prototyp des Zweiflers, des gestraften Gottesverächters, des Denunzianten, des Habgierigen, des Heuchlers und Lügners, des unvollkommenen Büssers, des Sünders, des Verzweifelten, des von GOTT Gestraften. Judas – das war schon immer der sündige, verlorene und verworfene Apostel. Seit der Aufklärung gab es Versuche, ihn als Antihelden der Messiaserwartung, als Werkzeug in einem höheren Plan, als anthropologische und psychologische Chiffre zu verstehen. Diese Versuche fanden allerdings nur wenig Beachtung.

Stellt man jener gewaltigen Rezeptionsgeschichte den empirischen Befund der Judasgestalt in den neutestamentlichen Texten gegenüber, ergibt sich ein ziemlich irritierendes, gar widersprüchliches Bild: Judas Ischarioth wird im gesamten Neuen Testament nur 22 mal erwähnt.[14] Es gibt andere Gestalten in den Evangelien, die weit häufiger genannt werden – etwa Simon Petrus und Johannes der Täufer. Und *vor* der Passionsgeschichte taucht Judas Ischarioth beinahe nur in den Apostellisten auf. Es ist darum Martin Meiser beizupflichten, wenn er in seiner ausführlichen Darstellung der Wirkungsgeschichte Judas Ischarioths[15] festhält:

> «Judas Iskariot ist eine der biblischen Gestalten, bei denen im besonderen Masse die Erfahrung gilt: Je weniger die Bibel über sie berichtet, um so mehr wird aus freien

---

[10] Vgl. Maccoby, Jewish Evil, 86–88.

[11] Vgl. Dinzelbacher, Judastraditionen, 25f.

[12] Vgl. Krieg/Zangger-Derron, Ein literarisch-theologisches Lesebuch, das 34 Texte aus acht Jahrhunderten und 10 Sprachregionen aus Lyrik, Dramatik und Epik bietet.

[13] Vgl. für den folgenden Absatz ausführlich Meiser, Judas Iskariot, 116–176.

[14] Mt 10,4; 26,14.25.47; 27,3; Mk 3,19; 14,10.43; Lk 6,16; 22,3.47.48; Joh 6,71; 12,4; 13,2.26.29; 18,2.3.5; Apg 1,16.25.

[15] Es finden sich in der Literatur unterschiedliche Schreibweisen des Beinamens Judas. Ich wähle jene Karl Barths.

Stücken ergänzt. Dementsprechend lässt sich eine Deutung dieser Figur ganz verschiedenen Zwecken dienstbar machen, kann als Argument für oder vor allem gegen gewisse Überzeugungen gebraucht – und auch *miss*braucht werden.»[16]

Andere Stimmen, die versuchten, Judas eine positive Deutung zu geben, gingen unter, denn Judas schien, so formuliert es Ulrich Luz in seinem Matthäus-Kommentar, «so etwas wie ein Projektionsobjekt dessen zu sein, was das Christentum ablehnt».[17] Mirjam Kübler kommt in ihrer über 600 Seiten langen Dissertation zum abendländischen Judasbild und seiner antisemitischen Instrumentalisierung im Nationalsozialismus zu einem ähnlichen Schluss:

> «[E]in Blick auf die verschiedenen dem Nationalsozialismus vorausgehenden Epochen macht deutlich, dass Judas schon früh zum Ausgestossenen und Fremden geworden war, zum Gegenpol des Christentums, auf den sich alle Hassgefühle konzentrieren konnten und durften. In dem gleichen Mass, in dem Petrus die Karriere zum ‹Vorzeigechristen›, zur rechten Hand Jesu und dem rühmlichen Stammvater des auf ihn gegründeten Papsttums gelungen war, hatte Judas offenbar den Weg zum verhassten Exponenten des ebenso verhassten Judentums genommen.»[18]

Dass jener «Verrat» des Judas auf der Ebene des biblischen Textes jedoch gewissermassen die Voraussetzung mit sich brachte, dass die Passionsgeschichte ihren Lauf nahm und damit das heilsnotwendige Handeln Christi überhaupt erst offenbar werden konnte, schien man weitgehend zu übersehen, gleichsam zu ignorieren. Das Moment, in der Judasgestalt den schlechthinnigen Verräter zu sehen, hat sich denn auch bis heute erhalten. So beurteilt etwa der Duden den Gebrauch des Wortes «Judas» als «abwertend» und hält als dessen Bedeutung fest: «jemand, der treulos an jemandem handelt, ihn heuchlerisch verrät».[19] Als Synonyme nennt der Duden «Angeber, Verräter; Naderer; Denunziant; Seelenverkäufer; Vernaderer; Sykophant».[20]

Doch spätestens 61 Jahre nach dem Ende des Zweiten Weltkriegs und jenes abgründigsten Missbrauchs der biblischen Judasgestalt sollte dieser endlich zu positiver Presse verholfen werden: An Ostern 2006 veröffentlichte die *National Geographic Society* das Judasevangelium: einen gnostischen Traktat aus der Mitte des zweiten nachchristlichen Jahrhunderts. Bereits am 12. März 2006 schrie die Londoner «Mail on Sunday» in alle Welt hinaus: «The Gospel of Judas Iscarioth: World Exclusive ‹Greatest Archaeological Discovery of all Time›

16 Meiser, Judas Iskariot, 9.
17 Luz, Kommentar, 254.
18 Kübler, Das abendländische Judasbild, 15f.
19 Duden Online, Art. Judas, der.
20 Ebd.

Threat to 2000 years of Christian teaching».[21] Und James M. Robinson konstatiert: «Dieses ‹Evangelium› macht Judas fast zu einem Helden.»[22]

1.3 *Judas, der Lieblingsjünger Jesu: Das Judasevangelium und der positive Hype rund um die (biblische) Judasgestalt*

Mehr Gnosis, sprich mehr Erkenntnis als alle anderen Jünger, habe Judas unter den zwölf Aposteln gehabt – das ist die Hauptaussage des Judasevangeliums gemäss der Übersetzung der Genfer Koptologen Rodolphe Kasser, Florence Darbre und Gregor Wurst.[23] Infolgedessen habe Jesus Judas darum gebeten, er möge ihn verraten, damit das Heil, das von Jesu Tod ausgehe, endlich offenbar werde. Sein Lohn werde zwar darin bestehen, dass die Welt ihn auf ewig verdamme, habe Jesus zu Judas gesagt, aber mit seinem Verrat werde er zugleich zum Erleuchteten werden und sodann mit Jesus in das wahre göttliche Reich eingehen. Diese Übersetzung entspricht dem Stand von 2006 – unterdessen sind zahlreiche weitere Editionen und Fragmente veröffentlicht worden, die 2006 von der *National Geographic Society* unter Verschluss gehalten wurden.[24] Dass die Gnosis gerade für ihre Umwertung negativer biblischer Traditionen bekannt ist,[25] dafür ist auch das Judasevangelium ein sprechendes Beispiel. Gleichwohl zeigt sich zwölf Jahre nach der Erstveröffentlichung ein weit differenzierteres Bild.[26]

Sieht man von seinem gnostischen Gewand ab, hat das Judasevangelium grosse Ähnlichkeiten mit dem von 2005 erschienenen Roman «Das Evangelium nach Pilatus» von Eric-Emmanuel Schmitt, in dem Judas – Schmitt nennt ihn Jehuda – den Lieblingsjünger Jesu Christi darstellt.[27] Judas sei von Jesus selbst zum Verrat aufgefordert worden und stelle damit ein Werkzeug der Erlösung dar. Bereits 1975 unternahm Walter Jens mit seinem Roman «Der Fall Judas» einen Versuch der Rehabilitierung der Judasgestalt, indem er den Antrag stellte, Judas möge seliggesprochen werden.[28] Auch Sven Grützmacher zeigt in seinem

21 Gallagher/Churcher, After 2000 Years.

22 Robinson, Judasgeheimnis, 13.

23 Vgl. für den folgenden Absatz die ausführliche und informative Sammelrezension von Kaiser, Judasevangelium, 33–47.

24 Eine *kritische* Aufarbeitung dieses Prozesses bietet Robinson, Judasgeheimnis. Das Buch liest sich trotz wissenschaftlicher Standards zuweilen wie ein Krimi.

25 Markschies, Art. Gnosis/Gnostizismus, 1045–1047.

26 Vgl. auch Hartenstein, Art. Evangelium nach Judas.

27 Schmitt, Evangelium nach Pilatus.

28 Jens, Der Fall Judas.

Tanzstück «Judas – bin ich's?» einen Apostel, der sich im Dienste Jesu für die Befreiung der Menschheit im Hier und Jetzt einsetzt.[29] Doch Jesus nutzt seine Macht nicht und so wendet Judas sich enttäuscht von ihm ab. Judas verrät Jesus, auf dass dieser endlich von seiner Macht Gebrauch mache. Anders jedoch als das Judasevangelium, Schmitts Pilatusevangelium und «Der Fall Judas» von Jens, in denen die Wirkungsgeschichte gewissermassen in ihr anderes Extrem kippt, stellt Grützmacher sich stärker der Frage der Spannung denn des Widerspruchs zwischen Verrat und Mitwirkung am Heilsgeschehen. Die deutschsprachige theologische Wissenschaft zeigt sich von jenen Rehabilitierungsversuchen der biblischen Judasgestalt eher unberührt; das Judasevangelium wurde sowohl in der Wissenschaft als auch in der Kultur vorranging in den Vereinigten Staaten rezipiert und die biblische Judasgestalt ist seit jener gewaltigen Pervertierung im Dritten Reich tendenziell in den Hintergrund gerückt. Zu tief hat sich das Bild eingebrannt, das Judas gleichsam nach Auschwitz deportierte, denn die Parallele von der Kunst zu den Massenvernichtungslagern ist unverkennbar: «Künstler haben ihm [sc. Judas] durch Jahrhunderte hindurch sein Haar feuerrot gefärbt, wie bei einem, der in der Hölle glüht. Und sie haben ihm einen gelben Mantel umgehängt, gelb wie der Judenstern, der später an den Mänteln derer prangen sollte, die in die Hölle von Auschwitz deportiert wurden.»[30] War die Schoa auch der Todesstoss für die Möglichkeit einer Rehabilitierung der biblischen Judasgestalt?

Doch noch während die Hölle von Auschwitz brannte, wagte ein Theologe ein weit differenzierteres Bild jener Gestalt, und zwar genau im Rahmen jener Lehre, die er – wie keinen anderen dogmatischen Topos – einer radikalen Re-Vision unterzog: Karl Barth widmet dem biblischen Judas ausführliche Passagen in seiner Lehre von GOTTES *Gnaden*wahl, in der er die klassische Lehre von der doppelten Prädestination grundstürzend verändert.

1.2 Barth, Judas und das Verbum externum

Barth stellt Judas in Band II/2 seiner Kirchlichen Dogmatik[31] auf die Seite der Erwählten, nennt Judas «neben Jesus selbst in gewissem Sinn die wichtigste Fi-

29 Vgl. Schmitz, Judas.

30 Wischnath, Eine Passionspredigt.

31 Hier und im Folgenden steht «KD» für: Karl Barth, Die Kirchliche Dogmatik, I/1–IV/4, Zürich 1932–1967. Die Seitenzahlen in Klammern im Fliesstext beziehen sich im gesamten Buch auf KD II/2.

gur des Neuen Testamentes» (558), mahnt aber gleichwohl, dass «alle Verteidigung unmöglich [...], alles Lob Narrheit wäre» (559). In dieser Spannung zwischen Verrat und Mitwirkung am Heilsgeschehen und damit fernab einer Schwarz-Weiss-Zeichnung entwirft Barth ein theologisch ernst zu nehmendes Bild der biblischen Judasgestalt. Denn Barth wird beweisen, dass nicht die Bibel kaum «einem Menschen [...] so sehr Unrecht [tut] wie Judas»,[32] wie dies Eugen Drewermann behauptet, sondern dass daran in erster Linie jene moralischen statt theologischen Deutungen der biblischen Judasgestalt schuld sind. Oder anders formuliert: In der Titelformulierung dieses ersten Kapitels «Das Unrecht des oder an Judas?» ist nach Barths Lesart also vor allem das «oder» fehl am Platz. Da Barths Judas-Passage gerade in jenem Teil seiner Kirchlichen Dogmatik steht, der bis heute besonders intensiv rezipiert wird, drängt sich zudem die Frage auf, ob nicht gerade in seiner Deutung jener biblischen Gestalt sogar ein Schlüssel zum Verständnis von Barths Neuaufbruch in der Entfaltung der Prädestinationslehre liegt. Die Fragestellung meiner Arbeit ist darum eine zweifache:

> Leistet Karl Barths Deutung der biblischen Judasgestalt einen Beitrag zur theologischen Rehabilitierung der biblischen Gestalt Judas Ischarioths? Wenn ja: Inwiefern bietet seine Deutung einen Schlüssel zum besseren Verständnis von Barths gesamter Lehre von GOTTES Gnadenwahl sowie seiner (Kirchlichen) Dogmatik?

Ob das von Barth entworfene Judasbild im Horizont der breiten Rezeption seiner Erwählungslehre von der theologischen Wissenschaft überhaupt (angemessen) wahrgenommen und rezipiert wurde, erörtert *ein exemplarischer Forschungsüberblick* im zweiten Kapitel dieser Arbeit. Das dritte Kapitel schliesst die Prolegomena dieser Arbeit ab, indem es knapp *Barths Neuaufbruch in der Erwählungslehre* rekapituliert. Es folgen Thesen, welche – aufgrund des erhobenen Forschungsstandes – die nachfolgende systematisierende Darstellung von Barths Judas-Deutung und die daraus resultierenden fundamentaltheologischen Weichenstellungen der KD begründen und weiter ausführen werden. Die *systematisierende Darstellung* im vierten Kapitel verortet in einem ersten Teil die biblische Judasgestalt in Barths Lehre von GOTTES Gnadenwahl. Der zweite Teil unternimmt eine paraphrasierende Interpretation der Judas-Passage: Sie rekonstruiert Barths Deutung anhand von vier Relationen, in denen die biblische Judasgestalt bei Barth thematisch wird, und verbindet damit Würdigung und Kritik jener Passage. Zum besseren Verständnis der paraphrasierenden Interpretation werden bereits an dieser Stelle materialdogmatische Vertiefungen in den Argumentationsgang integriert. Der dritte Abschnitt des vierten Kapitels fragt nach den Konsequenzen dieser Interpretation

[32] Drewermann, Fürbitte für einen Verzweifelten, 29.

in eschatologischer Perspektive. *Die Judas-Deutung im Horizont von Barths Kirchlicher Dogmatik* erörtert das fünfte Kapitel, indem es allfällige fundamentaltheologische Weichenstellungen eruiert, die sich aufgrund von Barths Judas-Deutung ergeben. Kapitel sechs sichert mit einer *Schlussbetrachtung* rückblickend den relevanten Bestand der vorliegenden Untersuchung, und ein Ausblick benennt offengebliebene Fragen.

Die gesamte Arbeit konzentriert sich in ihren Erörterungen in erster Linie auf den Quellentext § 35.4 in KD II/2, in dem die Judas-Deutung bei Barth steht. Während das vierte Kapitel in seinen materialdogmatischen Vertiefungen auf andere Quellentexte in Barths Kirchlicher Dogmatik *vor* der Judas-Passage (KD I und II) zurückgreift, arbeitet das fünfte Kapitel vor allem mit Quellentexten aus KD III und IV.

Die jeweils die Arbeit – wenn zuweilen auch beklemmend – auf- und durchatmen lassenden *zwölf* «Stimmen» aus der Wirkungsgeschichte zur (biblischen) Judasgestalt verstehen sich als *verbum externum* der hier dargelegten Untersuchungen. Sie fallen sowohl Barth als auch mir und anderen zu Wort kommenden Theologinnen und Theologen immer wieder ins Wort und erinnern damit daran, dass die menschlich-allzumenschliche Theologie mit ihrem Gegenstand nie fertig wird. Wenn hier und da ein Verbum externum der Sache dieser Arbeit auch mal das Wort redet, dann wohl so, dass sie jene genannten Personen beim Wort nimmt, ihr theologisches Reden möge nicht wie ein Raunen durch die Menge gehen. Die Arbeit steht wie auch Barths Theologie selbst damit in der Tradition der erkenntnistheoretischen Wende der 1920er Jahre, als das erkennende Subjekt in die Wissenschaft eingeführt wurde.[33] Das Subjekt ist mit hineingenommen in die Erkenntnisbewegung wissenschaftlich theologischen Arbeitens und bleibt nicht aussen vor. In Barths Deutung der biblischen Judasgestalt wird darum nicht nur ihr Verfasser, sondern werden auch ihre Leserin und ihr Leser und allemal ihr Interpret zum Gesprächspartner Judas Ischarioths.

33 Vgl. Link, Die «Einführung des Subjekts», 183–197.

ICH HABE *geglaubt*
ICH HASSE IHN
UND DER MICH
HASSEN MÜSSTE
HAT *geweint*

INGEBORG DREWITZ

2. Die Judas-Deutung: Ein Desiderat der Barth-Forschung

Die vorliegende Erschliessung von Karl Barths Deutung der biblischen Judasgestalt beschäftigt sich mit einem Desiderat der Barth-Forschung. Demgemäss kann die Arbeit nicht auf eine weitreichende Rezeptionsgeschichte zurückgreifen, was angesichts der umfangreichen Forschungen zur Erwählungslehre Barths auf den ersten Blick irritieren muss. Es gilt, die Gründe zu erörtern, weshalb die Judas-Passagen wenig Beachtung finden. Dass dabei zwischen deutsch- und englischsprachiger Barth-Rezeption zu unterscheiden ist, wird sich vor allem an Beiträgen zur Schrifthermeneutik und zum Schriftgebrauch Barths zeigen, zumal die Forschung hier in der Tat zwei Monografien vorzuweisen hat. Allerdings kritisieren diese Barths Judas-Deutung hauptsächlich (*2.2*). Der Auseinandersetzung mit ihnen geht ein Blick auf die Judas-Deutung in Arbeiten zur Erwählungslehre und «Israeltheologie» Barths voraus. Denn der Sache nach müsste eine Bearbeitung der Judas-Passagen allem voran hierhin zu stehen kommen (*2.1*). Ein dritter und letzter Blick richtet sich auf die Forschungssituation von Barths Judas-Deutung in Arbeiten zur biblischen Judasgestalt und ihrer Rezeptionsgeschichte (*2.3*).

Der nachfolgende Überblick erhebt nicht den Anspruch eines vollumfänglichen Forschungsberichtes, sondern soll eine exemplarische und also fragmentarische Problemanzeige für den Befund bieten, dass die Passagen zur Judasgestalt innerhalb der Lehre von GOTTES Gnadenwahl nur bedingt oder einzig im Modus der Problematisierung berücksichtigt wurden und werden.[34]

2.1 Eine Randnotiz der Barth-Forschung: Die Judas-Deutung in Arbeiten zur Erwählungslehre und «Israeltheologie»[35] Karl Barths

Die früheste Beachtung (1955) von Barths Judas-Passagen findet sich bei seinem Schüler Eduard Buess in einem Beiheft der von Barth selbst herausgegebenen

[34] Das, soweit ich sehe, jüngste Werk (2013) zur Erwählungslehre Karl Barths von Minho Kim kommt nur kurz auf Barths Judas-Passage zu sprechen. Vgl. ders., Umstrittene Prädestinationslehre, 216f.

[35] Dass ich den Terminus «Israeltheologie» wiederholt in Anführungs- und Schlusszeichen setze, hängt damit zusammen, dass ich ihn, wie die Ausführungen zeigen werden, im Kontext von Barths Theologie als nur bedingt adäquat erachte, weil Barth in

Reihe «Theologische Studien»: «Zur Prädestinationslehre Karl Barths». Die Art und Weise, wie sich Buess zu Barths Judas-Deutung verhält sowie das daraus resultierende Urteil sind paradigmatisch für zahlreiche weitere Arbeiten zur Erwählungslehre in ihrer Bezugnahme zur Judasgestalt: Die Judas-Passage in der Erwählungslehre ist Buess einerseits nur eine Randnotiz wert, um das von Barth intendierte Übergewicht der Erwählung über die «Verwerfung» an einer neutestamentlichen Figur praktisch darzustellen.[36] Andererseits dient ihm die Passage dazu, die Problematik von Barths «*Verhältnis zwischen systematischer Darlegung und exegetischer Begründung*»[37] darzulegen. Zwar seien «diese *exegetischen Nacherzählungen* [...] offenbar im Sinne Barths selber die eigentliche *Mitte und Summe* seiner Prädestinationslehre. Sie sind nicht nur ihre Illustrierung und Verdeutlichung, auch nicht nur ihre nachträgliche Sanktion und Rechtfertigung. Sie sind sie in ihrer Substanz selber.»[38] Doch Barth konstruiere mit jenen Nacherzählungen eine Spannung zu den systematischen Darstellungen. Das paradigmatische Beispiel hierfür sei Barths Deutung der Gestalt des Judas:

> «Sicher, Judas gehört zu den erwählten Zwölfen, er ist der Fusswaschung und des Abendmahls und also der Voraussetzung des Triumphs der Liebe Christi mitteilhaftig geworden; aber das ändert nichts daran, dass er im Neuen Testament als der dasteht, an dem diese Liebe nicht hell, sondern dunkel wird, auf dem der Schatten des festgehaltenen Unglaubens und der bleibenden Verwerfung liegt.»[39]

Zu leicht gehe Barth das Wort von der Erwählung von den Lippen, «leichter jedenfalls, als es den biblischen Zeugen von den Lippen geht».[40] Solche Aussagen verfolgen meines Erachtens das Ziel – etwa mit dem Verweis auf Bibelstellen wie 2Kor 2,16; Joh 9,41; 17,9 –,[41] die Verwerfung als gleichwertigen Teil der klassischen Prädestinationslehre aufrechtzuerhalten, eine Entscheidung GOTTES über die Verworfenen nur «als *letzte eschatologische* Entscheidung [zu] erhoffen»[42]. Doch indem Buess diese in seiner Wahrnehmung als zu leichtfertig behandelte Problematik und ihre dem biblischen Zeugnis widersprechende Ge-

seiner begründeten Hoffnung für Israel und in seinem theologischen Denken hinsichtlich der Rolle Israels – bildlich gesprochen – auf halben Weg, nämlich auf Golgota, stehenbleibt (s. u. 4.2.4.3).

36 Vgl. Buess, Zur Prädestinationslehre, 20.

37 A. a. O., 42.

38 A. a. O., 45.

39 A. a. O., 44.

40 A. a. O., 47.

41 Vgl. a. a. O., 58f.

42 A. a. O., 58.

wichtung Barth zur Last legt, zeigt sich zugleich ein Moment des eigenen Widerspruchs. Denn Buess verweist erneut auf Barths Auslegung der Judasgeschichte, um zu zeigen, dass Barth diese eschatologische Grenze gleichwohl auch bei Judas gezogen habe. Ob dieser Widerspruch indes von Barth selbst wenn nicht intendiert, so womöglich doch unwillentlich konstruiert ist, wird zu untersuchen sein. Gleichwohl macht Buess' Lesart der Barth'schen Judasgestalt klar, dass die Passagen dazu als in sich widersprüchlich wahrgenommen werden. Dies nicht zuletzt aufgrund von Barths eigener Entscheidung – nämlich keine Apokatastasis lehren zu wollen, was Buess nur implizit, Walter Kreck jedoch explizit erwähnt hat.[43]

In seinem viel beachteten Werk «Grundentscheidungen in Karl Barths Dogmatik. Zur Diskussion seines Verständnisses von Offenbarung und Erwählung» (1978) fasst Kreck Barths Judas-Passage auf knapp drei Seiten zusammen, um zu dem Schluss zu kommen, dass das Neue Testament gerade nicht in dieser Weise von Judas spreche, wie das Barth tue, was ja bereits Buess konstatierte: «Gewiss macht es deutlich, dass gerade so Gottes Sache zum Ziel kommt, aber doch jedenfalls ohne explizite Würdigung gerade des Judas.»[44] Alleine Mt 26,24 –

> «Des Menschen Sohn geht zwar dahin, wie von ihm geschrieben steht, aber wehe dem Menschen, durch welchen des Menschen Sohn ausgeliefert wird. Es wäre diesem Menschen gut, gar nicht geboren zu sein»[45] –

bezeuge, dass Judas im Neuen Testament «eher ein unfassliches Rätsel»[46] sei. Auch Kreck stösst sich daran, dass mit Barths Konfiguration der Judasgestalt «aus dem Nein des Unglaubens mit Berufung auf Gottes Gnade ein Ja»[47] gemacht werde. Oder anders ausgedrückt: Barth schwäche den Gegensatz von Glauben und Unglauben aufs Massivste ab, denn «die Tatsache, dass Gott des Judas Tat zu seinem Heilswerk benützte», schliesse doch nicht aus, «dass sie in vollem Sinn des Wortes verurteilt wird».[48] Eine vollumfängliche Berücksichtigung dieser Judas-Passagen hätte darum zur Folge, eine Apokatastatis lehren zu müssen, was Barths eigener Intention indes deutlich widersprechen würde.[49]

43 Vgl. Kreck, Grundentscheidungen, 266f.

44 A. a. O., 267.

45 Wo nicht anders vermerkt, handelt es sich bei Bibelzitaten um die von Barth in seiner Kirchlichen Dogmatik gewählten Übersetzungen.

46 Kreck, Grundentscheidungen, 267.

47 A. a. O., 271.

48 A. a. O., 272.

49 Vgl. a. a. O., 268.

Demgemäss endet auch Krecks Berücksichtigung der Barth'schen Judas-Passage mit dem Hinweis auf eine eschatologisch zu ziehende Grenze:

> «Dass Gott und wie Gott über das hinaus, was uns hier zu erkennen und zu sagen aufgetragen ist, Mittel und Wege finden kann, auch diese Grenze aufzuheben und dafür zu sorgen, dass alle die Knie beugen und Jesus als den Kyrios anerkennen, das jedenfalls müssen wir der Gnade Gottes überlassen, die über unser Bitten und Verstehen geht.»[50]

So bleibt denn auch bei Kreck, wie bereits bei Buess, die Paraphrase von § 35.4 höchst selektiv. Und ohnehin rückt § 35 wegen der vehementen Kritik an der Judas-Exegese in den Hintergrund.

Eine ausführliche Paraphrase und Interpretation von § 35.4 bzw. der dogmatischen Grundlegung der «Bestimmung des Verworfenen» vor dem Petit-Druck der Judas-Passage findet sich in Hans Theodor Goebels Habilitationsschrift «Vom freien Wählen Gottes und des Menschen. Interpretationsübungen zur ‹Analogie› nach Karl Barths Lehre von der Erwählung und Bedenken ihrer Folgen für die Kirchliche Dogmatik».[51] Jedoch ist auch Goebels Berücksichtigung von § 35.4 fragmentarisch, insofern er den Text hinsichtlich einer «analogischen Subjektivität» untersucht. Der Judasgestalt widmet Goebel dabei gerade mal fünf Sätze, gibt jedoch zu bedenken, dass eine Ausarbeitung der Rolle des Judas in seinem Verhältnis zu Israel nötig wäre, denn was «in seinem besonderen Fall [als *Jude*] gilt, gilt *so* aber nicht von jedem einzelnen Verworfenen»[52]. Letztlich erweckt damit auch Goebel den Eindruck, dass Barths Judas-Exegese dogmatisch wenig ergiebig ist, abgesehen allerdings von dem ihr inhärenten Verhältnis von Israel und Kirche.

So verwundert es nicht, dass die Judas-Passage bereits 1967 von Friedrich-Wilhelm Marquardt in seiner Dissertation «Die Entdeckung des Judentums für die christliche Theologie. Israel im Denken Karl Barths» wahrgenommen wird. Denn Marquardt bestimmt Barths «Lehre von der Verwerfung»[53] als «die Lehre von Gottes Nicht-Scheitern an Israel»[54]. Judas Ischarioth ist die ins neutestamentliche Bild gesetzte Erinnerung daran.[55] § 35 wird darum von Marquardt gerade nicht vom «eigentlichen» Israel-Paragrafen 34 – hier steht die Exegese zu Röm 9–11 – getrennt, sondern Marquardt weist darauf hin, dass § 35 nur auf

50 A. a. O., 268.

51 Goebel, Vom freien Wählen Gottes, 169–229.

52 A. a. O., 225.

53 Ob dieser Terminus indes zutreffend ist, stelle ich kritisch infrage. Siehe dazu unten 4.1.4.

54 Marquardt, Entdeckung des Judentums, 250.

55 Vgl. a. a. O., 260.

dessen Hintergrund verständlich gemacht werden kann. «Ausführlich»[56] auf Judas zu sprechen kommt Marquardt unter dem Titel «Die Kreuzigung Jesu und die Zeugen des Zorns». Er wagt innerhalb dieser Abhandlung die These, dass die Judas-Passage «nicht, wie vorschnelles Urteil meinen will, Spekulation [ist], sondern [...] streng die Funktion [hat], das Historische der jüdischen Beteiligung an Jesu Kreuzigung theologisch zu würdigen»[57]. Indes bleibt dann aber auch Marquardts Berücksichtigung von Barths Judas-Deutung ziemlich marginal, insofern Marquardt zwar die These aufstellt, dass Barth mit Judas die Rede des Antijudaismus hinsichtlich des Mordes Christi entmachtet habe,[58] für die Begründung dieser These dann aber doch vornehmlich auf andere Aussagen innerhalb der Erwählungslehre zurückgreift.[59] Daraus erklärt sich wohl auch, warum die zwei weiteren in der Barth-Forschung besonders beachteten Bücher Bertold Klapperts[60] und Eberhard Buschs[61] sowie ein Aufsatz Wolf Krötkes[62] hinsichtlich des Verhältnisses von Israel und Kirche in Barths Lehre von GOTTES Gnadenwahl sich stets auf Barths Exegese von Röm 9–11 beziehen, jegliche Bezugnahme zur Judas-Exegese jedoch vermissen lassen.

Anders als bei Marquardt, dem Barths Judas-Passage zur Abwehr eines allfälligen Antijudaismus Barths dient, entzündet sich in Katherine Sondereggers 1992 erschienenem Werk «That Jesus Christ Was Born a Jew»[63] der Antijudaismus-Vorwurf explizit an Barths Judas-Interpretation. Dementsprechend hält sie in ihrem Artikel zu Israel im «Westminster Handbook to Karl Barth» pointiert fest: «This somber theme of Israel's election for rejection reaches its dark magnificence in Barth's remarkable reading of the figure of Judas, the one of the Twelve ‹elected for rejection›.»[64] Sonderegger bietet mit ihrem Werk, soweit ich sehe, als erste Theologin eine umfassende Paraphrase und Interpretation von § 35.4. Sie vermag damit aufzuzeigen, inwiefern sich Barths Deutung der Judasgestalt systematisieren lässt und die Exegese gerade *nicht* im Widerspruch zu

56 A. a. O., 284–289.

57 A. a. O., 287.

58 Vgl. a. a. O., 287.

59 Ähnlich Chung, God's Word, 389–393, der in Judas den Repräsentanten der positiven Bedeutung Israels in GOTTES Erwählung sieht, sich zur Erörterung dafür dann aber doch hauptsächlich auf § 34 bezieht.

60 Klappert, Israel und die Kirche.

61 Busch, Unter dem Bogen.

62 Krötke, Erwählung der einen Gemeinde.

63 Sonderegger, Born a Jew, bes. 81–133.

64 Sonderegger, Art. Israel, 119.

seiner dogmatischen Grundlegung steht.[65] Ob Sondereggers Herangehensweise und die daraus resultierenden Schlüsse Barths Intentionen treffen und sein Text jene erlauben, wird zu untersuchen sein. Nicht zu beanstanden, jedoch zu bemerken ist, dass Sonderegger die Judas-Passage einzig hinsichtlich Barths «Israeltheologie» befragt, infolgedessen andere Aspekte der Erwählungslehre, die sich aus der Beschäftigung mit der Judas-Passage ergeben, nahezu gänzlich fehlen.

Sondereggers Arbeit wurde in der deutschsprachigen Literatur nur wenig Beachtung geschenkt. Und dieser erste Blick auf die Forschungssituation lässt zwei Problemanzeigen erkennen, die interessanterweise in zwei weiteren Forschungsgebieten aufgenommen und verstärkt werden: Die Kritik, wonach Barths Lesart der Judasgeschichte biblisch-theologisch und historisch-kritisch unhaltbar sei, taucht auch in Arbeiten zur Schrifthermeneutik und zum Schriftgebrauch Karl Barths wiederholt auf. Anders verhält es sich jedoch bezüglich der Kritik, dass Barth gegenüber Judas keine eschatologische Grenze gezogen habe: Dieser Aspekt wird in Arbeiten zur biblischen Judasgestalt und zu ihrer Rezeptionsgeschichte positiv hervorgehoben. Wie sich zeigen wird, handelt sich dabei jedoch um ein Missverständnis, das durch Arbeiten zur Erwählungslehre Karl Barths befördert wurde.

2.2 Das Problem der Barth'schen Exegese: Die Judas-Deutung in Arbeiten zur Schrifthermeneutik

Ausführlich behandelt wird Barths Judas-Deutung hinsichtlich seiner Schrifthermeneutik[66] und seines Schriftgebrauchs in zwei englischsprachigen Werken: in David Fords «Barth and God's Story. Biblical Narrative and the Theological Method of Karl Barth in the ‹Church Dogmatics›» (1981) und Paul McGlassons «Jesus and Judas. Biblical Exegesis in Barth» (1991). Sowohl Fords als auch McGlassons Untersuchung konzentrieren sich auf die Kritik hermeneutischer Prinzipien[67] und äussern sich in Bezug auf die Inhalte von Barths Judas-Deutung

---

[65] Infrage gestellt und kritisiert wird Sondereggers Lesart der Barth'schen Passage bei Lindsay, Dialectics of Communion, 122–143.

[66] Ein informativer und aufschlussreicher forschungsgeschichtlicher Überblick zu Barths exegetischen Passagen in der Kirchlichen Dogmatik insgesamt findet sich bei Bergner, Um der Sache willen, 21–39.

[67] Eine Gegenüberstellung geringfügiger Unterschiede hinsichtlich Barths Judas-Deutung zwischen diesen beiden Arbeiten bietet Cane, Place of Judas, 60–70.

nur am Rande, bezeichnenderweise jedoch auch zur angeblichen eschatologischen Widersprüchlichkeit.[68]

Ford untersucht in seinem Werk Exegesen biblischer Erzähltexte innerhalb von KD II/1 bis KD IV/3, wobei er einen Fokus auf Barths Erwählungslehre legt und dabei auch auf die Judas-Exegese zu sprechen kommt. Fords Ansicht nach hilft Barths «use of these narratives [...] to understand both the unity and the method of his theology».[69] Infolgedessen geht Ford der Frage nach, ob Barths Exegesen den biblischen Texten gerecht werden, und kommt im Falle der Judas-Deutung zum Schluss, dass dies gerade nicht der Fall sei:

> «In all his exegesis of narrative in this section, Barth ignores the question of their historical reference. He goes straight from understanding the lexical meaning, without any intermediate stage of historical assessment. In other words, he chooses as his datum for reflection the element which history books and novels have in common: the cumulative description of character and circumstance in interaction with each other. The frontier between fact and fiction is not discussed, since the text's literary meaning is the same no matter where it lies.»[70]

Barths Methode komme dem Genre eines Bildungsromans gleich, denn Barth «insists on the central character dominating the meaning of the whole».[71] Dass gerade die Gestalt Judas Ischarioths die neutestamentlichen Texte bzw. deren Aussagen massgeblich prägen würden, sei aber nicht der Fall.

McGlassons Werk – dessen Titel streng betrachtet zu viel verspricht, insofern McGlasson sich nur in einem von fünf Kapiteln explizit mit der Judas-Exegese auseinandersetzt, ansonsten vor allem auf die alttestamentlichen Exkurse von § 35 fokussiert ist – kommt zu einem ähnlichen Schluss:

> «[I]t is as if Barth must convince his readers of the rightness and fit of his reading of these texts by convincing them that any intelligent or half-intelligent reader would come to the same conclusion he does. [...] the final picture [of Judas] is in fact irresolute.»[72]

Auch McGlasson erachtet folglich jene Judas-Passage in § 35 als in sich widersprüchlich, wenngleich sie für Barths exegetisches Vorgehen höchst aussagekräftig ist.

---

68 Vgl. Ford, God's Story, 93; McGlasson, Jesus and Judas, 142.
69 Ford, God's Story, 12.
70 A. a. O., 88.
71 A. a. O., 92.
72 McGlasson, Jesus and Judas, 143–145.

In der deutschsprachigen Forschung sind es vor allem drei Aufsätze, die sich mit Barths biblischen Exegesen in der Erwählungslehre auseinandersetzen und breit rezipiert werden: Anne M. Spijkerboers «Karl Barth und seine Exegese von David und Saul»[73] sowie die Vorträge von Frank Crüsemann, «Karl Barths Erwählungslehre und das Alte Testament»,[74] und Ekkehard W. Stegemann, «Israel in Barths Erwählungslehre»,[75] welche auf der Karl-Barth-Tagung auf dem Leuenberg 2004 gehalten wurden. Während Spijkerboer und Crüsemann dem Thema ihrer Aufsätze entsprechend nicht auf die Judas-Deutung zu sprechen kommen, ist Stegemann fast ausschliesslich auf die Exegese von Röm 9–11 konzentriert und verweist nur am Rande auf Judas.[76] Alle drei Aufsätze verorten die Verwerfung im Alten, die Erwählung im Neuen Testament und übersehen damit, dass die *Bestimmung* des «Verworfenen» von Barth mit der Judas-Passage doch gerade im Neuen Testament situiert wird. Auch Gerhard Bergner geht in seiner Monografie «Um der Sache willen. Karl Barths Schriftauslegung in der Kirchlichen Dogmatik» nur mit einigen wenigen Sätzen auf Barths Judas-Deutung ein[77] und verweist auf die Besprechung bei Ford und McGlasson[78]. Barths Passage zur Judasgestalt bleibt also auch im Blick auf die Forschungen zur Barth'schen Schrifthermeneutik weithin unbeachtet.

Zweifelsohne am ausführlichsten gewürdigt wurde Barths Judas-Deutung von seinem Schüler Helmut Gollwitzer, dessen Untersuchungen in Arbeiten zur biblischen Judasgestalt und zu ihrer Rezeptionsgeschichte durchaus Beachtung geschenkt wird.

2.3 Judas, der «Doppelgänger Jesu»: Die Judas-Deutung in Arbeiten zur biblischen Judasgestalt und zu ihrer Rezeptionsgeschichte

Gollwitzers Ausführungen zur biblischen Judasgestalt, die er unter dem programmatischen Titel «Gute Botschaft für Judas Ischarioth» 1970 in seinem Werk «Krummes Holz – aufrechter Gang. Zur Frage nach dem Sinn des Lebens» veröffentlichte, sind nur implizit eine Aufnahme von Barths Judas-Deutung,

[73] In: ZDTh 13 (1997), 32–38.
[74] In: ZDTh 20 (2004), 147–161.
[75] A. a. O., 162–184.
[76] Er verweist nur auf die Erwähnung Judas' in § 34.4. Vgl. Stegemann, Israel in Barths Erwählungslehre, 176.
[77] Vgl. Bergner, Um der Sache willen, 138.161.
[78] Vgl. a. a. O., 132.

denn Gollwitzer erwähnt seinen Lehrer nicht. Die Übereinstimmungen sind aber signifikant, so dass Gollwitzers Judas-Auslegung als eine Paraphrase der Barth'schen wahrgenommen werden kann. Die Problematik der Anknüpfung liegt nun aber gerade darin, dass Gollwitzer exakt an jenem Punkt über seinen Lehrer hinausgeht, der von Kreck und anderen kritisiert wurde. Es liegt darum die Vermutung nahe, dass dieser Unterschied zwischen Gollwitzer und Barth nicht wahrgenommen wurde,[79] was die Forschung gehemmt hat.[80] Denn wie sich zeigen wird, hat Barth in der Tat hinsichtlich eines endgültigen Urteils über Judas eine eschatologische Grenze gezogen, die Gollwitzer – wenn auch «gänzlich in der Aporie»[81] – nicht zieht: Jesu Wort der Versöhnung, wie es von Paulus in 2Kor 5,19.21[82] formuliert ist, gilt auch Judas.[83] Hinzu kommt, dass Gollwitzer die andere Kritik, wonach Barths Lesart der Judasgeschichte biblisch-theologisch und historisch-kritisch unhaltbar sei, von vornherein aus den Angeln hebt, indem er eingesteht, dass die Frage der Historizität in der Forschung zwar umstritten, «sachlich aber nicht ausschlaggebend»[84] sei. Damit hat Gollwitzer auf den Punkt gebracht, worum es Barth in seiner Judas-Deutung gegenüber der Tradition vor allem ging: Barth war um eine sachliche, d. h. in seinem Fall theologische, nicht moralische Deutung der Judasgestalt bemüht. Die Forschung zur Barth'schen Erwählungslehre liess diesen Aspekt unbeachtet, weil die Kritik an der fehlenden Historizität diesen Aspekt sozusagen in seinem Keim erstickte. Weil Gollwitzers Ausführungen insgesamt verständlicher systematisiert sind als Barths Abhandlung, wird in Arbeiten zur biblischen Judasgestalt und ihrer Rezeptionsgeschichte häufiger bzw. ausführlicher auf Gollwitzer denn auf Barth verwiesen.[85] Und insgesamt betrachtet wird Barths Deutung in den genannten Arbeiten höchst selten erwähnt,[86] was darauf zurückgeführt werden kann, dass

---

79 Ein sprechendes Beispiel hierfür ist ein Aufsatz Klapperts, in dem er – mit Verweis auf Barth – von der «gute[n] Botschaft für Judas Ischarioth» spricht. Vgl. ders., Rezeption der Theologie Calvins, 61.

80 Buess muss von dieser Vermutung ausgeschlossen werden, zumal sein Werk (1955) vor demjenigen Gollwitzers (1970) erschien.

81 Gollwitzer, Krummes Holz, 277.

82 Jene Bibelstelle also, von der Barth sagt, dass die «ganze Dogmatik [...] nichts Höheres noch Tieferes, [...] nichts wesentlich Anderes zu sagen [hat] als dies» (KD II/2, 95).

83 Vgl. Gollwitzer, Krummes Holz, 281–283.

84 A. a. O., 271, Anm. 1.

85 Vgl. etwa Lapide, Wer war schuld, 39–42; Meiser, Judas Iskariot, 175.

86 Vgl. für das Fehlen einer Bezugnahme zu Barth etwa Vogler, Untersuchungen zu Tradition; Maccoby, Jewish Evil; Fenske, Brauchte Gott den Verräter; Wright, Judas and the Gospel; Lona, Legende und Wahrheit; Harrison, Verräter.

die zwei meistzitierten Standardwerke zur Rezeptionsgeschichte der (biblischen) Judasgestalt Barths Lesart kritisieren: Kurt Lüthi in «Judas Iskarioth in der Geschichte der Auslegung von der Reformation bis zur Gegenwart»[87] und Bernhard Dieckmann in «Judas als Sündenbock»[88].

Sowohl Lüthi als auch Dieckmann werfen Barth vor, das Motiv der Stellvertretung Christi auf Judas zu übertragen.[89] Es herrsche eine «gefährliche Begriffsverwirrung»[90] sowie «eine massive Tendenz, Jesus und Judas [...] als Doppelgänger zu verstehen»,[91] was notwendigerweise zu theologischen Paradoxien führe.[92]

Zusammenfassend lässt sich feststellen, dass Barths Judas-Deutung, wie eingangs vorweggenommen, in der Forschung wenig Beachtung geschenkt wurde und wird. Auch wenn etliche von der Forschung beanstandete Kritikpunkte in gewisser Hinsicht zutreffend und darum auch zukünftig ernst zu nehmen sind, hat die vorherrschende Kritik und Problematisierung von § 35.4 dazu geführt, dass nur wenige Versuche unternommen wurden, Barths Judas-Deutung zu systematisieren und auf ihre dogmatische Relevanz und allfällige noetische Bedeutung für die Lehre von GOTTES Gnadenwahl insgesamt hin zu befragen. Es ist zutreffend, dass in § 35.4 eine Tendenz vorherrscht, Jesus und Judas als Doppelgänger zu verstehen, wie es ebenso zutreffend ist, dass Barth einerseits innerhalb der Gegenüberstellung von Jesus und Judas dennoch eine klare Grenze zieht und dass andererseits alle Aspekte von Barths Erwählungslehre ausschliesslich über den einen wahren Gott und wahren Menschen in den Blick geraten: Jesus Christus. Es ist darum, wenn nicht naheliegend, so doch allzu verständlich, dass Barth insbesondere an jenem Punkt in seiner Erwählungslehre mit seiner eigenen Position ringt, wo seine Abkehr von der protestantischen Tradition – nämlich die Prädestination *nicht* der Christologie über- und vorzuordnen – auf dem Prüfstand steht. Denn die «Erwählung des Einzelnen» – so der Titel von § 35 – ist der *locus classicus* der Prädestinationslehre, zumal sich dieser eigentlich und ausschliesslich der Frage widmet: «In welchem Sinn bestimmt Gott über Heil oder Unheil des Menschen?»[93] Dieses Ringen Barths mit seiner eigenen theologischen Position, in Abgrenzung, aber auch partieller

[87] Vgl. Lüthi, Geschichte der Auslegung, 169–175, bes. 173–175.

[88] Dieckmann, Judas als Sündenbock, 288.

[89] Vgl. ausführlicher Dieckmann, Judas als Doppelgänger, 227–242, bes. 240–242.

[90] A. a. O., 241.

[91] A. a. O., 240.

[92] Vgl. ähnlich Wagner, Geheimnis der Sünde, 11–38; Klauck, Jünger des Herrn, 31.45–47.92.104, der indes mit seiner Judas-Bibliografie Vollständigkeit anstrebte.

[93] Link, Art. Prädestination. II. Dogmengeschichtlich, 1526.

Übereinstimmung mit der Tradition, hat sich paradigmatisch in den Leitsatz von § 35 eingeschrieben.

Ausgehend von diesem Leitsatz wird im folgenden Kapitel Barths Neuaufbruch in der Erwählungslehre kurz rekapituliert, um dann angesichts des erhobenen Forschungsstandes und in kritischer Auseinandersetzung mit einem Aufsatz Krötkes zur Erwählungslehre insgesamt Thesen zu formulieren. Diese werden die nachfolgende systematisierende Darstellung von § 35.4 und die daraus resultierenden fundamentaltheologischen Weichenstellungen begründen und weiter ausführen.

JOHANN ZAINER DER ÄLTERE

3. Der dogmatische Neuaufbruch: Karl Barths ReVision der Lehre von der doppelten Prädestination und der biblischen Judasgestalt

3.1 Der «doppeldeutliche» Genitiv der Erwählungslehre oder: Die christologische Grundlegung der revidierten *praedestinatio gemina*

> *«Der Gott gegenüber vereinzelte Mensch ist als solcher von Gott verworfen. Aber dieser Mensch zu sein, kann nur des gottlosen Menschen eigene Wahl sein. Das Zeugnis der Gemeinde Gottes an jeden einzelnen Menschen lautet dahin, dass diese Wahl des Gottlosen nichtig ist, dass er von Ewigkeit her Jesus Christus angehört und also nicht verworfen, vielmehr in Jesus Christus von Gott erwählt, dass die ihm auf Grund seiner verkehrten Wahl gebührende Verwerfung von Jesus Christus getragen und aufgehoben, dass er auf Grund der rechten, der göttlichen Wahl zum ewigen Leben mit Gott ersehen ist. Ihn wird die Zusage seiner Erwählung dazu bestimmen, als Glied der Gemeinde selber zum Träger ihres Zeugnisses an die ganze Welt zu werden. Und ihn kann die Offenbarung seiner Verwerfung nur dazu bestimmen, an Jesus Christus als an den zu glauben, von dem sie getragen und aufgehoben ist.»* (336)

Die traditionelle Lehre der *praedestinatio gemina*, der doppelten Prädestination, ist theologisch allgemein bekannt:[94] In einem unerklärlichen Ratschluss «vor Grundlegung der Welt» (Eph 1,4) hat GOTT einen Teil der Menschheit aufgrund SEINES *Erbarmens erwählt*, wohingegen SIE[95] den anderen Teil aufgrund IHRER *Gerechtigkeit verworfen* hat. Während GOTTES Verwerfen damit begründet wird, dass die Verwerfung durch den Menschen selbst verschuldet ist, insofern sie die Tatfolge sündigen Tuns ist,[96] wird die Erwählung *sola gratia* christologisch begründet: Im Versöhnungshandeln Jesu Christi wird Erwählung Wirklichkeit und als solche erkennbar. Demgemäss wird die Providenz der Christologie bzw. das *decretum absolutum* dem *decretum concretum* über- und vorgeordnet.

Ein «Privatverhältnis», dem die Kirchengeschichte «mit allzu grosser Selbstverständlichkeit» (45) verfallen sei, nennt Barth eine solche Prädestination,

---

[94] Vgl. grundsätzlich und für das Folgende: Link, Prädestination und Erwählung, 31–96.

[95] Um das Bilderverbot zu wahren, verwende ich im Reden von GOTT weibliche und männliche Pronomina, auch wenn sich dadurch grammatische Brüche ergeben. Zur Begründung: Frettlöh, Gott Gewicht geben, 153–243. Innerhalb der Barth-immanenten Teile (4. und 5. Kapitel) dieses Buches verzichte ich bewusst darauf, weil ich andernfalls der Gender-*un*sensiblen Sprache Barths Gewalt antun würde.

[96] Vgl. Link, Art. Prädestination. III. Dogmatisch, 1531f.

denn das «Urteil, das sich uns daraus ergibt, ist doch zunächst unser eigenes, nicht Gottes Urteil» (40).[97] Demgegenüber will Barth die «Prädestination» allem voran in GOTT selbst verstanden haben:[98]

> «Gottes Gnadenwahl ist nach der heiligen Schrift ein bestimmt gezieltes und umrissenes göttliches Handeln, dessen direkter und eigentlicher Gegenstand [...] ein einzelner Mensch [ist] – und erst in ihm das durch ihn aufgerufene und verbundene Menschenvolk und erst in diesem Volk die einzelnen Menschen insgemein in ihren Privatverhältnissen zu Gott.» (45f.)

Der einzelne Mensch nun, von dem Barth hier spricht, ist Jesus Christus, denn Inkarnation, Kreuzestod und Auferweckung sollen gerade nicht nur einer begrenzten Anzahl Erwählter zugutekommen. Zwar bestreitet Barth die Allmacht GOTTES nicht – er bestimmt sie als eine unveräusserliche Vollkommenheit GOTTES –,[99] doch ist «die Erwählung [...] keine Erscheinungsform einer unwiderstehlich wirkenden oder abstrakt freien Allmacht»[100]. Ein *decretum absolutum* kann darum gemäss Barth gerade nicht wie in der Tradition mit der Allmacht GOTTES *ohne* Christus begründet sein. Dogmatisch gewendet, lehnt Barth folglich mit dem Determinismus auch einen Indeterminismus ab.[101] Indem er GOTT als DENJENIGEN bestimmt, «der Gegenstand eines angemessenerweise an seine

---

[97] Damit wehrt sich Barth, im gesamten § 35, gegen eine falsch verstandene *particula veri* des «Individualismus», die sich etwa im Begriff des «Führers» – man beachte die durchaus ernst zu nehmende Zeitgebundenheit der Barth'schen Theologie – zeigt (vgl. KD II/2, 341f.), der «nicht für die Übrigen, sondern an ihrer Stelle der Erwählte ist: der Andere, neben dem es letztlich keine Einzelnen, jedenfalls keine erwählten Einzelnen gibt» (KD II/2, 342). Die *particula veri* des «Individualismus» besteht sodann darin, dass Jesus Christus «für sie, [...] *nicht statt ihrer* Gegenstand der göttlichen Gnadenwahl» (KD II/2, 342) ist, weshalb in Jesus Christus «die Erwählung und mit ihr das Geheimnis des Einzelseins und der Einsamkeit, mit ihr die Freiheit und Verantwortlichkeit, mit ihr Vollmacht und Gewalt auch den vielen Übrigen nicht abgesprochen, sondern in diesem Anderen gerade zugesprochen» (KD II/2, 342) wird bzw. ist. Dabei geht Barth noch einen Schritt weiter, wenn er der Erwählung der Gemeinde zwar eine «relativierende, aber eben damit begründende Bedeutung» für die Erwählung der Einzelnen beimisst, denn «gerade in *ihrer* Erwählung [sc. der Einzelnen] kann die der Gemeinde allein sichtbar und wirksam werden» (KD II/2, 341). Erwählt sind demgemäss nicht «Alle, sondern je Einzelne [...]. Eben in ihnen, den je *Einzelnen*, sucht, beruft, segnet und heiligt Gott die *Vielen* und *Alle*, [...] die Menschheit» (KD II/2, 344).

[98] Barth war in seinem Neuaufbruch wesentlich von einem Vortrag Pierre Maurys (Erwählung und Glaube) auf dem Calvin-Kongress 1936 in Genf beeinflusst (vgl. McCormack, Barth's Critically Realistic Dialectical Theology, 457). Die biblische Judasgestalt taucht bei Maury jedoch nicht auf.

[99] Vgl. KD II/1, 587–685.

[100] Kim, Umstrittene Prädestinationslehre, 179.

[101] Vgl. KD II/2, 47.

Selbstoffenbarung gebundenen Denkens ist» (58), tritt an die Stelle eines determinierenden GOTTES Jesus Christus. So muss denn bei aller Traditionsbrüchigkeit gegenüber der klassischen Prädestinationslehre doch auch Barths «immer noch grössere Traditions*treue*»[102] auffallen, die sich paradigmatisch im doppel*deutlichen* Genitiv von § 33 – «Die Erwählung Jesu Christi» – und damit nun eben doch in einer, wenn auch revidierten, *praedestinatio gemina* zeigt: Im Titel von § 33 haben sich gewissermassen die zwei christologischen Sätze der Barth'schen Erwählungslehre eingeschrieben: «*Jesus Christus ist der erwählende Gott*» (111) – Genitivus subjectivus – und «Jesus Christus ist der erwählte Mensch» (124) – Genitivus objectivus – in dieser unumkehrbaren Reihenfolge. Obgleich GOTTES Sich-selbst-für-die-Menschen-Wählen zwar «zuerst und vor allem» (124) geschieht, ist SEIN Die-Menschen-für-sich-Wählen «nur» eine Wiederholung davon und damit per se eine «Wiederholung Gottes»[103].[104] Im Leiden und Sterben des erwählten Menschen Jesus, dazu ist dieser bestimmt,[105] macht GOTT – «indem er selbst dieser Mensch wird – sich selbst für den zu seinem Feind gewordenen Menschen verantwortlich und haftbar und [...] seine Verwerfung und seinen Tod zu seiner eigenen Sache» (133).

> «Eben das ist aber der Inhalt, der doppelte Inhalt der ewigen göttlichen Vorherbestimmung, weil diese mit der Erwählung Jesu Christi identisch ist: *Gott will verlieren, damit der Mensch gewinne.* Sicheres Heil für den Menschen, sichere Gefahr für Gott selber!» (177)

Doch erst einmal bei jenem vierten Abschnitt von § 35 und damit auch am *Telos*[106] – wie der Leitsatz in prägnanter Form veranschaulicht, *zielt* die Erwählung

[102] Frettlöh, «Das Ja vor jeder Frage», 110.

[103] Weil sich in der Offenbarung nicht nur die menschliche Gotteserkenntnis vollzieht, sondern sie wesentlich vom Vollzug der göttlichen Selbsterkenntnis bestimmt ist – erst diese ermöglicht die Erkenntnis GOTTES menschlicherseits –, bestimmt Barth die Grundstruktur seiner Erwählungslehre trinitarisch. Dabei unterscheidet Barth nicht zwischen Form und Inhalt, weil es zwischen Offenbarer, Offenbarung und Offenbarsein keine Differenz gibt, denn «der sich offenbarende Gott der Bibel [muss] immer auch in seinem Offenbarwerden als solchem und in seinem Offenbarsein als solchem erkannt werden [...], um erkannt zu werden» (KD I/1, 314). Konvergenzpunkt sowohl menschlicher Gotteserkenntnis als auch göttlicher Selbstinterpretation ist Jesus Christus, insofern er mit Ersterem die Menschlichkeit, mit Letzterem die Göttlichkeit teilt. Die daraus resultierende Einheit der Offenbarung mit dem Offenbarer bestimmt Barth als «Wiederholung Gottes» (KD I/1, 315).

[104] Frettlöh argumentiert mit einem Ur-Ja, das ein zweifaches, jedoch nicht ein zweideutiges sei. Vgl. dies., «Das Ja vor jeder Frage», 109.

[105] Vgl. KD II/2, 130f.

[106] Vgl. a. a. O., 341.

Jesu Christi (§ 33) auf die Erwählung der Gemeinde (§ 34) und diese auf jene des Einzelnen (§ 35) – von Barths Lehre von GOTTES Gnadenwahl angelangt, scheint dieses sichere Heil für den Menschen, so tatsächlich das Ergebnis eines ersten flüchtigen Blicks, nun doch in eine Schieflage zu geraten: Barth fragt nach der «Bestimmung des Verworfenen» (498–563), denn der Erwählte «könnte seine eigene Erwählung nicht erkennen, ohne gleichzeitig den Verworfenen zu kennen» (500). Mehr noch: Die Frage scheint in der Tat berechtigt, ob Barth an dieser Stelle postuliert, dass GOTT nun doch auch Menschen dazu bestimmt, die eigentlich ausgeschlossene Verwerfung zu repräsentieren, wenn Barth etwa als eine ihrer Aufgaben die Sichtbarmachung der «*Adressaten* des Evangeliums» (504) ausgibt. Sozusagen sein Kronzeuge dafür ist Judas Ischarioth, in dessen Gestalt «sich das Problem des Verworfenen im Neuen Testament zusammendrängt und entfaltet» (508). Krötke vermutet hinter dem Barth'schen Gedanken,

> «dass Gott Menschen auch zur Darstellung der eigentlich ausgeschlossenen Verwerfung bestimme, [...] ein[en] Nachklang der traditionellen Praedestinationslehren mit ihrem Interesse am Status, am Geschick und der Funktion nicht nur der ‹erwählten›, sondern auch der sogenannten ‹verworfenen› Menschen. Doch dieser Nachklang wird im Ganzen dann doch deutlich in den Gesamtduktus der Erwählungslehre hinein aufgehoben.»[107]

Doch gerade damit scheint Krötke nicht konsequent ernst zu nehmen, was er wenig vorher hinsichtlich Barths Bestimmung der Erwählungslehre als Summe des Evangeliums[108] zu bedenken gibt: Damit kommen nicht nur alle Einzelposten zusammen, sondern eine Summe prägt

> «den Gesamtwert der Einzelposten mit einer neuen, gewichtigen Zahl ein. Angewandt auf die ‹Summe des Evangeliums› bedeutet das: Alles, was zu dieser guten Botschaft gehört, kommt hier zusammen. Alles, was diese gute Botschaft ausmacht, bekommt hier die Gestalt einer *neuen Gewichtigkeit.*»[109]

Sollte sich sodann die Erwählungslehre als Barths «letztes Anliegen» enthüllen, der «Schlüssel zu Barths ganzer Theologie»,[110] ihr «Angel- und Drehpunkt»

---

[107] Krötke, Summe des Evangeliums, 75.

[108] KD II/2, 1. Frettlöh hat diesbezüglich zu Recht darauf hingewiesen, dass Barth an dieser Stelle einen Kategorienfehler unterlaufen ist, wenn er die Gnaden*lehre* – und damit nur implizit deren *Inhalt* – als Summe des Evangeliums bestimmt. Vgl. dies., «Das Ja vor jeder Frage», 106–108.

[109] Krötke, Summe des Evangeliums, 67.

[110] Balthasar, Darstellung und Deutung, 186.

sein,[111] dann muss das auch für Barths Judas-Passage gelten. Dieser kann folglich gerade nicht ein «Nachklang der traditionellen Praedestinationslehren» sein, sondern muss darauf verweisen, inwiefern er «Inbegriff der frohen Botschaft, die Jesus Christus heisst» (9), ist. Es sei denn, Barth wäre inkonsequent. Oder anders ausgedrückt: Nehmen wir Barth beim Wort[112] dieses Diktums, hat sich gerade auch an Barths Deutung der Judasgestalt zu beweisen, inwiefern durch Barth hinsichtlich der Prädestination «aus einem theologumenon horrible wieder eine frohe Botschaft»[113] wurde, zumal die Rezeptionsgeschichte der Judasgestalt nur so von Negativität strotzt. Was bedeutet die frohe Botschaft für Judas Ischarioth? Kommt auch dem «Prototyp des Verräters, des Denunzianten, des Sünders, des Verzweifelten»[114] die Summe des Evangeliums zugute? Und zeigt sich womöglich gerade an der Judasgestalt, in der Auseinandersetzung mit der Tradition, das «Tröstlich-Trotzigste[], was die Kirchliche Dogmatik zu bieten hat»[115]?

Krötkes Votum generalisiert meines Erachtens zu sehr, nimmt es doch den Leitsatz von § 35 nicht als wegweisend für das Gesamtverständnis der Barth'schen Erwählungslehre wahr. Auch stellt der Umfang des gesamten Paragrafen dieses Diktum, wonach GOTT nun doch Menschen zur Repräsentation der Verwerfung bestimmt, infrage. Geleitet von den oben genannten Fragen werden meine systematisch-theologischen Untersuchungen darum Krötkes Interpretation in zweierlei Hinsicht in der Sache widersprechen: Zum einen werde ich aufzeigen, *dass* und *wie* Barth die Judasgestalt dogmatisch bemüht, um damit seine Erwählungslehre an einem entscheidenden Punkt[116] biblisch fundieren zu können (*4. Kapitel*). Zum anderen werde ich aufzeigen, dass Barth auch im Blick auf Judas nicht davon ausgeht, «dass Gott Menschen auch zur Darstellung der eigentlich ausgeschlossenen Verwerfung» bestimme, wohl aber ihr Handeln verwerfe, weil es dem entspricht, was GOTT nicht will (*5. Kapitel*). Dabei ist zu berücksichtigen, dass das von GOTT nicht Gewollte nach Barth das Nichtige ist, das keine eigene Wirklichkeit hat, so dass unmöglich auch nur ein Geschöpf

---

111 A. a. O., 201.

112 Freilich verweist Krötke mit Recht darauf, dass es «bei der Interpretation von Barths Texten nicht geraten [ist], den Sinn dieser Texte vor allem am Gebrauch bestimmter Begriffe festzumachen. Dazu ist die Sprache dieser Texte zu sehr in Bewegung.» (Ders., Die Summe des Evangeliums, 67.) Gleichwohl scheint das Unternehmen insofern berechtigt, als alles, was Barth in § 35 zu bedenken gibt, unter der Erwählung Jesu Christi, also unter dem «Inbegriff der frohen Botschaft», steht. Vgl. KD II/2, 341.

113 Lüthi, Geschichte der Auslegung, 169.

114 Meiser, Judas Iskariot, 9.

115 Frettlöh, «Das Ja vor jeder Frage», 115.

116 Siehe oben 2.3.

(neben dem GOTTES- und Menschensohn selbst) durch GOTT zur Verwerfung bestimmt sein kann. Sowohl Barths Lehre vom Nichtigen (KD III/3, § 50) als auch seine Sündenlehre innerhalb der Versöhnungslehre (KD IV/2, §§ 59 und 60) sind sachlich wie terminologisch bereits in § 35.4 präsent und bieten einen hermeneutischen Schlüssel zum Verständnis sowie zur Kritik der «Bestimmung des Verworfenen». Damit sollen indes Probleme der Barth'schen Erwählungslehre exemplarisch thematisiert und kritisiert sowie Punkte benannt werden, die in einer heutigen dogmatischen Auseinandersetzung mit der Judasgestalt *mit* Barth und *über ihn hinaus* theologisch bedacht werden müssen. Daraus ergeben sich die nachfolgenden Thesen, die noch einmal in prägnanter Form das Programm der anstehenden Untersuchungen dieser Arbeit formulieren. Die Thesen verstehen sich explizit als Lesehilfe, indem sie die zentralen Erkenntnisse der Studie vorwegnehmen.

3.2 Barths Judas-Deutung als Schlüssel zur Barth'schen Theologie: Eine erkenntnisvorläufige und -leitende Thesenreihe

1. Karl Barths Judas-Deutung bietet einen systematisch-theologisch ernst zu nehmenden Beitrag zur hermeneutischen Erschliessung seiner gesamten Lehre von GOTTES Gnadenwahl innerhalb Barths Kirchlicher Dogmatik, insofern die Deutung jener biblischen Gestalt den Gesamtduktus der Erwählungslehre ins narratologisch neutestamentliche Bild setzt und es so zu biblisch fokussierten materialdogmatischen Vertiefungen kommt.
   a. Gleichsam steht Barths ReVision der Erwählungslehre mit der Deutung der biblischen Judasgestalt auf dem dogmatischen Prüfstand, zumal für Barth erst hier in § 35 der *locus classicus* der klassischen Lehre von der doppelten Prädestination thematisch wird, nämlich inwiefern GOTT über Heil oder Unheil eines einzelnen Menschen bestimmt. Dass der Inhalt der Lehre von GOTTES Gnadenwahl die Summe des Evangeliums ist, hat sich in besonderer Weise am prädestinierten Menschen zu erweisen, der bei Barth der schlechterdings begnadigte Mensch ist. Judas Ischarioth ist ein solcher Mensch.
   b. Jesus Christus ist der einzig verworfene Einzelne in Barths gesamter Erwählungslehre – einen anderen kann es aufgrund der Erwählung Christi

nicht geben. Gleichwohl hat diese christologische Prämisse einen anthropologischen Gehalt, insofern dem Menschen nicht verwehrt werden kann, so zu tun, als ob er verworfen wäre – dieser Mensch wählt die unmögliche Möglichkeit, er sündigt. Noch dieses Tun-als-ob ereignet sich aber innerhalb der Existenz des einen Erwählten, weshalb jenem Menschen keine eigene Existenz zukommt, gleichwie auch diejenigen, die bereits um ihre Bestimmung zur Erwählung in Jesus Christus wissen, keine eigentlichen Subjekte sind: Alle Menschen sind hinsichtlich ihrer Erwählung sub-jectum des einzig wahrhaftigen Subjekts der Erwählung: Jesus Christus – wahrer Mensch und wahrer GOTT.

c. Analog dem klaren Ungleichgewicht zwischen Erwählung und Verwerfung in seiner gesamten Erwählungslehre vollzieht Barth die «Bestimmung des Verworfenen» anhand einer klar gerichteten Epistemologie: Der «Verworfene» – der Mensch, der so tut, als ob er verworfen wäre – gerät ausschliesslich über den Erwählten in den Blick. Barths revidierte Verhältnisbestimmung von Evangelium und Gesetz gilt darum auch bzw. insbesondere *dem Apostel* Judas Ischarioth.
    i. Jene Verhältnisbestimmung gilt jedoch nicht dem *Juden* Judas Ischarioth, denn als Repräsentant des Judentums steht er im Zeugendienst Israels, der – entsprechend § 34 – *einen* Gemeinde in ihrer *doppelten* Gestalt: Der Jude Judas Ischarioth ist die Negativfolie des Apostels Paulus. Judas *bleibt* einer der zwölf Jünger, doch aufgrund seines Selbstmordes hat er die Ausübung seines Amtes *de iure* an Matthias, *de facto* an Paulus übertragen – Judas bezeugt das Kreuz, Paulus die Auferstehung Christi.

d. Gleichwohl ist dies das *Positive* der Rolle des Judas als *negatives* Vorbild des Apostolats des Paulus, zumal Judas im Wirkungsbereich des Evangeliums tätig ist, welches Gegenstand all seines Handelns ist. Anders formuliert: Während einerseits die *Person* des Judas unter dem Willen GOTTES zur Erwählung steht, *handelt* Judas andererseits unter dem allmächtigen, barmherzigen und heiligen *Nicht*-Wollen GOTTES. Sowohl um das Einerseits als auch um das Andererseits wissen nur diejenigen, die bereits jetzt um ihre Bestimmung zur Erwählung wissen – in Barths theologischem Programm: die Kirche.

e. Judas Ischarioth, aber auch die Judasgestalten unserer Zeit nehmen die Kirche in die Pflicht, jedem Menschen die Erwählung Jesu Christi zu verkündigen, denn die Substitution der Verwerfung in der Erwählung Jesu Christi wird als Gabe der Erwählung in der Repräsentation Jesu Christi zur Aufgabe der zur Erwählung Bestimmten.

2. Karl Barths Judas-Deutung bietet einen systematisch-theologisch ernst zu nehmenden Beitrag zur *theologischen* Rehabilitierung der biblischen Judasgestalt, insofern sich Barths Deutung in der Spannung, nicht im Widerspruch, zwischen Verrat und Mitwirkung am Heilsgeschehen bewegt und sich damit sowohl einer moralischen Disqualifizierung als auch Heroisierung Judas Ischarioths verweigert.

   a. GOTT will, dass Judas Jesus Christus ausliefert, weil es GOTTES ewigem Ratschluss entspricht, dass der Menschensohn «in die Hände sündiger Menschen überliefert und gekreuzigt werde[] und am dritten Tag auferstehe[]» (Lk 24,7). Weil sich aber GOTT in Jesus Christus selbst zu diesem sündigen Menschen macht bzw. sich mit der Sünde infiziert und damit selbst jene Überlieferung Judas Ischarioths ausführt, «wird» die Tat des Judas zur Sünde, d. h. zu dem, was GOTT nicht will.
   b. Barths gesamte Erwählungslehre fusst auf der in seiner Gotteslehre gefassten Entscheidung, von der Selbstwiederholung GOTTES als Wiederholung der ewigen Geschichte GOTTES innerhalb der geschöpflichen Zeit zu sprechen. Die die Judasgestalt der Tradition rehabilitierende Funktion liegt darum darin, dass das Überliefern des Judas jener Vollkommenheit göttlichen Handelns weder etwas hinzufügen noch sie infrage stellen kann. Gleichwohl kommt es im Handeln des Judas zu einer *Entsprechung ohne Identität* zum Handeln Gottes: Judas' Überliefern Jesu ist *schrecklicher Nachklang* zu GOTTES eigenem Überliefern Christi ans Kreuz, Paulus' Überliefern ist *gnadenhaftes Echo* der Auferweckung Jesu Christi durch GOTT.
   c. GOTT *kann* Jesus Christus ohne den Menschen zur Verwerfung und Erwählung überliefern – und SIE hat es gemäss Barth innerhalb der immanenten Trinität getan. Und GOTT *will* Jesus Christus nicht ohne den Menschen zur Erwählung überliefern, weil es dem Handeln der ökonomischen Trinität entspricht, dass der Mensch – in Jesus Christus! – Anteil an GOTTES Erwählung nimmt. Weil aber nach Christi Auferweckung Christus hinfort nicht mehr stirbt (Röm 6,9), ist das Überliefern des Judas *als Verrat* nicht mehr möglich.

3. Karl Barths Judas-Deutung bietet einen systematisch-theologisch ernst zu nehmenden Beitrag fundamentaltheologischer Weichenstellungen für Barths gesamte (Kirchliche) Dogmatik, insofern sowohl Barths Lehre vom Nichtigen als auch seine Hamartiologie in § 35.4 sachlich und terminolo-

gisch vorweggenommen sind und die Judas-Deutung ausserdem aufschlussreich im Hinblick auf das Verhältnis von Schrifthermeneutik und Dogmatik bei Barth ist.

a. Barths dogmatische Bestimmung, wonach der Mensch nur der begnadigte und damit schlechterdings zur Erwählung bestimmte Mensch sein kann, weil dem ewigen Gnadenbund auf der einen Seite kein ewiger Zornesbund auf der anderen Seite gegenübersteht, gewinnt nicht nur an Anschaulichkeit, sondern ebenso an Plausibilität durch die exegetischen Erwägungen zur biblischen Judasgestalt. Sowohl der biblische Befund, wonach Judas Ischarioth bleibend als einer der zwölf Apostel bezeichnet wird, als auch dass Barth zur Darstellung des Menschen, der jene unmögliche Möglichkeit wählt, eine biblische Figur im engsten Wirkungskreis Jesu Christi wählt, vermögen die christologische Prämisse der Barth'schen Erwählungslehre mit anthropologischem Gehalt biblisch zu begründen und zu erörtern.
b. Die Geschichte des geschaffenen Seins verläuft unter der Herrschaft des Schöpfers, in der kein einziger Mensch ausser der Menschensohn von GOTT verworfen wird. Doch GOTT verwirft, *was* ER nicht will: das Nichtige, dem nur eine Wirklichkeit *sui generis* zukommt. Das Überliefern des Judas als eine «moralische» Gestalt des Nichtigen zu verstehen, macht deutlich, dass Barth jenes Handeln in erster Linie *theologisch* ernst nimmt, insofern es etwas darüber aussagt, in welcher Relation es zur Herrschaft GOTTES und zu DESSEN Urteil über dieses Handeln steht, jedoch gerade nicht die ausführende Gewalt dadurch beurteilt wird. Denn mit jener Wirklichkeit *sui generis* ist ein ontologischer Status neben Schöpfer und Geschöpf intendiert.
c. Das Handeln des Judas verhält sich – entsprechend Barths späterer Sündenlehre – anachronistisch zum Handeln GOTTES: Während das Überliefern GOTTES ein *für* den Menschen und sodann *hinabkommendes* Handeln ist, so *erhebt sich* und handelt Judas mit seinem Überliefern *gegen* GOTT. Und wie Barth innerhalb seiner Judas-Deutung auf die Frage, ob Judas sich letztlich doch die Auferstehung Christi gefallen liess, mit der *offenen Situation der Verkündigung* antwortet, so verweist er in der Versöhnungslehre auf GOTTES Gnadenzeit, in der GOTT auf das Ja des freien Menschen wartet.

ICH GEB ZU: ICH WAR'S
DER REST IST *legende*
DIE SILBERLINGE WARF ICH
IN KEINEN TEMPEL, SONDERN FÜR EINEN
ÜBERBEZAHLTEN *acker*
IN DIE HAND EINES WUCHERERS
UND DIE *geschichte* MEINES VERRATS
GAB ICH ZUM BESTEN DER ZEITUNGEN
DIE DRUCKTEN WAS ÜBERKAM
DAS PAPIER VERGÖTZT DEN *fluch*
DER BÖSEN TAT
verräter NENNEN SIE MICH
WEIL ICH SAH
DASS DIE SACHE SCHIEF GING
(VON WEGEN: HALT
die andre wange HIN)
petrus verstand MEINE BOTSCHAFT
DAS ABGESCHLAGENE OHR
HÖRTE MEHR ALS DIE *unverletzten*

PETER MAIWALD

4. Karl Barths Deutung der biblischen Judasgestalt in § 35.4: Eine systematisierende Darstellung und Interpretation

4.1 Verworfen ist nur der Eine: Die Verortung der biblischen Judasgestalt in Karl Barths Lehre von GOTTES Gnadenwahl

Karl Barth veröffentlichte Band II/2 seiner Kirchlichen Dogmatik, in den seine Erwählungslehre sowie die Grundlegung der theologischen Ethik als Lehre vom göttlichen Gebot zu stehen kommen, noch während des Zweiten Weltkriegs im Jahr 1942.[117] Mit dieser Arbeit begonnen hatte er 1939, kurz nach dem Beginn des Krieges. Dass Barth sich gerade in einer Zeit, in der sich wie nie zuvor die Bestialität der Menschheit zeigte, mit der Lehre von GOTTES *Gnaden*wahl beschäftigte, ist ein sprechender Hinweis auf die Zeitgebundenheit von Barths theologischem Schaffen. Ein Blick in das Vorwort von KD II/2 bestätigt diese Vermutung:

> «Als ich vor nun bald zehn Jahren das Vorwort zum ersten Halbband dieser Kirchlichen Dogmatik und die dort gemachten Andeutungen über den Plan des Ganzen abschloss mit dem Wort aus Jak. 4, 15: ‹So Gott will und wir leben›, habe ich nicht geahnt, wie angebracht es war, gerade damals so zu reden. Ein Jahr später befanden wir uns mitten im Dritten Reich und im deutschen Kirchenkampf, und von da ab liefen die europäischen und schliesslich die irdischen Dinge insgemein in immer stürmischerem Tempo der Krisis entgegen, in der wir heute mitten drin stehen. Es konnte nicht wohl sein, dass ich in diesen ausserordentlichen zehn Jahren nur mit der Dogmatik beschäftigt war, wie ich es mir wohl 1932 vorgestellt hatte. Sie hat mich aber durch diese ganzen Zeiten hindurch begleitet und dafür gesorgt, dass ich immer wieder wusste, an was ich im Grund und hauptsächlich zu denken hatte. [...] Eben im Blick auf diese gewisse Notlage mussten gewisse Partien des Alten und des Neuen Testamentes in diesem Halbband in so ausgedehnten Exkursen zur Sprache gebracht werden.»[118]

Doch Barth war auch besorgt um die Veröffentlichung, weil er «das Geländer der theologischen Tradition hier noch viel mehr loslassen musste als in dem ersten Teil dieser Gotteslehre»:[119]

---

117 Vgl. Busch, Karl Barths Lebenslauf, 314f.
118 KD II/2, Vorwort, VII.
119 Ebd.

> «Ich wäre in der Praedestinationslehre an sich viel lieber bei Calvin geblieben, statt mich nun so weit von ihm zu entfernen. Und ich würde mich auch in der Grundlegung der Ethik gerne auf gewohnteren Bahnen bewegt haben. Aber es ging und es geht nicht.»[120]

Dass Barth sich so weit von Calvins theologischer Position entfernen musste, hing wesentlich von der bereits genannten christologischen Grundlegung seiner Erwählungslehre ab.

In der Tat geht Barth mit der Begründung seiner Erwählungslehre einen «charakteristisch anderen Weg» (86) als Calvin, was sich in besonderer Weise in Barths Bestimmung des Verhältnisses zwischen Erwählungs- und Vorsehungslehre bzw. in der Abhandlung zur Stellung der Erwählungslehre innerhalb der Dogmatik zeigt: Sie hat es allem voran mit Jesus Christus zu tun. Und indem sie es mit ihm zu tun hat,

> «haben wir es mit dem erwählenden Gott zu tun. Denn Erwählung ist offenbar das Erste, das Grundlegende und Entscheidende, was unter allen Umständen von diesem Offenbarsein, von diesem Handeln, von dieser Gegenwart Gottes in der Welt und daraufhin von dem hier hervorbrechenden und erkennbar werdenden ewigen Ratschluss, von der ewigen Selbstbestimmung Gottes zu sagen ist.» (57)

Eine von der Offenbarung – Barth meint Jesus Christus – unabhängige Allmacht GOTTES ist bei ihm ausgeschlossen. Dies hat zur Folge, dass Barth eine abstrakte Vorsehung abweisen muss, die er nun eben Calvin zur Last legt.[121] Zwar hält Barth Calvin zugute, dass er – anders als Thomas von Aquin, der die Prädestinationslehre im Zusammenhang der Lehre von der göttlichen Vorsehung thematisiert und ihr folglich alle weiteren theologischen Topoi unterwerfen muss[122] – Prädestinations- und Vorsehungslehre einzeln verhandelt. Jedoch habe gerade diese Trennung dazu geführt, dass die Prädestinationslehre der Vorsehungslehre faktisch untergeordnet wurde. Dies bestreitet Barth vehement, steht doch seine Erwählungslehre in der Gotteslehre, zumal

> «Gott in sich selber, in der Ur- und Grundentscheidung, in der er Gott sein *will* und also auch *ist*, in dem Geheimnis dessen, was in ihm selbst, in seinem dreieinigen Wesen, von Ewigkeit her und in alle Ewigkeit hinein *geschehen* ist, kein Anderer *ist* als der in seinem Sohne oder Wort wählende – sich selbst und in und mit sich selbst das Volk seiner Menschen wählende Gott» (82).

---

[120] Ebd.

[121] Eine kurze Übersicht der theologischen Probleme, die sich daraus ergeben, bietet Link, Calvin, 126–132.

[122] Vgl. KD II/2, 48.

Trotz scheinbar identischer Lokalisierung der Prädestinationslehre nach der Gotteslehre in der reformierten Orthodoxie des 17. Jahrhunderts, bestreitet Barth eine Entsprechung mit seiner Lokalisierung,

> «weil genau zugesehen der eigentliche Spitzensatz des Bekenntnisses und der Dogmatik nach dieser Lehrtradition nun doch nicht die Erwählungslehre, sondern der dieser übergeordnete Satz von den Dekreten Gottes im Allgemeinen gewesen ist» (84).

Ausserdem sei in der reformierten Orthodoxie des 17. Jahrhunderts die Prädestinationslehre streng betrachtet nachgeordnet und darum nicht wie bei ihm Bestandteil der Gotteslehre selbst.[123] Die Dekretenlehre führe dazu, dass erst nach Erklärung des *decretum generale*, mit dem «die Herrlichkeit seiner [sc. GOTTES] Macht, Weisheit und Güte kundzutun» (84) sei, vom *decretum speciale*, «als dessen Absicht dieselbe Selbstverherrlichung Gottes nun eben *in creaturis rationalibus eligendis aut reprobandis* zu bezeichnen sei» (ebd.), gesprochen werde. Barth dagegen will – was «biblisch und christlich geboten sein dürfte» (ebd.) – «zuerst den lebendigen Gott in seinem Wählen und also in seinem besonderen in Jesus Christus aufgerichteten Verhältnis zum Menschen und dann und von da aus sein allgemeines Weltverhältnis und also jenes ‹*decretum generale*› (ebd.) betrachten und begründen. Dementsprechend ist für Barth weder der Versuch, erst «*unmittelbar nach der Gotteslehre die Christologie* und erst dann die *Schöpfung* und von daher die *Praedestinationslehre*» (86) zu behandeln,[124] noch die Erwählung «in besonderen Zusammenhang mit der Lehre von der Versöhnung» (87) und damit «im Zusammenhang der Lehre von der Kirche» (88) zu thematisieren,[125] überzeugend. Ebenso wenig kann Barth die Versuche gutheissen, «die Praedestination […] als Prinzip und Schlüssel *der ganzen Versöhnungslehre* oder Soteriologie» (90), d. h. «die Erwählungslehre unmittelbar auf die Christologie folgen» (ebd.) zu lassen[126] und «die Erwählungslehre in direktem oder indirektem Anschluss an die Lehre von der Sünde sowohl der Christologie als auch der Soteriologie vorangehen» zu lassen[127]. Auch der dritte Versuch, die Erwählungslehre in der Versöhnungslehre zu verorten, indem

---

123 Vgl. a. a. O., 84f.

124 So Zwingli, L. Hutterus, J. Gerhard und der Consensus Bremensis. Vgl. a. a. O., 86f.

125 So erneut Zwingli, Calvin, der Heidelberger Katechismus und Melanchthon.

126 So Calvin in der ersten Fassung seines Katechismus, Petrus Martyr sowie der Coccejaner Hermann Witsius.

127 So Calvin in der Conf. Gallicana, H. Bullinger, die Leidener Synopsis pur. Theol., Anton Waläus, Joh. Coccejus, J. F. König, Quenstedt, D. Hollaz und J. Gerhard. Vgl. KD II/2, 91.

«man die Versöhnungslehre in der Erwählungslehre gewissermassen kumulieren liess» (92),[128] lehnt Barth ab.

Damit ist auch bereits das Wichtigste über die Frontstellung gesagt, in der Barth in der Folge seine eigene Gestalt der Erwählungslehre begründet, denn für ihn gilt: Wird von GOTTES Handeln gesprochen, ist GOTTES Wählen vorausgesetzt.

> «Eben von dieser Selbstbestimmung Gottes, kraft deren er schlechterdings Gott in Jesus Christus und also der Herr Israels und der Kirche sein will und als solcher und nicht anders der Schöpfer, Versöhner und Erlöser der Welt und des Menschen – eben von dieser göttlichen Urentscheidung redet aber die Erwählungslehre.» (98)

Oder wie Matthias Zeindler pointiert formuliert: «Bei Barth heisst Rede von Gnade Gottes in ihrem Kern Rede von der Erwählung, und umgekehrt.»[129] Entfaltet wird die Lehre von GOTTES Gnadenwahl von Barth in drei Schritten: in der Erwählung Christi (§ 33), der Gemeinde (§ 34) und des Einzelnen (§ 35).

4.1.1 *Die Erwählung Jesu Christi*[130]

Das Wählen GOTTES meint bei Barth die Erwählung Jesu Christi im Sinne eines doppeldeutlichen Genitivs.[131] Die revidierte *praedestinatio gemina* zeigt sich eben nicht nur darin, dass Jesus Christus erwählender GOTT und erwählter Mensch, sondern auch – jedoch «nur» in der Folge und damit immer schon der Erwählung untergeordnet! – der Verworfene ist. Indem GOTT aber die Verwerfung auf sich selbst genommen und diesem Verwerfen vorausgehend den Menschen Jesus Christus und damit die Menschen zu Bundespartner und Bundespartnerinnen erwählt hat, bleibt für die Menschen nur die Erwählung. Dazu sind sie bestimmt. Jegliches Stehen ausserhalb des Bundes GOTTES ist damit zur unmöglichen Möglichkeit geworden. Dass es überhaupt erst zu jener unmöglichen Möglichkeit kam, liegt darin begründet, dass der Mensch diese für sich wählte. Der Mensch wollte Sünder sein.[132] Auch dieser Mensch, der die unmögliche

[128] So Melanchthon, Calvin in der Endredaktion der Institutio, W. Bucanus, J. W. Baier und J. F. Buddeus.

[129] Zeindler, Gottes Weg in der Welt, 82.

[130] KD II/2, § 33, 101–214.

[131] Siehe oben 3.1.

[132] Vgl. Krötke, Gottes Gerechtigkeit als Recht der Gnade, 14.

Möglichkeit wählt, ist, indem GOTT die Verwerfung in der Erwählung Jesu Christi auf sich nimmt, zur Erwählung bestimmt.[133] Und so verweist denn Barth bereits an dieser Stelle auf Judas als Beispiel jenes Menschen, der diese unmögliche Möglichkeit vergebens für sich aussucht:

> «Es ist der Mensch, dessen Weib Eva und dessen erster Sohn Kain heisst, der auf die lange Reihe besonderer Zuwendungen Gottes mit einer ebenso langen Reihe von neuen Empörungen antwortet, der schliesslich den Messias Gottes ans Kreuz schlägt und der dort im besseren Fall Petrus, im schlimmeren Falle Judas heisst. Eben diesen Menschen und die Gemeinschaft mit ihm hat Gott gewählt in der Erwählung Jesu Christi.» (179)[134]

Was dies jedoch für den Menschen konkret, d. h. für seinen eigenen Lebensvollzug bedeutet, wird von Barth nicht an dieser Stelle erörtert, zumal die Erwählung des Einzelnen ausschliesslich über die Erwählung der Gemeinde in den Blick gerät, die ihrerseits Ausdruck der Erwählung Jesu Christi ist – nämlich Bundespartnerin GOTTES zu sein. «Die Erwählung der Gemeinde ist in der Erwählung gleichsam eingeschlossen, sie ist in ihr impliziert und folgt aus ihr.»[135]

4.1.2 Die Erwählung der Gemeinde in ihrer doppelten Gestalt von Israel und Kirche[136]

Der doppelten Gestalt der Erwählung Jesu Christi entspricht nun auch die Erwählung der *einen* Gemeinde in ihrer *doppelten* Gestalt als Israel und Kirche. Diese doppelte Gestalt wird von Barth wie folgt dem Kreuz und der Auferweckung zugewiesen:

---

[133] Der Sprachgebrauch Barths ist inskonsequent, weil er sowohl von Jesus Christus als auch von den Menschen als Erwählten spricht. Frettlöh verweist mit Bezugnahme auf den Leitsatz von § 33 wiederholt darauf hin, dass nur der Eine – Jesus Christus – erwählt *ist,* in ihm aber alle Menschen *zur Erwählung bestimmt* sind: «Als der erwählte Mensch *repräsentiert* Jesus Christus die zur Erwählung (und nur zur Erwählung!) bestimmte Menschheit, bis alle das Leben von Erwählten leben, also zum Ja Gottes ihrerseits Ja sagen werden.» (Frettlöh, «Das Ja vor jeder Frage», 122.) Das sei im Folgenden jeweils mit bedacht.

[134] Vgl. ausserdem KD II/2, 161.190.

[135] Zeindler, Gottes Weg in der Welt, 87.

[136] KD II/2, § 34, 215–336.

> «*Diese eine Gemeinde Gottes hat in ihrer Gestalt als Israel der Darstellung des göttlichen Gerichtes, in ihrer Gestalt als Kirche der Darstellung des göttlichen Erbarmens zu dienen.*» (215)

Auf diese höchst problematische Sichtweise Barths wird noch einzugehen sein. Hier sei erst einmal auf das für die damalige Zeit – und inmitten der Schoa – durchaus ernst zu nehmende und nahezu einzigartige, traditionsbrüchige Denken Barths hingewiesen. Denn der Leitsatz von § 34 bringt allem voran die *bleibende* Erwählung Israels zum Ausdruck. GOTT hat «sein Volk Israel (*seinen Judas!*)» (311)[137] nicht verworfen. Daran lässt Barth keinen Zweifel. Zwar bestimmt Barth Israel als «das *seiner Erwählung sich widersetzende* Volk der Juden» (219) und die Kirche steht für «die auf Grund ihrer Erwählung berufene Versammlung aus Juden und Heiden» (ebd.), doch Barth fügt sogleich hinzu: «Man dürfte also nicht etwa das Volk der Juden die ‹verworfene›, die Kirche die ‹erwählte› Gemeinde nennen. Gegenstand der Erwählung ist weder Israel für sich, noch auch die Kirche für sich, sondern beide in ihrer Einheit.» (219f.) Als die *eine* Gemeinde Christi haben Israel und die Kirche folglich einen je eigenen Ort. Des Weiteren haben sie auch eine je unterschiedliche Funktion: Israel ist zum *Hören*, die Kirche zum *Glauben* bestimmt. Während der hörende Mensch den Ungehorsam bezeugt und so eine vergehende Gestalt darstellt, bezeugt der glaubende Mensch GOTTES Erbarmen als kommende Gestalt. Was dies konkret für den einzelnen Menschen *innerhalb* der Erwählung Jesu Christi und dieser einen Gemeinde in ihrer doppelten Gestalt bedeutet, erörtert Barth im darauffolgenden Paragrafen 35 «Die Erwählung des Einzelnen». Damit der Mensch *glaubt*, muss er die Erwählung *hören*, er muss folglich als Einzelner *angesprochen* werden: Das Evangelium soll verkündigt werden.

4.1.3 *Die Erwählung des Einzelnen*[138]

§ 35 der Kirchlichen Dogmatik, «Die Erwählung des Einzelnen», lässt sich mit Bergner auf den Satz bringen: «Erwählung […] ist […] die Bestimmung zur Solidarität mit all jenen, die ihre Erwählung noch nicht erkannt haben.»[139] Das hängt im Wesentlichen damit zusammen, dass innerhalb dieses Paragrafen die

[137] Auch in diesem Paragrafen taucht Judas hier und da auf: KD II/2, 236.250.251.307.315.316.317.

[138] KD II/2, § 35, 336–563.

[139] Bergner, Um der Sache willen, 158.

Lehre vom dreifachen Amt Christi und in Entsprechung der Apostolat[140], das Amt des Apostels, von Barth ausführlich behandelt werden.[141] Barths Ausführungen in § 35 meinen also: Es bedarf des Apostolats, der Bezeugung der Erwählung *über* der Verwerfung, zumal nicht «jeder, der erwählt ist, [...] als Erwählter [lebt]» (353). Und hierin findet sich nun auch die Definition und sodann die Differenz zwischen *hören* und *glauben*:

> «*Hören* heisst: zur Kenntnis nehmen, dass in Jesus Christus diese Entscheidung [sc. die Erwählung] über ihn gefallen ist. *Glauben* heisst: die Situation annehmen, die durch diese Entscheidung getroffen ist.» (354)

Wenn aber sowohl das Hören als auch der Glaube Ausdruck der Erwählung sind, lässt sich fragen, weshalb Barth sich überhaupt noch der Erörterung des Verworfenen[142] zuwendet. Denn die Definition der *Erwählung* des Einzelnen lautet dahin, dass dieser «als Erwählter darin *offenbar* wird, dass er als hörender und glaubender Empfänger der *Verheissung* seiner Erwählung das Leben eines Erwählten *leben* darf» (355). Wer also im Kreis der Einzelnen ist *der Verworfene*?

---

[140] Hier sowie im Folgenden wird die von Barth ausschliesslich gebrauchte maskuline Form verwendet.

[141] Besonders § 35.3 «Die Bestimmung des Erwählten», KD II/2, 453–498.

[142] Auch diesbezüglich wird im Folgenden die von Barth ausschliesslich gebrauchte maskuline Form verwendet.

REMBRANDT HARMENSZOON VAN RIJN

4.1.4 Die Bestimmung des Verworfenen oder: Die christologische Prämisse mit anthropologischem Gehalt

Barths «Bestimmung des Verworfenen» in § 35.4 steht unter einer existenzial – verbaliter – christologischen Prämisse, die er im gesamten § 35 und damit auch in der Darstellung Judas Ischarioths nicht widerruft: «Jesus Christus [...] ist *der* verworfene Einzelne.» (388) Zwar lässt sich Barth dazu hinreissen, innerhalb einer «lügnerischen Darstellung» (505) von der Existenz eines einzelnen «Verworfenen» zu sprechen, doch auch dort steht das Verb «sein» in Anführungszeichen.[143] Dass Barth eine wirkliche Existenz des Verworfenseins menschlicherseits negiert, ist massgeblich davon abhängig, wie er den Begriff des Einzelnen theologisch bestimmt. Die christologische Prämisse hat sodann einen eminent anthropologischen Gehalt. Wohl «erlaubt die frohe Botschaft des Evangeliums uns, einzelne zu sein»,[144] wie Kreck feststellt, insofern die Einzelheit die «conditio sine qua non» der Prädestination, jedoch gerade nicht ihre «ratio» (345) ist. Denn: Prädestination ist für Barth *Gnaden*wahl. Gerade deshalb sei es unerlässlich, «den Begriff des ‹Einzelnen›, um als Bezeichnung des praedestinierten Menschen tauglich zu sein, in einer ganz neuen Dimension», und das bedeutet für Barth «in einem *negativen* Sinn [...], in welchem es erst sichtbar wird, dass der praedestinierte Mensch schlechterdings der *begnadigte* Mensch ist» (346), zu bestimmen. Zwar besteht für Barth kein Zweifel daran, dass es auch «eine andere in *Jesus Christus negierte* Einzelnheit [sic] des Menschen [gibt]. [...] Sie bedeutet seine sündige und verderbliche Vereinzelung.» (346f.) Und diese Vereinzelung mag dem Menschen «unter Beleidigung Gottes und zu seinem eigenen Verderben wohl gelingen» (348). Doch ein verworfener Mensch zu *sein,* «das steht ihm nicht zu, denn das hat Gott in Jesus Christus mit allen Konsequenzen sich selber zugedacht und also dem Menschen vorweggenommen» (348). Doch wenn Barth einem jeden Menschen eine Existenz als Verworfener abspricht, verneint er damit nun eben nicht deren *Tun-als-ob.* Dieser Mensch *kann* lügen, *kann* rebellieren, *kann* vor GOTT fliehen, *kann* GOTT hassen und: «Er *tut* das Alles.» (348) Doch er tut

> «das Alles vergeblich [...], weil die Wahl, die er damit trifft, in Jesus Christus von Ewigkeit her negiert und annulliert ist, weil er seinerseits mit seinem eigenen Wählen

---

[143] Vgl. auch den ersten Satz in § 35.4, in dem Barth das erste Wort, «Verworfen», in Anführungszeichen setzt (KD II/2, 498). Bedauerlicherweise hat Barth diese Anführungszeichen nicht konsequent gesetzt. Dies führt unweigerlich zu (theo-)logischen Unschärfen, so dass es je neu der kontextuellen Vergewisserung bedarf, von welchem Verworfenen/«Verworfenen» Barth gerade spricht. Womöglich liegt auch darin die Schwierigkeit begründet, die Judas-Passage zu systematisieren.

[144] Kreck, Grundentscheidungen, 208.

Alles, aber auf keinen Fall Gottes Gnadenwahl negieren und annullieren kann. Eben dieser Mensch: der Gottlose in seiner Un-Tat, der den Verworfenen mutwillig darstellende Mensch ist der *praedestinierte* Mensch.» (349)

Es ist diese christologische Begründung der Erwählung des Einzelnen, die es Barth erlaubt, in einem zweiten Schritt die Zusammengehörigkeit des «Verworfenen» und des Erwählten herauszustellen, die darauf zielt, dass, weil Jesus Christus zugleich Erwählter und Verworfener[145] ist,[146] «jene [sc. die ‹Erwählten›] – [...] aber an ihrem Ort und in ihrer ganz anderen Weise ebenso unentbehrlich auch diese [sc. die ‹Verworfenen›] seine Stellvertreter» (382) sind. Denn nicht erst die Auseinandersetzung mit Judas, sondern bereits die ausführliche Abhandlung von Barths Verständnis der Zusammengehörigkeit von zur Erwählung Bestimmten und «Verworfenen» im Alten Testament macht klar, dass sowohl jene als auch diese dazu bestimmt sind, Jesus Christus zu bezeugen.[147] Wenn Barth folglich hinsichtlich der Zusammengehörigkeit beider Gestalten darauf hinweist, dass sie «Brüder» (389) sind, ist das insofern paradigmatisch, als Barth innerhalb der Auseinandersetzung dieser Verbindung im Alten Testament mit Kain und Abel beginnt und darin den «klassischen Fall» (391) einer «deutliche[n] Bezugnahme auf Gottes Erwählung eines einzelnen Menschen im Unterschied zu einem andern» (ebd.) sieht, der uns davor warnt, «daraus, dass nach v 4–5 Abel erwählt, Kain nicht erwählt ist, einen absolut negativen Satz über diesen Letzteren abzuleiten» (ebd). So muss denn auch bei aller Gegensätzlichkeit unter Menschen, die Barth attestiert, dass es nämlich Berufene und Unberufene, Glaubende und «Gottlose» gibt, auffallen, dass Barth den Erwählten nur die «scheinbar Verworfene[n]» (386) gegenüberstellt. Das Leben eines Verworfenen ist durch die Erwählung Jesu Christi in ihrer Doppeldeutlichkeit «für uns [...] Alle zur objektiven Unmöglichkeit gemacht» (381).

4.1.4.1 Die Co-Existenz des «Verworfenen»

Daraus erklärt sich nun auch, warum Barth sowohl in seiner einleitenden und damit grundsätzlichen «Bestimmung des Verworfenen» (498–508)[148] als auch in der exemplarischen und gleichwohl spezifischen Bestimmung des Judas als Gestalt, «in der sich das Problem des Verworfenen im Neuen Testament» (508)

[145] Als Jesus Christus steht der Verworfene bezeichnenderweise nie in Anführungszeichen.

[146] Vgl. KD II/2, 386f.

[147] Vgl. a. a. O., 375–453.

[148] Wenn ich im Fortgang dieses Buches von der *dogmatischen* Bestimmung des «Verworfenen» spreche, meine ich damit jene Textpassage S. 498–508.

zeigt (508–563), dem «Verworfenen»[149] «kein eigenes Leben dem Erwählten gegenüber» (499) beimisst; gleichwohl aber gerade darin «das grosse Positive, was *für* ihn spricht» (ebd.), sieht. Und entsprechend dem Beispiel Kains macht Barth wiederholt darauf aufmerksam, dass nur der Erwählte den «Verworfenen» kennt.[150] Ebenso wie Barths Erwählungslehre insgesamt ein klares Ungleichgewicht, keine «symmetrische ‹Zweiheit›»[151] zwischen Erwählung und Verwerfung hat,[152] weist die Epistemologie der «Bestimmung des Verworfenen» eine klare Richtung auf: Der «Verworfene» gerät ausschliesslich über den Erwählten in den Blick.

Wenn darum Katharina Eberlein-Braun hinsichtlich § 35.4 zu bedenken gibt, «Reduktion ist hier die Grundstruktur verschiedener Ebenen: Der Mensch ist auf sich reduziert, er sieht sich als vereinzelter in sich selbst begründet und ist daher nicht auf andere ausgerichtet – er hat eben nichts zu sagen»,[153] ist dies zwar zutreffend, jedoch lässt sich eine solche Aussage ausschliesslich aus der Perspektive des «Verworfenen» behaupten. Denn innerhalb des hermeneutischen Zirkels stehend, d. h. sich als Mensch wissend, der zur Erwählung bestimmt ist – und Barth steht nirgendwo anders! –, lässt sich vom «Verworfenen» nur in seiner Beziehung zum Erwählten sprechen. Der «Verworfene» ist nicht per se auf sich reduziert, sondern nur im Hinblick darauf, dass er nicht auf die Erwählung, d. h. für Barth: auf Christus, fokussiert ist. Dass der «Verworfene» das nicht ist, auch darum weiss jedoch nur der Erwählte.[154] Katherine Sonderegger hat diesen für die Systematisierung der Judas-Passage zentralen Aspekt wahrgenommen und spricht in dessen Erschliessung von sogenannten «doublets»: «Doublets are naturally biblical

[149] Um der christologischen Prämisse mit anthropologischem Gehalt Nachdruck zu verleihen, setze ich im Folgenden den Verworfenen konsequent in Anführungszeichen.

[150] Vgl. KD II/2, 500f.503.

[151] Kim, Umstrittene Prädestinationslehre, 195.

[152] Vgl. etwa KD II/2, 18: «Das ist die Grundforderung, an der jede Darstellung der Praedestinationslehre zu messen ist und der auch wir uns zu unterziehen haben: sie darf (negativ) von der göttlichen Erwählung und Verwerfung nicht so reden, als ob Gott nicht ganz *anders* erwähle, ganz *anders* verwerfe, als ob diese beiden Aktionen Gottes nicht in einem bestimmten Verhältnis der *Über-* und *Unterordnung* stünden. Und es muss (positiv) eben diese Überordnung und Unterordnung so radikal sichtbar gemacht werden, dass als Tenor des Ganzen das auch und gerade in dieser Lehre enthaltene und zu verkündigende *Evangelium,* dass so oder so auch hier und gerade hier das Wort von der freien *Gnade* Gottes als Dominante, als der eigentliche Sinn der ganzen Aussage zur Sprache gebracht und hörbar wird.»

[153] Eberlein-Braun, Erkenntnis und Interpretation, 200.

[154] Zur Korrelation dieses Zusammenhanges zwischen «Verworfenen» und «Erwählten» und Barths ekklesiologischem Verständnis in seiner Kirchlichen Dogmatik, wonach der Unterschied zwischen Welt und Gemeinde im noetischen Vorsprung der Gemeinde liegt, siehe auch unten 4.2.5.2.

> figures and types; they are nearly a standard in Barthian exegesis. […] And as the doublets approach Jesus' own life more closely […] they assume more clearly the force of contradiction and opposition.»[155] Gleichwohl ist auch bei Sonderegger meines Erachtens die genannte Richtung der Epistemologie verkehrt.[156] Zwar konstatiert sie zu Recht, dass die «doublets» in ihren Extremen «rise up again in identity»,[157] doch die Problematik ihrer Lesart liegt darin, dass sie das Extrem von Erwählten und «Verworfenen» darin sieht, dass beide, «in innocence and in guilt, *elected for rejection*»[158] seien. Die christologische Prämisse mit anthropologischem Gehalt wird somit hinter die «Verwerfung» gestellt. Während Sonderegger schreibt: «Judas is the rejected one, elected»,[159] plädiere ich mit meiner Lesart für eine andere Reihenfolge von Erwählung – erstens – und Verwerfung – (nur angeblich) zweitens. Übersetzt in Sondereggers Sprache lässt sich Barth sodann wie folgt lesen: Because Jesus is the *elected* and *only rejected* one, the «rejected one» has to be the *elected* one, who's however acting like a *rejected* one.

Die genannten zwei Aspekte, dass dem «Verworfenen» einerseits keine eigene Existenz zukommt, andererseits gerade dies das eigentlich Positivste seiner Funktion ist, können sodann als eine Konkretisierung der oben genannten christologischen Prämisse mit anthropologischem Gehalt verstanden werden.

Der *erste Aspekt* zeigt sich darin, dass der *Ort* des «Verworfenen» nicht *in*, wohl aber *mit* dem Erwählten ist. Der «Verworfene» hat demgemäss keine Existenz «*neben* und *ausser*» (499) dem Erwählten. Seine Existenz ist folglich viel eher als eine Co-Existenz zu verstehen, die sich, wie noch aufzuweisen sein wird, in entsprechenden Handlungen zeigt.[160] Konkret findet sich darum der «verworfene» Judas Ischarioth «nicht etwa in irgend einer Ferne, sondern in der denkbar grössten Nähe zu Jesus Christus selber» (508) – als «einer der Zwölf» (Mk 14,10.47). Und so gilt denn für den «Verworfenen» die Maxime: «Er kann die Sünde, für die Jesus Christus gestorben ist, wohl reproduzieren, aber nicht wieder begehen.» (503) Dementsprechend ist der Ort des «Verworfenen» *mit* dem Erwählten klar begrenzt. Die Grenze ist markiert durch den Tod und die Auferstehung Jesu Christi. Dabei steht der Tod dafür, dass Jesus Christus an die Stelle des Verworfenen getreten und ihm dadurch diesen Platz abgesprochen hat – aus dem Verworfenen wird der «Verworfene» –, wohingegen die Auferstehung des Verworfenen dem «Verworfenen» einen neuen Platz schafft: den

[155] Sonderegger, Born a Jew, 98.

[156] Ob indes Sondereggers Lesart im Kontext ihrer Untersuchungen, in der sie Judas auschliesslich in seiner Beziehung zu Israel thematisiert, nicht doch zutreffend ist, siehe unten 4.2.4.5.

[157] Sonderegger, Born a Jew, 98f.

[158] A. a. O., 100 (Hervorhebung durch MKB).

[159] A. a. O., 122.

[160] Vgl. Bangerl, Das Nichts als Ab-Grund, 171.

eines Erwählten bzw. eines zur Erwählung Bestimmten. Jesus Christus hat dem «Verworfenen» «seine eigene Stelle als Erwählter eingeräumt» (502), was freilich «in Gottes Beschluss und Dekret schon von Ewigkeit her gewollt und entschieden ist» (503). Doch auch hier bleibt Barth nicht bei einer allein christologischen Lokalisierung stehen, sondern verweist darauf, dass der Glaube – «auch wenn dieser nicht grösser ist als ein Senfkorn» (ebd.) – des in Jesus Christus erwählten Einzelnen eine Grenze darstellt, weil er «die Anerkennung der Superiorität des erwählten Jesus Christus dem Verworfenen gegenüber» (ebd.) garantiert. Dies ist indes ebenso ein Hinweis auf den anthropologischen Gehalt der genannten christologischen Prämisse.

Der *zweite Aspekt* – inwiefern das Negative, das *gegen* den «Verworfenen» spricht, das Positivste ist, was *für* ihn spricht – zeigt sich entscheidend darin, *in wem* der Erwählte den «Verworfenen» kennt:

> «Er kennt ihn vor allem und entscheidend in seinem Urbild *Jesus Christus*: in der Person dessen, der, selber nicht verwerflich, gerade darin seine Erwählung vollstreckte, dass er an die Stelle eines jeden Verwerflichen getreten ist und seine Verwerfung wirklich ertragen hat.» (500)[161]

Die Nähe besteht demgemäss nicht nur darin, dass der Erwählte den «Verworfenen» bei sich hat, sondern «Jesus Christus [...] *der* verworfene Einzelne» (388) ist und nun gerade damit erst ermöglicht, dass auch der «Verworfene» «teil[nimmt] an der Gnade der Schöpfung und Erhaltung» (499). Mehr noch: In seiner Co-Existenz ist er «getragen und bedeckt durch die Gnade Jesu Christi» (501). Das liegt darin begründet, dass Barth in der Bestimmung des «Verworfenen» konstatiert, dass die

> «Feststellung, von der wir hier auszugehen haben, [...] die [ist], dass wir es in der Bestimmung des Verworfenen schon definitionsmässig in einem ganz anderen Sinn mit dem Willen Gottes zu tun haben als in der Bestimmung des Erwählten. Der eine Wille Gottes, der beide bestimmt, ist hier das allmächtige, heilige und barmherzige *Nicht-Wollen* Gottes.» (499)

Weil Barth dem ewigen Gnadenbund auf der einen Seite keinen ewigen Zornesbund auf der anderen Seite gegenüberstellt, kann der Mensch nur der begnadigte und damit der schlechterdings zur Erwählung bestimmte Mensch sein. Die Übermacht des Willens und dadurch der Gnade GOTTES lässt die Verwerfung

161 Inwiefern sich daraus Parallelen zu Schleiermachers Urbild-Christologie ergeben, müsste genauer untersucht werden. Zur Nähe und Distanz zwischen Barth und Schleiermacher hinsichtlich der Urbild-Christologie Schleiermachers vor allem in Barths Versöhnungslehre siehe Plasger, Jesus Christus als Urbild des Menschen, 113–128, bes. 123–128.

eine «‹*verworfene*› Verwerfung» (499) sein. Und der «Verworfene» kann sich nur noch «als Gewesener, als nicht mehr Daseiender [...] melden und geltend machen» (502). Dass Barth den Willen sowohl formal als auch inhaltlich der Gnade an dieser Stelle nicht voranstellt,[162] wohl aber stärker betont, ist paradigmatisch, was sich besonders an Barths Reden von der «Zulassung des Bösen» in § 33 – und damit noch vor Barths Ausformulierung der Lehre vom Nichtigen in KD III/3, § 50 – zeigt.

Diese Parallele ist insofern auffallend, als Barth an beiden Stellen mit der Licht-Schatten-Metaphorik argumentiert. Bevor Barth nämlich auf die Aufgabe des «Verworfenen» *als die des indirekten Zeugen*[163] zu sprechen kommt, hält er fest, dass im «Lichte des Evangeliums» – die Erwählung Jesu Christi – der «Verworfene» eine «Schattengestalt» (504) ist. In § 33 indes verweist Barth darauf, dass GOTT das Böse nur deshalb zulässt, «weil er das eine Licht seiner Herrlichkeit nicht für sich selbst behalten, sondern auch ausserhalb seiner selbst leuchten lassen, weil er eben den Menschen zu dessen Zeugen bestimmen will» (186). Mag auch «nichts in Gott und so auch nichts in Gottes Willen und Wählen nach aussen, auf das das Böse oder irgend ein Täter des Bösen sich berufen könnte» (186), sein, so konnte GOTT doch den Menschen nicht «zu dessen Zeugen wollen und wählen, ohne diesen ihren Schatten [sc. das Böse] mitzuwollen und zu wählen, ohne ihm [...] in seinen Ratschluss mitaufzunehmen» (185f.). Dabei bleibt das Böse auch hier «nur die Existenzmöglichkeit des *Unmöglichen*, [...] nur die selbständige Macht der Ohnmacht» (185). Das Böse ist so gesehen inkommensurabel mit der Gnade GOTTES. Es gibt, übersetzt in die Sprache von Mt 25,31ff., jene dem biblischen Text nicht gerecht werdende Grundstelle für den klassischen eschatologischen Dual, kein Links und Rechts, nur ein *uneigentliches Links innerhalb des Rechts*: «Wir können das, dass Adam gefallen ist, dass David gesündigt, Petrus verleugnet *und Judas verraten hat*, nicht in die eine Waagschale legen und die Auferstehung Jesu Christi in die andere.» (190)[164] Buess betont in diesem Kontext darum zu Recht den freien Akt GOTTES, um damit darauf zu verweisen, dass Barth nicht will, «dass aus der ewigen Gnadenwahl eine allgemeine Gegebenheit, ein stehendes Sein, ein Gnadenschicksal und Gnadenprinzip werde».[165] Will Barth folglich dem ewigen Gnadenbund auf der einen Seite keinen ewigen Zornesbund auf der anderen gegenüberstellen, gleichwohl aber das Nicht-Wollen Gottes im einen Willen Gottes wahren, muss sich die Aufgabe des «Verworfenen» ebenso im Wirkungsbereich des Evange-

[162] So die Reihenfolge in Barths Lehre von GOTTES Vollkommenheiten (Eigenschaftslehre) in KD II/1 (§ 30 «Die Vollkommenheiten des göttlichen Liebens», § 31 «Die Vollkommenheiten der göttlichen Freiheit»), wenngleich Barth GOTTES Wesen als Einheit zwischen GOTTES Liebe und Freiheit versteht. Vgl. Štefan, Gottes Vollkommenheiten, 93.

[163] Vgl. KD II/2, 508.

[164] Hervorhebung durch MKB.

[165] Buess, Zur Prädestinationslehre, 11.

liums, «dessen Bekanntmachung die Bestimmung des Erwählten ist» (504), vollziehen. Und in der Tat ist das Evangelium Gegenstand aller drei Aufgaben des «Verworfenen».

4.1.4.2 Die Aufgaben des «Verworfenen»

Der «Verworfene» hat *erstens* «den *Adressaten* des Evangeliums sichtbar zu machen» (504), weil er in seiner «lügnerischen Darstellung» (505) die Erlösungsbedürftigkeit der Welt und jedes einzelnen Menschen repräsentiert.[166] Dadurch macht der «Verworfene» nicht nur sich selbst sichtbar, weil er selbst der vorrangige Adressat des Evangeliums ist, sondern er sorgt auch dafür, «dass kein Erwählter vergessen kann, dass er die Bezeugung der Gnade, die er empfangen hat, denen schuldig ist, die es noch nicht oder nicht mehr realisieren» (505f.). Der «Verworfene» existiert folglich nicht nur *mit* dem Erwählten, sondern nimmt auch Anteil an dessen eigener Bestimmung.[167]

Zweitens besteht die Aufgabe des «Verworfenen» darin, «das sichtbar zu machen und sichtbar zu erhalten, was durch das Evangelium *negiert* und *überwunden* wird» (506). Diese Aufgabe zielt sodann in erster Linie auf den Inhalt des Evangeliums, weil des «Menschen Verworfenheit [...] Gott sich selbst zu eigen gemacht» (506) hat. Der «Verworfene» verweist damit auf den einzig und allein wirklich Verworfenen und stellt damit sicher, «dass Gemeinschaft mit Gott und den Brüdern, dass Sündenvergebung, Auferstehung und ewiges Leben [...] keine leeren Worte werden oder bleiben können» (507). Damit nimmt der «Verworfene» erneut Anteil an der Bestimmung des Erwählten, zumal dieser kein *Gloria Deo in excelsis* ohne das *Gloria Deo ex profundis* verkündigen kann, dass nämlich der auf «Golgatha Verworfene [...] wirklich tot war und wieder lebendig wurde» (506).

---

[166] Es ist insbesondere diese Aufgabe des «Verworfenen», welche die kritische Frage nach sich zieht, inwiefern Barth hier eine Neuauflage der Anselm'schen Satisfaktionslehre präsentiert, wenn er zu bedenken gibt: «Er [sc. der ‹Verworfene›] ist der Mensch, dessen Errettung und Erhaltung die Selbsthingabe Gottes in seinem eigenen Sohn nötig machte und zu dessen Errettung und Erhaltung diese göttliche Selbsthingabe allein genügen konnte.» (KD II/2, 504) Dazu, dass Barth insgesamt eine gewisse Affinität zu Anselms Satisfaktionslehre zeigt, siehe McDonald, Atonement of the Death of Christ, 308. Bezeichnenderweise hat Barth die in der reformierten Tradition oft kritisierte Satisfaktionslehre des Heidelberger Katechismus wiederholt verteidigt. Seine Fragen 12–18, in denen Anselm Satisfaktionslehre thematisch wird, «wählten inhaltlich den richtigen – nämlich christologischen – Ansatzpunkt» (Reichel, Theologie als Bekenntnis, 60; vgl. auch a. a. O., 151, 154, 225, 247). Das gilt indes auch für die erste Aufgabe des «Verworfenen».

[167] Vgl. KD II/2, 506.

Schliesslich und *drittens* hat der «Verworfene» «die *Absicht* des Evangeliums sichtbar zu machen» (507). Sie liegt im Zeugendienst, in der Verkündigung des Evangeliums, welche die durch den Heiligen Geist gewirkte Hoffnung nach sich ziehen soll.[168] Denn ebenso, wie «dem auf Golgatha Verworfenen nichts blieb – oder (und dieses Oder war das, was ihm wirklich blieb!) die Auferstehung» (ebd.), so bleibt auch dem «Verworfenen» nichts – «oder eben das Wort der Verkündigung und der Glaube, das Werk des Heiligen Geistes» (508). Eine «*wirkliche* Hoffnung» kann nur dort sein, wo «*keine* Hoffnung ist – und der Verworfene auf Golgatha, aber auch der Verworfene in uns selbst und im Anderen hat keine Hoffnung» (508). Aus einem *unwilligen* soll ein *williger,* aus einem *indirekten* ein direkter Zeuge werden – ein Zeuge «der Erwählung Jesu Christi und seiner Gemeinde» (ebd.).

Dass aufseiten der Menschen der Inhalt des Evangeliums und damit die Grundlage dieser drei Aufgaben, aber auch derjenigen der Erwählten überhaupt erst möglich wurde, dafür gefiel es GOTT, einem «preisgegebenen Menschen so gegenüberzutreten, dass gerade er nicht nur indirekt, sondern direkt, gerade in seiner offenkundigen Verworfenheit in einer Weise zu seinem Diener wurde, wie es auch Paulus und Petrus nicht gewesen sind» (559): Judas Ischarioth.

> «Judas ist neben Jesus selbst in gewissem Sinn die wichtigste Figur des Neuen Testamentes; denn zuerst er und unter den Aposteln nur er war an dieser entscheidenden Stelle aktiv tätig in der Vollstreckung dessen, was Gottes Wille war und der Inhalt des Evangeliums wurde.» (558)

Barth bezieht dementsprechend, wenn auch nicht systematisiert, *alle drei Aufgaben* auf die je unterschiedlichen Relationen des Jüngers Judas.

Diese Relationen sind von Barth offensichtlich nicht explizit intendiert, erstrecken sie sich doch vereinzelt über die gesamte Passage. Sie stellen aber eine geeignete Form dar, Barths Judas-Interpretation zu systematisieren und in Verbindung mit den grundsätzlichen Äusserungen Barths zur «Bestimmung des Verworfenen» zu bringen. Die bei Barth impliziten Relationierungen der Judasgestalt werden in der folgenden Systematiserung explizit. Ich verstehe sie als Bindeglied und Instrumente der Erschliessung des Zusammehangs von Barths dogmatischer und seiner biblischen Hermeneutik. Innerhalb dieser Relationen lassen sich bezüglich der Aufgaben des «Verworfenen» prioritäre Verknüpfungen feststellen, insofern die Relation zwischen Judas und Jesus Christus (*4.2.1*) bzw. GOTT (*4.2.3*) die zweite und die Relation zwischen Judas und den Jüngern sowie Paulus (*4.2.2*) die dritte Aufgabe betonen. In der Relation zwischen Judas

[168] Vgl. Kreck, Grundentscheidungen, 275f.

und dem Judentum bzw. Israel (*4.2.4*) kommen alle drei Aufgaben zusammen. Was die vier Relationen miteinander verbindet, ist sowohl die Nähe zwischen den jeweiligen Beziehungspartnern als auch die Grenze, die Barth innerhalb dieser Relation deutlich setzt.[169]

[169] Bei der Entfaltung dieser Relationen konzentriere ich mich auf ausgewählte theologische Topoi, weshalb die Untersuchungen insgesamt keinen Anspruch auf Vollständigkeit erheben können. In meiner systematisierenden Darstellung sowie im 5. Kapitel wird es hier und da zu Redundanzen kommen, weil einige Aspekte in mehreren Relationen thematisch werden und ich der Leser/-innenfreundlichkeit halber die entsprechende Sache jeweils kurz rekapituliere.

SCHÖNER JUDAS
DA SCHWERBLÜTIG NUN
UND *maßlos*
DIE SONNE IHREN UNTERGANG FEIERT
berührst DU MEIN HERZ
UND ICH DENKE DIR NACH
ACH WAS WAR
DEIN EINER VERRAT
GEGEN DIE VIELEN
DER CHRISTEN
DER KIRCHEN
DIE DICH *verfluchen*?
ICH DENKE DIR NACH
UND DEINER
TÖDLICHEN TRAUER
DIE *uns* BESCHÄMT

KURT MARTI

4.2 «Geschichte in Partnerschaft»[170]: Die Judasgestalt in ihren Beziehungen

4.2.1 «Dieses seltsame Für und Gegen»: Jesus Christus und Judas

Allem voran hält Barth fest, dass «wohl vor allem die merkwürdige Ruhe» zu beachten ist, «in der das Neue Testament von Judas Ischarioth berichtet» (509). Und mit den Evangelisten[171] geht Barth ganz einig, dass nicht Judas als Person, «sondern [...] die Tat dieses Apostels: das, was zwischen ihm und Jesus objektiv unwiderruflich geschehen ist» (516), unserer eigentlichen Aufmerksamkeit bedarf. Es ist die Tat des Judas – nicht zuerst, aber in besonderer Weise –, die ihn in Relation zu Jesus stellt: «Er war es, der ihn verraten hat» (Mk 3,19). «Er war der, der ihn verriet» (Mt 10,4). «Er wurde sein Verräter» (Lk 6,16).[172] Es ist der Verrat, der Judas in eine «unheimliche Nähe zu Jesus Christus» (509) stellt. Zwar verneint Barth die Distanz zwischen den beiden nicht – «Hier *Jesus* auch *für Judas*, ja zweifellos gerade für Judas, dort *Judas* ebenso zweifellos *gegen Jesus*: gerade gegen den Jesus, der für ihn ist» (528) –, doch weil das Neue Testament nicht vom *Ergebnis* «dieses seltsamen Für und Gegen» (ebd.) berichtet, widmet sich Barth in erster Linie der Nähe zwischen den beiden. Gerade diese Nähe Judas Ischarioths als einer der zwölf Jünger Jesu «relativiere» seine Tat, da «sie sich gewissermassen nur unter der unmittelbaren Aufsicht und Kontrolle der überlegenen Macht und Wirksamkeit des Herrn selbst [...] entfalten kann» (509).

---

170 KD IV/2, 385.

171 Diese Aussage Barths steht im Widerspruch zu späteren Aussagen hinsichtlich der Beurteilung der Person im Johannesevangelium. Siehe unten 4.2.1.3.

172 Barth verzichtet hier (KD II/2, 509) wohl deshalb auf die Angabe von Joh 13,2, weil die Stelle ihm wegen der Nennung des Teufels zur Auseinandersetzung mit der *Sünde* des Judas dient (vgl. KD II/2, 511–513). Joh 6,70f. kommt formal nicht infrage, weil es sich dabei nicht um eine Bemerkung *des*, sondern um eine Selbstaussage Jesu *durch* den Evangelisten handelt. Einmal abgesehen davon, dass Joh 13,2 ein exegetisches Problem mit sich bringt, weil nach Joh 13,27 der Teufel erst im Moment des Aufdeckens der Tat durch Jesus in Judas «hineinfährt», wohingegen Joh 13,2 davon ausgeht, dass der Teufel dem Judas «schon ins Herz gegeben hatte, ihn [sc. Jesus] zu verraten». Jürgen Becker rechnet Joh 13,2 der kirchlichen Redaktion (im Anschluss an Bultmann) zu, die das Johannesevangelium zur besseren grosskirchlichen Akzeptanz überarbeitet haben soll. Vgl. ders., Das Evangelium nach Johannes, 420.

4.2.1.1 Grundlegende exegetische Erwägungen

Die Begründung der Nähe zwischen Jesus Christus und Judas Ischarioth beginnt Barth mit einer geografischen Erklärung, die er jedoch nicht biblisch ausweist und die historisch-kritisch nicht gesichert ist:[173] «Eher mehr als weniger» (509) sei Judas ein Jünger und Apostel, «sofern er als Einziger unter den Anderen mit Jesus zusammen dem Stamme *Juda*, dem Davidsstamme angehört» (ebd.).[174] Als weiteres Merkmal der besonderen Nähe nennt Barth den sogenannten Judaskuss, von dem aber nur der Verfasser des Markusevangeliums berichtet (Mk 14,44f.) und der nicht, wie Barth behauptet, Teil des *synoptischen* Berichts ist.[175] Es ist der Kuss, der «die Gemeinschaft des Täters mit Jesus bezeugt und besiegelt» (510f.), der nicht «jene schlechthinnige Falschheit» (516) darstellt – so die übliche Lesart der Tradition –,[176] sondern als «Zeichen der Dankbarkeit des verlorenen Menschen für die Existenz dessen, der hier für ihn eintreten will» (558), zu verstehen ist.[177]

Dreh- und Angelpunkt der Barth'schen Argumentation hinsichtlich der *Tat*, die Judas so nahe an Jesus rückt, ist eine andere exegetische, nämlich textkritische Beobachtung am Verb παραδοῦναι, das klassischerweise im Zusammenhang mit Judas mit «verraten» übersetzt wird. Dieses in der Wirkungsgeschichte nahezu übereinstimmende Verständnis von παραδοῦναι für die Tat des Judas lehnt Barth ab. Ein solcher Gebrauch sei bereits zu stark akzentuiert und erwecke «auch technisch zu komplizierte Vorstellungen» (510). Stattdessen plädiert Barth für die Übersetzung des Verbums mit «überliefern». Diese Übersetzung ist im Kontext der Gefangennahme Jesu exegetisch durchaus schlüssig: Mk 14,18 und Mt 26,55 verweisen darauf, dass die Hohepriester einer *Gelegenheit der Gefangennahme*, nicht der *Aufdeckung eines geheimen Versteckes* durch einen

[173] Für Luz ist gerade die Frage nach der Herkunft des Judas eine der beiden Fragen, über die *historisch* keine Aussage gemacht werden kann. Vgl. ders., Kommentar, 247f.

[174] Barth muss hier an den Beinamen Ischarioth gedacht und ihn entsprechend der Tradition mit «Mann aus Kerioth» übersetzt haben. Kerioth ist nach Jos 15,25 ein Dorf in Judäa. Für diese Lesart sprechen mehrere Deutungen in handschriftlichen Varianten zu Joh 6,71 (vgl. Luz, Kommentar, 247, Anm. 10). Anderseits bleibt unklar, ob es zur Zeit Jesu den Ort Kerioth gegeben hat. Eusebius nennt ca. 250 Jahre später in Bezugnahme auf Jer 48,24 einen Ort namens Kariot, jedoch im Lande Moab (vgl. ders., Onomasticon, GCS 11/1, 120). Dass Barth damit bereits an dieser Stelle eine Bezugnahme zum Judentum intendiert, ist meines Erachtens unwahrscheinlich, weil er die Aussage im Kontext der Jünger-Berufung und damit in Judas' Relation zum Apostolat macht.

[175] Vgl. KD II/2, 510.

[176] Der Kuss wurde mit Spr 27,6b und 2Sam 20,9f. in Verbindung gebracht. Vgl. Goldschmidt, Verrat, 22; Klauck, Jünger des Herrn, 65f.

[177] Vgl. dazu auch Bonhoeffer, Predigt zu Matthäus, 973–979.

«Verräter» bedurften. Barth liegt in der Folge viel daran, die *univoke* Bedeutung von παραδοῦναι, seine begriffliche und sachliche Konformität, herauszustellen. Er bemüht das Verb demgemäss in allen vier Relationen, wobei dann aber auffällt, dass er den Begriff hinsichtlich der *Tat bzw. Handlung* der Überlieferung zwar *univok*, bezüglich ihrer *Folgen* aber *äquivok* gebraucht. Denn Barth bestimmt das *Telos* von παραδοῦναι in den verschiedenen Relationen je unterschiedlich. Während die Handlung als solche die *Nähe* zwischen den jeweiligen Relationspartnern herausstellt, verweisen die Folgen dieser Tat auf die *Grenzen* innerhalb der Beziehungen.

4.2.1.2 παραδοῦναι

Für Judas ist in seiner Relation zu Jesus παραδοῦναι der Stein, der die Passionsgeschichte ins Rollen bringt. Daraus folgt, dass Judas «eine notwendige Figur im Ganzen des evangelischen Berichtes» (511) ist. Er vollzieht, was Jesus in Mt 17,22 voraussagt: «μέλλει ὁ υἱὸς τοῦ ἀνθρώπου *παραδίδοσθαι* εἰς χεῖρας ἀνθρώπων.»[178] Trotzdem sind die Folgen dieses παραδοῦναι «zweifellos als Sünde und Schuld von entsetzlichstem Ausmass» (ebd.) anzusehen. Darin zeigt sich nun für Barth gewissermassen die Schattengestalt des «Verworfenen», denn nachdem Judas während des letzten Mahls mit Jesus einen «Bissen genommen hatte, ging er hinaus. Es war aber *Nacht.*» (Joh 13,30). Weil Paulus in 1Kor 11,23 diese Wendung aufnimmt, könne sich, so Barth, dahinter nicht nur eine chronologische Notiz versteckt haben.[179] Vielmehr sei das, was «der Johannesprolog angekündigt hatte, [...] jetzt offenbar potenziert in Erfüllung gegangen» (511): «Das Licht scheint in der *Finsternis*» (Joh 1,5). Und: «Er kam in sein Eigentum und die Seinen nahmen ihn *nicht* auf» (Joh 1,11). Barth folgert: «[S]tatt παραλαμβάνειν ist παραδοῦναι ihr Werk Jesus gegenüber.» (511)

Sowohl mit der Bezugnahme auf den Johannesprolog als auch in der Feststellung, dass Judas tut, worum Jesus längst weiss, greift Barth zwei zentrale Aspekte seiner Erwählungslehre auf: *Erstens* ist Barths Gotteslehre die Voraussetzung für seine Erwählungslehre. Damit ist diese eng an die Frage nach der menschlichen Gotteserkenntnis gekoppelt. Weil für Barth die Antwort auf die Frage nach der menschlichen Gotteserkenntnis in der göttlichen Offenbarung in Jesus Christus begründet liegt, muss Barths Lehre von GOTTES Gnadenwahl

---

[178] Vgl. Joh 6,64: «ᾔδει γὰρ ἐξ ἀρχῆς ὁ Ἰησοῦς [...] τίς ἐστιν ὁ *παραδώσων* αὐτόν» sowie Joh 13,21b: «ἀμὴν ἀμὴν λέγω ὑμῖν ὅτι εἷς ἐξ ὑμῶν *παραδώσει* με.»

[179] Die exegetische Zulässigkeit dieser Parallelisierung Barths bestreitet Popkes, Christus Traditus, 205–211.

auch die Wirklichkeit GOTTES thematisieren.[180] Die vermittelnde «Instanz» zwischen GOTTES Offenbarung in Jesus Christus und menschlicher Gotteserkenntnis ist die Existenz der Kirche.[181]

> «Alles Sagen und Hören in der Kirche Jesu Christi beruht und bezieht sich ganz und gar darauf, dass Gott in der Kirche Jesu Christi erkannt wird, das heisst, dass jenes Subjekt den Redenden und Hörenden gegenständlich gegenwärtig ist, dass der Mensch in der Kirche wirklich vor Gott steht.»[182]

Voraussetzung menschlicher Gotteserkenntnis, d. h., wie die Offenbarung GOTTES in Jesus Christus zum Grund kirchlicher Verkündigung wird, ist das Wort GOTTES,[183] hier das verkündigte Wort.[184]

Zweitens bzw. daraus folgend beginnt Barths christologische Begründung der Erwählungslehre mit einer Exegese des Johannesprologs. *Als Wort GOTTES* veranschaulicht der Johannesprolog nach Barth GOTTES Wirklichkeit durch die Offenbarung in Jesus Christus, insofern «auf diesen Jesus hin [...] sich die Ewigkeit entworfen [hat]. Und kraft dieses Entwurfes im ewigen Ratschluss Gottes *ist* der Mensch Jesus im Anfang bei Gott.»[185] Menschliche Gotteserkenntnis ist folglich insofern möglich geworden, als sich in Jesus Christus «der verborgene Gott fassbar gemacht»[186] hat, jedoch indirekt, d. h für den Glauben, nicht für das Schauen: «Nicht in seinem Wesen, aber im Zeichen. Nicht unter Aufhebung seiner Verborgenheit also – aber fassbar!»[187] Damit rückt bei Barth das *intelligere*

---

180 Vgl. Kim, Prädestinationslehre, 160.

181 Dass die ekklesiologische Dimension nicht nur Voraussetzung der Erwählungslehre, sondern auch von Barths Kirchlicher Dogmatik insgesamt ist, zeigt paradigmatisch der Leitsatz von § 3 «Die Kirchliche Verkündigung als Stoff der Dogmatik»: «*Die in der Kirche stattfindende Rede von Gott will insofern Verkündigung sein, als sie sich als Predigt und Sakrament an den Menschen richtet mit dem Anspruch und umgeben von der Erwartung, dass sie ihm auftraggemäss das im Glauben zu hörende Wort Gottes zu sagen habe. Sofern sie trotz dieses Anspruchs und dieser Erwartung menschliches Wort ist, wird sie Stoff der Dogmatik, d. h. der Untersuchung ihrer Verantwortlichkeit, gemessen an dem Worte Gottes, das sie verkündigen will.*» (KD I/1, 47)

182 KD II/1, 1.

183 Vgl. KD I/1, 89.

184 Gemeinsam mit dem geschriebenen und offenbarten Wort ergibt sich Barths Bestimmung des Wortes GOTTES in dreifacher Gestalt (vgl. KD I/1, § 4). Das verkündigte Wort bestimmt Barth an dieser Stelle in vierfacher Hinsicht. Vgl. a. a. O., 92–97.

185 Jüngel, Gottes Sein, 93.

186 KD II/1, 223.

187 Ebd.

als Offenbarungserkenntnis hinter die Glaubenserkenntnis,[188] die er als «Gehorsamsakt»[189] bezeichnet. Im παραδοῦναι des Judas nun zeigt sich dessen Ungehorsam,[190] denn Judas *nimmt* Jesus *nicht auf* (Joh 1,11b: οἱ ἴδιοι αὐτὸν *οὐ παρέλαβον*). Würde Judas Jesus aufnehmen, würde er Jesus recht geben, würde dessen *verschwenderischen* Akt der Gnade[191] annehmen und müsste darum Jesus nicht mehr ausliefern.[192] Doch Judas kann und will «*nicht* verstehen, was er selber nicht mitmachen kann und will» (512). Es ist Judas selbst, der in intimster Nähe zu Jesus eine Grenze ihm gegenüber wahren will: seine eigene Freiheit.[193]

4.2.1.3 Die Salbung in Bethanien

Barth erläutert diese Zusammenhänge exegetisch anhand des Berichtes der Salbung Jesu in Bethanien (Joh 12,1–8). Dass die Salbung Jesu durch Maria, die Schwester des Lazarus, ein Akt der Verschwendung ist, steht für Barth ausser Frage. Gleichwohl bedarf es dieses verschwenderischen Aktes, damit die Salbung überhaupt erst ein demütiger Akt sein kann. Denn wie Jesus selbst festhält, dient der Akt dazu, «im voraus seinen Leichnam [zu] ehren, also seinen Tod [zu] verherrlichen» (512). Die Salbung nimmt damit den Tod Jesu Christi voraus, der allem voran der Ermöglichungsgrund ist, dass «das ganze Haus [...] erfüllt vom Geruch der Salbe» (V. 3) wird. Judas, und gerade damit weicht Barth

[188] Vgl. auch Barth, Fides quaerens intellectum, 51. Die Durchsetzung des Glaubens im Menschen wurde in der Altprotestantischen Orthodoxie als dreistufiger Prozess beschrieben: Auf die *Kenntnis* (lat. *notitia*) des Evangeliums Christi durch die kirchliche Verkündigung folgt die *Zustimmung* (lat. *assensus*) der Hörerin, wobei die Zustimmung nicht nur allgemein der Wahrheit des Evangeliums (lat. *assensus generalis*), sondern auch der persönlichen Betroffenheit des Hörers (lat. *assensus specialis*) gilt. Die letzte Stufe schliesslich ist das durch den Heiligen Geist gewirkte *Vertrauen* (lat. *fiducia*), kraft dessen sich die Hörerin und der Hörer die Heilsbotschaft und die damit einhergehenden Folgen zu eigen machen (vgl. Leonhardt, Grundinformationen Dogmatik, 170f.). Bei Barth scheinen die *notitia* und der *assensus* in der *fiducia* zusammenzufallen, weshalb es fragwürdig wird, ob noch von *intelligere* gesprochen werden kann. Dieser Aspekt bedürfte (nicht nur) im Kontext von Barths Judas-Passage genauerer Untersuchungen.

[189] KD II/1, 27.

[190] Vgl. a. a. O., 537.

[191] Es geht Barth hier ohne Frage um die Darstellung des verschwenderischen Aktes der Gnade in Kreuz und Auferstehung durch Jesus Christus und also nicht um die Marias Salbung Jesu in der biblischen Geschichte der Salbung von Bethanien (siehe nachfolgenden Abschnitt). Maria bietet gewissermassen nur die Vorlage dazu. Das lässt sich biblisch auch damit begründen, dass nicht Maria selbst, sondern Jesus den Akt deutet, er folglich auch auf der Ebene des biblischen Textes Grund der Erkenntnis ist.

[192] Vgl. KD II/2, 517f.

[193] Vgl. a. a. O., 513.

von der Auslegungsgeschichte ab, «ist nicht dagegen, dass die kostbare Salbe von Maria hergegeben wird» (512).

Barth will die Frage des Judas in Vers 5 – «Warum ist dieses Salböl nicht für dreihundert Denare verkauft und den Armen gegeben worden?» – und die «vom Evangelisten in sehr böser Interpretation seiner Absicht» (523) formulierte Aussage in Vers 6 – «Er sagte dies aber nicht, weil er für die Armen besorgt war, sondern weil er ein Dieb war und die Kasse hatte und bei sich trug, was eingelegt wurde» – im darauffolgenden Vers *nicht nur* als «finanzielle Habgier, ja Unredlichkeit» (513) verstanden haben. So räumt Barth ein, dass die Bemerkung als solche auf eine «harmlos geäusserte[], sachlich gar nicht üble[] und verhältnismässig leicht zurechtzuweisende[] Gesinnung» (ebd.) verweise. Dass mit der Salbung der Tod Jesu verherrlicht werden soll, genüge dem Jünger Judas jedoch nicht. «Er möchte diese Hingebung, soll sie denn stattfinden, fruchtbar machen.» (512) Barth hebt die sozialdiakonische Motivation des Judas hervor, die als solche nicht verwerflich ist und seinem apostolischen Dienst grundsätzlich entspricht. Problematisch ist sie bezüglich dessen, was bzw. wen sie wegdrängt: auf der Ebene des Subjekts Jesus, auf derjenigen des Objekts die Herablassung Christi als Ermöglichungsgrund der Erwählung. Denn für Barth folgt aus der Gesinnung, irgendetwas und irgendjemanden – und seien es hilfsbedürftige Menschen – für wichtiger zu halten «als die Verherrlichung seiner [sc. Christi] Herablassung» (513), dass, wer so denkt, «seiner Erwählung [widerstreitet], [...] sich als Apostel unmöglich [macht] und [...] Jesus ausliefern [wird]» (ebd). Kurzum: Die Salbe hätte zweifelsohne *vielen Armen* gedient, doch Jesu Tod und Auferweckung wird *allen* dienen.

Des Weiteren müsse doch im Gesamtduktus des Johannesevangeliums auffallen, dass «das hier äusserlich gekennzeichnete Verhalten des Judas über sich selbst hinausweist auf sein Wesen und seine Funktion als die des Apostels» (513). Ein Dieb ist Judas darum nur an Jesus und an den anderen Aposteln. Ein Dieb an Jesus ist er, zumal ihm «Jesus letztlich für dieses Bessere [sc. die Hingabe am Kreuz] feil ist» (ebd.). An den Aposteln ist Judas ein Dieb, weil er es «sich Jesus gegenüber vor[behält], selbst zu bestimmen, was auf dem Weg der apostolischen Nachfolge eigentlich und zuletzt herauskommen soll» (ebd.).[194] Die Nachfolge ist Judas sodann

[194] Ich werde in der Bearbeitung der Relation «Die Apostel und Judas» noch einmal auf den Aspekt der Freiheit zur Selbstbestimmung zurückkommen, weil er massgeblich darüber entscheidet, wie Barth Judas von den anderen Aposteln unterscheidet (siehe unten 4.2.2).

> «nicht Selbstzweck, sondern Mittel zu irgend einem Zweck, der ihm vielleicht noch nicht deutlich ist, über den er aber jedenfalls entscheiden und verfügen zu können meint und im Blick auf den er sich in seinem Verhältnis zu Jesus fortwährend Unterschlagungen erlaubt» (ebd).

Mit diesen Ausführungen zur Salbung in Bethanien hat Barth die dogmatisch formulierte *zweite* Aufgabe des «Verworfenen» biblisch ins Bild gesetzt. Was nämlich «durch das Evangelium *negiert* und *überwunden* wird» (506), wird doch erst mit der Bemerkung des Judas sichtbar. Und eben diese Sichtbarmachung ist eine seiner Aufgaben. Judas will um den Nutzen des Evangeliums wissen, ohne sich vorerst darüber klar zu werden, was das Evangelium selbst eigentlich ist. «Er ist nicht gegen Jesus. Er möchte sogar für ihn sein. Er ist aber so *für* ihn – nicht ganz nämlich – dass er *faktisch doch gegen* ihn ist [...].» (513) Von einer «Operation Misstrauen»[195] des Judas zu sprechen, würde jedoch im Sinne Barths zu weit greifen, zumal das παραδοῦναι erneut diese Nähe und Grenze der Relation zwischen Judas und Jesus zum Ausdruck bringt: Damit der Anspruch des Judas, selber die Initiative zu ergreifen im Blick auf das, was das Evangelium praktisch für den apostolischen Dienst bedeutet, *auf der einen Seite* überwunden werden *kann*, *muss* Jesus Christus *auf der anderen Seite* (und chronologisch betrachtet) erst noch sterben und auferstehen, um damit das Evangelium menschlicherseits als *glaubhaft* zu erweisen. Diesen Vertrauensvorschuss *wollte* Judas Jesus in Bethanien nicht gewähren, und so *konnte* er nicht anders, als Jesus zu *überliefern*, in diesem Falle: auszuliefern. Was der Inhalt des Evangeliums werden sollte, musste erst noch geschehen, sprich: für die Menschen offenbar werden. Andernfalls hätten die Apostel das Evangelium ihrerseits nicht überliefern können. Es ist folglich viel eher die Spannung bzw. die Dialektik als der Widerspruch zwischen Verrat und Mitwirkung am Heilsgeschehen, welche die Relation zwischen Judas und Jesus durchzieht. Demgemäss wird das παραδοῦναι des Judas und damit der Begriff in seinem «bestimmt negativen und nur negativen Charakter» (533) bei Barth zur Bedingung des παραδοῦναι der übrigen Apostel. Zugleich ist es «tatsächlich so, dass Judas sich eben mit seinem παραδοῦναι auch aktiv an der positiven Aufgabe des Apostolates beteiligt hat» (535), da der «Verworfene» bei Barth nur in einer Co-Existenz zum Erwählten zu denken ist. Entsprechend konstatiert auch David Demson: «Judas shows what the apostles – appointed but not yet effectively called (by Jesus' intercessory death) and commissioned (in the power of Jesus' resurrection) – still lack.»[196] Während Barth folglich innerhalb der Relation zwischen Judas und

---

195 Trowitzsch, Karl Barth heute, 309.
196 Demson, Hans Frei and Karl Barth, 36.

Jesus entsprechend der klaren Richtung der Epistemologie der «Bestimmung des Verworfenen»[197] vom Erwählten Jesus auf den «Verworfenen» Judas schliesst, wird Barth auch innerhalb der Relation zwischen Judas und den Aposteln von ihnen auf jenen schliessen. Für Judas Ischarioth, als «einer der Zwölf», bedeutet dies – so der neutestamentliche Bericht gemäss Barth –, «dass gerade einer der wirklichen Apostel, einer der wirklich Erwählten als Jesu Verräter zugleich ein Verworfener war» (509). Es ist damit erneut die Nähe, die Barth zu Beginn und besonders in der Relation zwischen Judas und den übrigen Aposteln herausstreicht.

197 Siehe oben 4.1.4.1.

NAUMBURGER MEISTER

4.2.2 *Einer der Zwölf: Die Apostel und Judas*

«Keiner von den anderen Aposteln hat Jesus überliefert. Aber Judas und die anderen Apostel gehören trotzdem so nahe zusammen wie nur möglich.» (522) Diese beiden Sätze sind wegweisend für Barths Verständnis der Relation zwischen Judas und den anderen Aposteln. Judas war genau so ein «wirkliche[r] Apostel» (509). Ausserdem hat auch er an allem, was die Jünger mit Jesus erlebten, «passiv und aktiv seinen vollen Anteil gehabt» (ebd.). Barth begründet dies mit dem Verweis auf mehrere Bibelstellen in den Synoptikern,[198] dem Johannesevangelium und der Apostelgeschichte.[199] Es ist jedoch erneut in besonderer Weise die johanneische Erzählung der Salbung in Bethanien, mit der Barth die Relation zwischen Judas und den anderen Jüngern biblisch begründet. Dass Judas einer der Zwölf war, ist für Barth nicht nur «Formsache», sondern was «Judas tat, ging sie auch an: nicht als ob sie es auch getan oder mitgetan hätten, wohl aber offenbar: sofern sie es hätten tun können, sofern die Möglichkeit dazu auch ihre eigene Möglichkeit war» (ebd.). Nicht anders sei zu erklären, dass in allen vier Evangelien die Jünger auf die Eröffnung Jesu beim letzten Mahl: «Einer unter euch wird mich ausliefern!» (Mk 14,19; Mt 26,22), «‹sehr betrübt› wurden und Einer nach dem Anderen (εἷς κατὰ εἷς), ein jeder für sich (εἷς ἕκαστος) fragte: ‹Herr, doch nicht ich?›» (ebd.). Wohl aufgrund dessen, dass zwar alle Verfasser der Evangelien von einer Antwort Jesu auf die Frage berichten, jedoch nur bei Johannes Judas von Jesus explizit benannt und bei Matthäus Judas' Frage «Bin ich's, Rabbi?» mit Jesu «Du sagst es» beantwortet wird, argumentiert Barth an dieser Stelle anstatt mit dem Subjekt «Judas» mit «dieser Eine»: «[D]ieser Eine war es tatsächlich, aber alle Anderen könnten es auch, könnten es ebenso gut gewesen sein.» (523) Doch anstatt exegetisch damit zu arbeiten, ob und, wenn ja, inwiefern alle vier Evangelisten damit Judas meinten – etwa mit dem lukanischen Geschichtswerk und so mit Verweis auf Apg 1,16–20 oder bei Markus damit, dass die Lesenden die Aussage Jesu mit Mk 14,10f. in Verbindung gebracht haben könnten –, sieht Barth den hermeneutischen Schlüssel dieser Spannung in der Überlieferung von der Salbung in Bethanien. In der Tat ist Barths Argumentation schlüssig, weil er einerseits diese Überlieferung in allen vier Relationen thematisiert. Und sie ist andererseits konsequent, weil sie bei

[198] Vgl. KD II/2, 509. Dabei ist Barth ein Fehler unterlaufen, denn eine Bezugsstelle aus dem Matthäusevangelium fehlt hier. Barth wird die Matthäustexte vor allem im Zusammenhang mit der Frage nach der Sünde des Judas bemühen (vgl. KD II/2, 514–527). Und in der Tat scheint das Matthäusevangelium in besonderer Weise den Kontrast zwischen Judas und den Jüngern zu verschärfen. Vgl. Meiser, Judas Iskariot, 72.

[199] Joh 6,70; Apg 1,17; Mk 14,18f.; Lk 22,21; Joh 13,18.

Barth die Grundlegung bzw. Vorwegnahme des παραδοῦναι des Judas in der Szene der Gefangennahme im Garten Gethsemane[200] ist. Für die Relation zwischen Judas und den anderen Apostel sei nun gegenüber der johanneischen Überlieferung augenfällig, dass auch hier bei Markus (14,4) «Einige» und bei Matthäus (26,8) «die Jünger» über die Verschwendung der Salbe murren. Daraus schliesst Barth:

> «[D]as Neue Testament gibt tatsächlich gerade in dieser Sache diese verschiedenen Nachrichten und sagt damit [...] im Ganzen: Was *Judas* bei jenem Anlass gesagt hat, das konnten auch irgend welche *Andere* aus Jesu Umgebung, das konnten auch seine *Jünger als solche*, die Anderen, die *nicht* seine Verräter wurden, gesagt haben.» (523)

Von dieser Auslegung der Salbung in Bethanien her wird klar, warum *alle* Jünger auf die Aussage Jesu, wonach *Einer* ihn überliefern würde, fragen mussten: «Herr, doch nicht ich?» Sowohl die Salbung in Bethanien als auch das Gespräch zwischen Jesus und seinen Jüngern während des letzten Mahls verdeutlichen die *bleibende* Bedeutung dessen, dass Judas *einer* der *Zwölf* war. Über die Evangelien hinaus hält auch Paulus an dieser Bestimmung in 1Kor 15,5 fest. Doch Barth stellt zu Recht fest, dass die Aussage des Paulus auf den ersten Blick und heilsgeschichtlich betrachtet eine *contradictio in adiecto* enthält: In 1Kor 15,5 spricht Paulus von den Zwölfen, denen der *auferstandene* Christus erschienen ist. Aufgrund des Todes des Judas *vor* Christi Auferstehung (vgl. Mt 27) und der noch nicht erfolgten Wahl des Matthias als Judas' Nachfolger wird Judas «zu einem [...] Platzhalter seines besonderen Apostelamtes» (530). Es ist diese Stelle, an der Barth ausführt, inwiefern neutestamentlich die Co-Existenz des «Verworfenen» mit dem Erwählten, wie das παραδοῦναι des Judas mit demjenigen der Apostel, begründet ist. Denn wie gezeigt verweist die «Bestimmung des Verworfenen» dahin, wo die «Bestimmung des Erwählten» überhaupt erst ihren Anfang nimmt. Judas mag darum *de iure* durch Matthias ersetzt worden sein, *de facto* ist Paulus sein Nachfolger.[201]

4.2.2.1 Die Busse des Judas und sein Nachfolger Paulus

Der Bericht in Apg 1,15f. über die «Wahl oder vielmehr Auslosung des Matthias zum Zeugen der Auferstehung» ist Barths Beurteilung nach «auffallend, aber in

[200] Diese biblische Szene wird von Barth interessanterweise nur dreimal und jeweils sehr marginal erwähnt (vgl. KD II/2, 548.550.555). Er setzt auch damit einen anderen Schwerpunkt als die übliche Rezeptionsgeschichte der biblischen Judasgestalt.

[201] Vgl. KD II/2, 531.

sich völlig klar» (530). Merkwürdig sei jedoch, dass eben diese Apostelgeschichte ab Kapitel 13 «zur Geschichte des einen Apostels *Paulus* wird und dass man kaum verkennen kann, dass faktisch eben er in Wahrheit *der Andere* ist, der an die Stelle des Judas getreten ist und dessen liegen gebliebenes Werk aufgenommen hat» (ebd.). Indes machen auch seine Taten Paulus vor seiner Berufung zu einem «Gespenst des Judas» (ebd.), insofern Paulus' Verfolgung der «Gemeinde GOTTES» (Gal 1,13; 1Kor 15,9) zweimal (Apg 8,3; 22,4) als ein παραδοῦναι benannt wird. Des Weiteren sei die Intention, dass der Leser der paulinischen Briefe die Nähe zwischen Judas und Paulus wahrnehme, dadurch evoziert, dass Paulus sich als ἔκτρωμμα (1Kor 15,8), als den Geringsten (1Kor 15,9; Eph 3,8) unter den Aposteln bezeichne. Damit verweise Paulus darauf, ein Sünder zu sein und ist Jesus bekanntlich in die Welt gekommen, um Sünder zu erretten (1Tim 1,15). Weil eine neutestamentliche Erzählung fehlt, die über die Annahme dieser Errettung durch Judas berichtet, fährt Paulus «genau an der Stelle fort, wo Judas laut seiner Busse umkehren und auch das schon Geschehene rückgängig machen wollte» (531).

Die Thematisierung der *Reue und Busse* des Judas steht bei Barth implizit in engster Korrelation zur Relation zwischen Judas und Israel, weil die Geschichte von der Rückgabe der 30 Silberlinge von Barth in jener genannten Relation ausführlich behandelt wird. Des Weiteren stehen Reue und Busse des Judas jedoch auch in der Relation zwischen Judas und den anderen Aposteln, weil sie das Bindeglied zwischen Judas und den anderen elf Aposteln und Judas und seinem Nachfolger Paulus sind. Barth fragt hier vor allem nach dem Unterschied der Reue des Petrus zu Judas.[202] Der hermeneutische Schlüssel dafür sind die biblischen Geschichten der Fusswaschung (Joh 13) und der Einsetzung des Abendmahles (Mk 14). Barth konstatiert, dass «kein Anlass [bestehe], diese Reue, dieses Bekenntnis und diesen Wiedergutmachungsversuch des Judas nicht ernst zu nehmen» (516), und womöglich sei Judas' Reue «in ihrer Art vollständiger als die des Petrus» (516). Damit wehrt sich Barth gegen die gängige Lesung von «einer übereifrig-moralischen Verurteilung der Person des Judas» (ebd.),[203] wie sie sich etwa bei B. J. Oropeza findet. Für ihn liegt der wesentliche Unterschied zwischen der Reue des Petrus und des Judas darin, dass Petrus nach seiner Lüge weint, Judas hingegen «shows no regrets for his betrayal. [...] Judas wants to make sure that Jesus does not escape; otherwise he would lose his betrayal

202 Die Frage, warum die Reue des Petrus und des Judas so unterschiedlich beurteilt werden, ist eine viel beachtete Frage in der Exegese. Vgl. etwa Kuschel, Judas und Petrus, 68–76.

203 Die hier, auch auf der Ebene des Textes, naheliegenden Parallelen zu Dtn 27,25 (LXX) erwähnt Barth nicht. Vgl. Luz, Kommentar, 234f.

money.»[204] Dieser Position wird von Barth die biblische Geschichte der Fusswaschung entgegengesetzt, um – entsprechend der Richtung seiner Epistemologie – die Nähe zwischen Petrus und Judas herauszustellen: Die Fusswaschung ist die «conditio sine qua non für die Gemeinschaft mit Jesus» (524), an der alle Jünger – Petrus *und* Judas – teilhaben. Und wie Judas bei der Salbung in Bethanien nach dem Sinn und Zweck dieser Salbung fragt, stellt nun auch Petrus diese Frage hinsichtlich der Fusswaschung: «Der sagt zu ihm: Herr, du willst mir die Füsse waschen? Jesus antwortet und sagt zu ihm: Was ich tue, weisst du jetzt nicht; du wirst es aber nachher verstehen.» (V. 6b–7) Exakt darin liegt für Barth auch die Parallele zur Einsetzung des Abendmahls, weil sie das antizipiert,

> «was den Aposteln und der ganzen Kirche über die Gegenwart und das Leben Jesu hinaus durch seinen Tod vermittelt und geschenkt werden wird: die Vollendung seines ihnen von jeher zugewandten Liebens in der Kraft seiner nunmehr eben in seinem Tode mächtig gewordenen und in seiner Auferstehung offenbarten und entfalteten göttlichen Gewaltfülle. Er wird ihnen mit seinem Tod mehr geben, als er ihnen mit seiner Gegenwart in jenem bisherigen objektiven Verhältnis gegeben hatte.» (525)

Bis hierhin kann Barth keinen Unterschied zwischen der *Reue* des Petrus und jener des Judas ausmachen, weil sie beide nach ihrer Tat erkennen, dass ihr Handeln unrein war, sie folglich der Waschung bedürfen: Petrus weint, Judas will die 30 Silberlinge den Hohepriestern zurückgeben. Die Grenze zieht Barth hinsichtlich der *Busse* der beiden: Während sich Petrus die Waschung gefallen lässt, handelt es sich bei Judas um eine «*verworfene*» Busse,[205] was sich Barth vor allem damit erklärt, dass die Hohepriester einerseits die 30 Silberlinge nicht zurücknehmen, andererseits die Apostelgeschichte nicht um jene Busse weiss.[206] Weil nun freilich das Neue Testament nicht von Petrus' Sich-gefallen-Lassen der Waschung nach der Kreuzigung und damit von seiner durch Christus *angenommenen Busse* berichtet, ersetzt Barth – völlig unvermittelt – Petrus durch den Apostel Paulus, denn dass dessen Busse für seine Verfolgung der

[204] Oropeza, Footsteps of Judas, 37. Diese Lesart wird von mehreren Exegeten/Exegetinnen kritisch infrage gestellt, weil im Neuen Testament Petrus viel stärker als Judas das Unverständnis der Jünger darstellt. Vgl. etwa Klassen, Betrayer or Friend, 91; Weeden, Traditions in Conflict, 79.

[205] Vgl. KD II/2, 518.

[206] Dieser exegetische «Kurzschluss» wird von Saari, Many Deaths, 93f., kritisiert. Dass Mt 27,3–10 – das Ende des Judas – auf der Ebene des Textes insgesamt zu Spannungen führt, weil die Bezeichnungen «Blutgeld» und «Blutacker» erst nach Christi Tod möglich sind, ignoriert Barth. Vgl. zu dieser Prolepse innerhalb der Passionsgeschichte: Luz, Kommentar, 229f.

Christinnen und Christen von GOTT angenommen wurde, sieht Barth darin begründet, dass Paulus «aus der Leere [...] in die Fülle» (538) umkehrt, d. h., dass aus dem Verfolger der Gemeinde GOTTES (Gal 1,13; 1 Kor 15,9) der Apostel wird.

Und so steht nun – analog der Gegenüberstellung von Kain und Abel – der Apostel Judas dem Apostel Paulus gegenüber. Denn gleichwie das Zeugnis des Alten Testaments keinen «*absolut* negativen Satz»[207] über Kain zu berichten hat, fehlt – Barth dreht nun gleichsam das Vorzeichen um – auf der sachlichen Ebene des Neuen Testaments das Wort der Auferstehung für Judas. Weil Judas nicht Zeuge der Auferstehung wird, fällt er an einer bestimmten Stelle aus Barths Schema der Parallelisierung des *munus triplex Christi* mit dem Apostolat heraus. Barth expliziert mit der Darstellung der Judasgestalt folglich erneut Aspekte seiner Erwählungslehre, hier des § 35.3 «Die Bestimmung des Erwählten», biblisch.

4.2.2.2 Der Apostolat und die freie Selbstbestimmung des Menschen

Die Lehre von GOTTES Gnadenwahl steht auch wesentlich im Kontext der Frage nach der «freien Selbstbestimmung des Menschen»[208]. Sie wird bei Barth in der Auseinandersetzung mit der «Bestimmung des Erwählten» in der Tat frag-würdig. Jene Bestimmung zeigt sich darin – neben seiner vorausgehenden «Bestimmung zur Seligkeit» (455) bzw. ihr folgend –, «dem gnädigen Gott zu entsprechen, sein geschöpfliches Bild, sein Nachahmer zu sein» (457). Sowohl die Bestimmung zur Seligkeit als auch zum Dienste der Nachahmung sind dabei von GOTT selbst initiiert und gewirkt, indem jene die «Teilnahme an Gottes eigener Seligkeit» (456) ist, dieser auf Christi Herrlichkeit verweist, die «alles Andere als Selbstzweck: vielmehr gerade indem sie diesem einen Erwählten gegeben wird und von ihm empfangen, indem sie sein voller Besitz wird, [...] sie Gottes und seine eigene weiterwirkende *Tat*» (456) ist. Wenn auch nicht explizit von Barth erwähnt, lassen sich an dieser Stelle typische Explikationen seines Analogieverständnisses feststellen,[209] weil «die Menschlichkeit des Menschen Jesu ihre faktische Entsprechung (Analogie!) in der Menschlichkeit des Menschen überhaupt hat»[210]. Gerade im Menschen Jesus zeige sich «die Bedingung der Möglichkeit für die Erkenntnis des Wesens des Menschen überhaupt».[211] Das wird noch offensichtlicher, wenn Barth in der Folge im «Dank der Kreatur [...] die Urgestalt [...] von aller Eigenmächtigkeit freien und gerade darum freudigen Repräsentation und Abbildung des gnädigen Gottes» (457)

---

207 KD II/2, 391 (Hervorhebung durch MKB).
208 Busch, Grosse Leidenschaft, 115.
209 So auch Kim, Umstrittene Prädestinationslehre, 215.
210 Jüngel, Die Möglichkeit theologischer Anthropologie, 212.
211 Ebd.

sieht, denn die Erwählung des Einzelnen zielt darauf, dass dieser Bote GOTTES wird: «Das ist sein Dienst und Auftrag. Dazu darf er die Herrlichkeit der Gnade Gottes repräsentieren und abbilden. Darin darf er dankbar und also selig sein. Er ist gesendet. Er ist Apostel [...].» (458) Diesen Dienst bestimmt Barth sodann christologisch:

> «[D]ie Bestimmung des Erwählten besteht darin, dass in und mit seiner Erwählung und Berufung, in und mit dem Dienst, für den er ausersehen ist und den er zu leisten hat, der Fortgang des versöhnenden Handelns des lebendigen Gottes in der Welt beschlossen ist und Ereignis wird. In der Erwählung jedes Einzelnen ist beschlossen und in der Berufung jedes Einzelnen vollzieht sich ja eine Öffnung und Erweiterung des in sich geschlossenen Kreises der Erwählung Jesu Christi und seiner Gemeinde nach der Welt hin [...].» (461)

Konkret zeigt sich die Ausübung dieser Aufgabe darin, dass der Erwählte die eigene Erwählung *bekennt* – eine Unterlassung dieser Aufgabe ist ihm unmöglich, gegen die Lüge, in die auch er ohne Erwählung verstrickt wäre, *protestiert*, alle Menschen in Erinnerung an Christi Erwählung *anspricht*, um sie *wirbt*, sie *einlädt* und das Angebot der Erwählung *unterbreitet*, um damit auf GOTTES Entscheidung *hinzuweisen*.[212]

Dass der Apostolat «der Fortgang des versöhnenden Handelns des lebendigen Gottes» (461) ist, begründet und entfaltet Barth exegetisch, indem er von drei Phasen innerhalb der Erzählungen der Synoptiker ausgeht. Darin lokalisiert er nicht nur je einen bestimmten Aspekt des *munus triplex Christi*, sondern zeichnet die verschiedenen Stufen hinsichtlich der Sendung der Apostel ein. In Galiläa übt Jesus das *prophetische*, auf seinem Leidensweg das *priesterliche* und mit seiner Erhöhung das *königliche Amt* aus, das nun aber «in seinen Gesandten seine sekundäre Fortsetzung findet» (478). Bergners Einschätzung, wonach Barth versucht, «die *Aktivität* der Apostel und ihre *Abhängigkeit* von Jesus miteinander in Einklang zu bringen»,[213] ist zutreffend: Im Abschnitt über die «Auferstehungsgeschichte» (480) steht der Bericht vom Missionsbefehl (Mt 28,18–20), der in besonderer Weise die Abhängigkeit der Jünger gegenüber Jesus darstellen soll bzw. effektiv klarstellt, dass Jesus selbst seine Jünger zu ihrem Apostolat befähigt. Es geht um Christi «*Gegenwart* als Erkenntnissubjekt, die uns seine Geschichte als wahr erkennen lässt, mit anderen Worten: um seine Realpräsenz».[214] Für Jesu Leidensweg «von Galiläa nach Jerusalem» (482) wird die Unfähigkeit der Jünger zum Dienst herausgestellt, denn die Berichte der Evan-

[212] Vgl. KD II/2, 459f.
[213] Bergner, Um der Sache willen, 154.
[214] Siller, Kirche für die Welt, 215.

gelien zeigen, «dass die Apostel selbst keine Versöhner, keine Erlöser, keine Offenbarer Gottes sind» (487). Es ist das Bild der «Gedemütigten und so an Jesus Gebundenen», d. h. der «auf dem Leidensweg Jesu gedemütigten und auf demselben Leidensweg stark gemachten Apostel» (490), das Barth hier zeichnet. In den Erzählungen des Auftretens Jesu in Galiläa als «Lehrer und *Prophet* von Nazareth» (490f.) steht die Jüngerberufung im Zentrum: «[M]it der Wirksamkeit Jesu selbst beginnt auch die Existenz des Apostolates.» (491) Auch hier hält Barth die Spannung zwischen «freier Aktivität und bleibender Abhängigkeit»[215] aufrecht, wenn er darauf hinweist, dass die Zwölf einerseits mit Christus seien (Mk 3,14), andererseits Christus sie aussende *zu predigen* und ihnen Vollmacht gebe, *Dämonen auszutreiben* (Mk 3,14f.).[216]

Für die vier Relationen des Judas in § 35.4 bedeuten diese Bestimmungen *einerseits*, dass die Relation zwischen Judas und Paulus ihre Grundlegung in der Relation zwischen Judas und Jesus hat. Während nämlich in dieser Relation sowohl die Rolle des «Verworfenen» und des *einen* Verworfenen als auch die Rollen der Erwählten die Nähe zwischen Judas und Jesus begründen, besteht die Nähe zwischen Judas und Paulus darin, dass Judas' Handeln für die Menschlichkeit des einen Verworfenen, Paulus' Handeln hingegen für die des *einen* Erwählten steht. Es ist also die Erkenntnis der eigenen Menschlichkeit, in der die Bestimmung des Erwählten und des «Verworfenen» sich noch nicht scheiden, zumal Jesus Christus zwischen den beiden steht: *Vor seinem Tod* steht *Judas* neben Jesus Christus als Apostel und «Zeuge[] der von ihm getragenen und hinweggetragenen göttlichen Verwerfung des Menschen» (532). *Nach Christi Auferstehung* steht *Paulus* als Apostel und «Zeuge[] der ihm widerfahrenen und von ihm selbst vollzogenen göttlichen Erwählung des Menschen» (ebd.). Die biblische Entsprechung hierfür wird von Barth in Lk 23,33 lokalisiert: Jesus am Kreuz zwischen zwei Verbrechern.[217] Bereits in § 35.3 hält Barth fest, dass Jesu Bezeichnung als απόστολος in Hebr 3,1 der im Johannesevangelium «beherrschende[n] Selbstbezeichnung, unter der Jesus sich seinen Jüngern und den Juden gegenüber bekannt macht» (478), entspreche. Und Joh 17,18f. – «Wie du mich in die Welt gesandt hast, habe auch ich sie in die Welt gesandt; und ich heilige mich selbst für sie, damit auch sie Geheiligte seien durch Wahrheit» – sei darum als «ausdrückliche [...] Übertragung» (ebd.) dieses Amtes zu verstehen. Wird Judas in die verschiedenen Stufen hinsichtlich der Sendung der Apostel eingetragen, muss darum auffallen, dass Judas sehr

215 Bergner, Um der Sache Willen, 157.
216 Vgl. KD II/2, 494.
217 Vgl. a. a. O., 532f.

wohl teilnimmt an der «*Berufung* dieser Zwölf» und an der «*Funktion* als sichtbare Vertreter des Grundes und der Norm der Jüngerschaft oder Gemeinde Jesu» (ebd.). Doch – und darin zeigt sich nun das *Andererseits* der Schlüsse, die aus den Parallelen zu § 35.3 in § 35.4 gezogen werden können – ein «Auftrag gegenüber der Welt» (ebd.), sprich: ein Missionsbefehl, wird Judas nicht erteilt. Nun steht für Barth exakt dieser Missionsbefehl für den «Übergang vom ersten zum zweiten Teil des neutestamentlichen Kanons, in welchem ja eben das Wort und das Werk der Apostel als solches in die Mitte des Bildes rückt» (479).[218] Oder im Hinblick auf § 35.4 formuliert: Während der erste Teil des neutestamentlichen Kanons Judas und sein Handeln *als einen der zwölf Apostel* thematisiert, kommt im zweiten Teil durch Paulus «die wahre Apostelgeschichte im Sinne von Matth. 28, 19 [...] nun erst recht in Gang» (531).

Das παραδοῦναι des Judas ist demgemäss eine Tat der *Untreue gegen Jesus für die Heiden*, explizit zur Tötung Jesu, wohingegen das παραδοῦναι des Paulus eine Tat der *Treue für Jesus für die Heiden* ist, explizit «die Herrschaft dieses Getöteten aber auch Auferstandenen in der ganzen Welt aufzurichten» (531). «Kein Apostel hat nach dem, was wir von ihnen wissen, [...] so anspruchsvoll von seinem Amt als der unmittelbaren Entsprechung des Amtes Jesu Christi selber geredet, wie eben Paulus [...].» (Ebd.) Eine mögliche «ganzheitliche» Entsprechung des eigenen Apostolats zum *munus triplex Christi* kommt sodann nur Paulus zu, «dessen Platzhalter vor dem Tode Jesu eben Judas gewesen war» (ebd.). Freilich ist erst durch den Tod Jesu Christi die Möglichkeit dazu gegeben. Damit wahrt Barth auf der einen Seite das παραδοῦναι des Judas als ein apostolisches Handeln. Auf der anderen Seite kann das, was «Judas tat in jener Sache, [...] im Akt der apostolischen Überlieferung nicht wiederholt und nicht nachgebildet werden» (556). Deshalb situiert Barth das παραδοῦναι des Judas und des Paulus am Kreuz: «Paulus sagt genau an der Stelle Ja, wo Judas Nein gesagt hatte. [...] Das verbindet ihn und alle anderen Apostel mit Judas: dass es dieselbe Stelle ist, der Tod Jesu.» (557)

Was sich im Übergang zwischen dem ersten und dem zweiten Teil des neutestamentlichen Kanons zeigt, an der Grenze zwischen dem παραδοῦναι des Judas und demjenigen des Paulus bzw. der Apostel insgesamt, ist bereits in der Salbung von Bethanien vorgebildet:[219] Dem παραδοῦναι des Paulus entspricht das Tun der Maria, der Schwester des Lazarus, in Joh 12. Im παραδοῦναι der

218 Es müsste in diesem Zusammenhang weiter untersucht werden, was die biblische Judasgestalt für Barths Ablehnung der Judenmission (vgl. KD II/2, 312; KD IV/3, 1005–1007) bedeutet. Vgl. auch Goebel, Vom freien Wählen Gottes, 225.

219 Vgl. KD II/2, 557.

Maria ist das παραλαμβάνειν Christi positiv gewendet. Das παραδοῦναι des Judas entspricht in der Überlieferung der Salbung von Bethanien dem negativ konnotierten παραλαμβάνειν des Johannesprologs (Joh 1,11b), weil er Marias *verschwenderischen* Akt der Salbung infrage stellt und so Jesu Tod nicht verherrlicht. Dem παραδοῦναι der Maria hingegen entspricht das παραλαμβάνειν des Paulus in 1Kor 11,23a – «Ἐγὼ γὰρ *παρέλαβον* ἀπὸ τοῦ κυρίου, ὃ καὶ *παρέδωκα* ὑμῖν» – sowie in 1Kor 15,3 – «*παρέδωκα* γὰρ ὑμῖν ἐν πρώτοις, ὃ καὶ *παρέλαβον*, ὅτι Χριστὸς ἀπέθανεν ὑπὲρ τῶν ἁμαρτιῶν ἡμῶν κατὰ τὰς γραφὰς»[220].[221] Der Tod Jesu macht die Möglichkeit einer «Freiheit [...] eigenen Entscheidens und Verfügens *Jesus gegenüber*» (513)[222] *un*möglich. In der johanneischen Darstellung der Salbung von Bethanien fragt Judas nach dem Warum des Todes Christi und unterschlägt[223] damit die Freiheit GOTTES. Im weiteren Kontext der Kirchlichen Dogmatik untergräbt Judas damit gerade auch GOTTES Herrschaft, weil der «für Barths Theologie konstitutive Herrschaftsbegriff [...] aus dem Verhältnis der innertrinitarischen zur ökonomischen Trinität [resultiert], denn er versteht Gottes Herrschaft im Horizont des Freiheitsbegriffes»[224]: «Herrschaft heisst *Freiheit.*»[225] Und bei Barth ist es die Herrschaft als Freiheit GOTTES, welche die Gnade überhaupt erst auf den Plan ruft. Es bedarf darum, um Barths Ablehnung des Warum des Judas in Joh 12 nachvollziehen zu können, erneut des Rückblickes in andere Teile von Barths Kirchlicher Dogmatik.

4.2.2.3 Das Warum des Judas und das Darum der apostolischen Überlieferung

GOTTES Offenbarung SEINER Gottheit ist für Barth «Offenbarung von Herrschaft»[226]. Während Wilfried Härle dieser Definition «axiomatischen Charakter»[227] zuspricht, plädiert Kim für eine formale Überordnung der Herrschaft über die Offenbarung, «weil sie bei Barth sachlich jene auslegt und deutet»[228]. Diese Annahme scheint im Hinblick darauf, dass die Gotteslehre massgeblichen Einfluss auf Barths Erwählungslehre nimmt, naheliegender, zumal die Herrschaft GOTTES für Barth, innertrinitarisch betrachtet, «in der Freiheit Gottes, sich von selbst sich zu unterscheiden, sich selber ungleich zu werden und doch

220 Hervorhebungen durch MKB.

221 Vgl. KD II/2, 536.

222 Hervorhebung durch MKB.

223 Vgl. KD II/2, 513.

224 Kim, Umstrittene Prädestinationslehre, 173. Vgl. dazu auch Goebel, Trinitätslehre und Erwählungslehre, 162–164.

225 KD I/1, 323.

226 Ebd.

227 Härle, Sein und Gnade, 28.

228 Kim, Umstrittene Prädestinationslehre, 173.

der gleiche zu bleiben»,[229] besteht. Oder wie Kim konstatiert: «Gott ist nicht nur frei von aller äusseren Bedingtheit, sondern er ist gerade auch frei gegenüber seiner Freiheit von aller äusseren Bedingtheit.»[230] Die Gnade nun ist Ausdruck der Herrschaft GOTTES als Freiheit: «Grundlegend und entscheidend in seiner Gnade besteht und bewährt sich seine Göttlichkeit.»[231] Härle stellt darum zu Recht fest, dass die Gnade «als Orientierungshilfe, um den Zusammenhang zwischen dem immanenten trinitarischen Sein Gottes und seinem Handeln an und in der Welt [...] aufzuzeigen»,[232] fungiert. Diesem analogen Verhältnis immanenter und ökonomischer Trinität entsprechend, bestimmt Barth denn auch die Gnade in zweifacher Hinsicht: als Gestalt, «in der sie für uns und an uns offenbar wird»,[233] und als Gestalt, «in der die Gnade in Gott selbst und als Gott selbst wirklich ist»[234]. Zwar bleibt diese menschlicherseits «verborgen und unbegreiflich»,[235] aber sie kann als «Geheimnis [...] im Glauben erkannt werden»[236]. Barth folgert daraus:

> «[G]erade weil dem so ist, gerade indem er der Vater, der Sohn, der Heilige Geist, von Ewigkeit zu Ewigkeit der Ort und Quell aller Einheit und alles Friedens ist, gerade darum kann und muss er der Ursprung und das Wesen dessen sein, was wir als Gnade in so ganz anderer Gestalt kennen.»[237]

Weil nun die Erwählungslehre das Subjekt kenntlich machen muss, «das kraft seines innersten Wesens, Wollens und Seins nicht ohne Beziehung ist, sondern in einer bestimmten Beziehung nach aussen, zu einem Anderen steht» (4), wird für Barth Jesus Christus zum Bindeglied zwischen immanenter und ökonomischer Trinität:

> «In diesem freien Akt der Gnadenwahl ist der Sohn des Vaters schon nicht mehr bloss der ewige Logos, sondern als solcher, als wahrer Gott von Ewigkeit zugleich schon der wahre Gott und der wahre Mensch, der er in der Zeit sein wird. Im göttlichen Prädestinationsakt präexistiert also Jesus Christus [...].»[238]

---

[229] KD I/1, 337f.
[230] Kim, Umstrittene Prädestinationslehre, 174.
[231] KD II/1, 401.
[232] Härle, Sein und Gnade, 36.
[233] KD II/1, 401.
[234] Ebd.
[235] Ebd.
[236] Ebd.
[237] A. a. O., 402.
[238] KD IV/1, 70.

Jesus Christus ist «Gott in seiner Zuwendung zum *Menschen*» (5). Das ist die «Urgeschichte» (6f.) bzw. «Urentscheidung» (8) GOTTES, in der sich GOTTES Freiheit, SEIN Geheimnis und SEINE Gerechtigkeit zeigen. Während die *Freiheit GOTTES* für das «Dennoch der göttlichen Liebe zum Geschöpf» (29) steht, bringt das *Geheimnis GOTTES* die «Unerforschlichkeit» der Erwählung zum Ausdruck. GOTTES Gnadenwahl – die Erwählung Jesu Christi – kennt infolgedessen kein Warum, sondern «ist ganz und gar ein Darum, das Darum alles Darums» (20).

Indem aber nun Judas aufgrund der verschwenderischen Salbung Jesu durch Maria nach dem Grund fragt, zeigt sich, dass für Judas das παραλαμβάνειν Jesu «nicht Selbstzweck, sondern Mittel zu irgend einem Zweck» (513) sein soll. Judas ist – so wird ihn Barth in seinen Ausführungen zum Selbstmord und zur Selbsttötung bezeichnen – «Sünder an der *freien Gnade* Gottes»[239]. Darin zeigt sich die erneut fehlende Beziehung des Judas zum «*Auftrag* gegenüber der Welt» (478), wenn Barth – ziemlich dramatisch – von einem «Attentat auf die *königliche Freiheit* Jesu» (537)[240] spricht. Judas behauptet seine Freiheit Jesus gegenüber. Er will dem «Tod Jesu, der der Inhalt und Gegenstand [...] [apostolischer] Überlieferung ist» (556f.), der «Übermacht der Gnade» (533), nicht ohnmächtig gegenüberstehen. Doch es ist dieses «Ohnmächtigmachen des Menschen gegenüber der Übermacht Jesu» (557), das die Grenze zwischen dem παραδοῦναι des Judas und demjenigen der Apostel markiert: Das Evangelium nicht für Judas, sondern für alle anderen Apostel ist *das durch den Tod Christi unmöglich gemachte παραδοῦναι als Verrat*:

> «Es ist durch den geschehenen Tod Jesu [...] dafür gesorgt, dass ihr [sc. der Apostel] Tun nicht wieder ein Verrat Jesu, sondern, dem positiven Sinn des Apostolates entsprechend, nur noch seine Verherrlichung, nämlich die Verherrlichung eben seines geschehenen Todes sein kann, wie sie in jenem Tun der Maria von Bethanien Joh. 12 vorgebildet worden war.» (Ebd.)

Doch Judas Ischarioth stand diesseits des Ereignisses der Auferstehung: «Jesu Auferstehung war ja noch nicht Ereignis geworden, sondern sollte es erst werden in der Vollendung des Laufes jener Bewegung [...].» (517) Und so war Judas Ischarioth auf sein eigenes Werk angewiesen, «auf seine *eigene* Entscheidungs- und Verfügungsfreiheit, die er sich im Unterschied zu jener Maria Jesus gegenüber vorbehalten hatte» (ebd.).

Gleichwohl bleibt Barth nicht bei diesem einseitig negativ bestimmten παραδοῦναι des Judas in seiner Relation zu Paulus stehen, sondern fällt sich mit

239 KD III/4, 466.
240 Hervorhebung durch MKB.

einer erneuten Betrachtung von 1Kor 11,23 selbst ins Wort bzw. übt sich in dialektisch theologischem Denken. An dieser Stelle zitiert Barth jetzt den ganzen Vers, um auf das je unterschiedliche Subjekt des παραδοῦναι hinzuweisen: «*Ἐγὼ* γὰρ παρέλαβον ἀπὸ τοῦ κυρίου, ὃ καὶ *παρέδωκα* ὑμῖν, ὅτι ὁ κύριος Ἰησοῦς ἐν τῇ νυκτὶ ᾗ *παρεδίδετο* ἔλαβεν ἄρτον».[241] Daraus ergibt sich für Barth die folgende Situation:

> «Diese *beiden* ‹Überlieferungen› charakterisieren sich offenbar gegenseitig, sodass Paulus ebenso in den Schatten des Judas wie Judas in das Licht des Paulus gerückt wird.» (536)

Wenn sodann das Tun des Judas «in seiner ganzen Untreue den Akt der treuen, der apostolischen Tradition *vorbildet*» (537), muss dies die Frage nach sich ziehen, inwiefern auch er als Jünger Jesu eine «einzigartig positive Figur» (ebd.) ist. Dass Judas ein *negatives* Vorbild für den Apostolat aller anderen Apostel und Paulus ist, *das* ist das eigentlich *Positive,* was über das παραδοῦναι des Judas ausgesagt werden kann – und muss. Judas' im Hinblick auf seine Nachfolgebestimmung in der Apostelgeschichte thematisierte Platzhalterfunktion ist eine zutiefst *positive* Degradierung aufgrund des Platzes, auf den er verweist. Während nämlich bei Paulus und allen anderen Aposteln das Ja dem Nein folgt, ist bei Judas «das Nein selbst und als solches [...] das Ja, indem es *Gott* gefällt, es zu dem Ja zu *machen*, das er selbst in dieser Sache sprechen will und spricht» (559).

Damit gelingt es Barth implizit erneut, eine Aufgabe des «Verworfenen», nämlich die dritte, ins biblische Bild zu setzen und damit in Verbindung zu Judas zu bringen. Indem er Jesus zum Tode überliefert, macht Judas sich selbst an seinem eigenen Platz überflüssig, weil fortan nur noch der Platz der Auferstehung, d. h. die Überlieferung des Evangeliums, übrig bleibt. Weil Judas Ischarioth Jesus in die Lage gebracht hat, in der ihm als dem auf Golgota Verworfenen «nichts blieb – oder [...] die Auferstehung» (507), deswegen bleibt nun auch Judas nichts – «oder eben das Wort der Verkündigung» (508). Judas indes entscheidet sich für das «nichts». Er steht «vor der völligen Nichtigkeit dessen, was er damit gewonnen hat» (520) – er wählt die Selbsttötung: «So musste er – Act. 1 sagt nicht: *durch* sich selbst, sondern *an* sich selbst – sterben.» (522)

Die Ausführungen haben gezeigt, dass es die bereits in der Relation zwischen Judas und Jesus thematisierte Mitwirkung des Judas am Heilsgeschehen ist, welche die Grundlage für das apostolische παραδοῦναι bietet. Denn zuerst und vor

[241] Hervorhebung durch MKB.

allem *wollte* GOTT «diese letzte Konsequenz der Fleischwerdung seines Wortes [...], [...] dieses Ende seiner Geschichte als der Geschichte des Menschen Jesus» (ebd.). Judas hat «nicht *trotz*, sondern *in* seiner unvergleichlichen Sünde» GOTT «an der entscheidenden Stelle die Hand geboten» (ebd.). Es ist die Mitarbeit des Judas an der Überlieferung des Sohnes, die zuallererst durch GOTT selbst vollzogen wird:

> «Das ist die Beteiligung des Judas an der positiven Aufgabe des Apostolates. Sie ist darum eine hervorgehobene Beteiligung, weil sie Beteiligung an dessen *Grundlegung*, an der *göttlichen* Überlieferung ist. Weil die *göttliche* Überlieferung der Inhalt und Gegenstand der *apostolischen* Überlieferung ist, darum gäbe es ohne *Judas* und seine Tat auch *diese* nicht! Und so hat er und das sogar grundlegend – gegen seinen Willen und Verdienst bei der auf die Erwählung Jesu Christi begründeten Aufgabe des Apostolates und der Kirche zweifellos positiv mitgewirkt.» (560)

Es wird darum im Folgenden die Relation zwischen Judas und GOTT näher betrachtet, deren grundlegende Maxime lautet: «Gott im Himmel und der Apostel auf Erden ‹überliefern›.» (539)

warum KÜSSTEST DU MICH?
DU KONNTEST MICH
MIT DEINEM *schwert*
DURCHBOHREN
UND DADURCH ZEICHNEN
MEIN BLUT WAR BEREIT
WIE EIN VOLLER *kelch*
FÜR DEINE LIPPEN
MEIN *herz* FÜRCHTETE
NICHT ZU STERBEN
judas, judas
WER LEHRTE DICH
DIESEN *kuss*?

GABRIELA MISTRAL

4.2.3 Der «schreckliche Nachklang»: GOTT und Judas

Die Leidensweissagungen im Neuen Testament machen unmissverständlich klar, dass der Menschensohn in die Hände der Menschen überliefert werden *muss* (Lk 24,7: «in die Hände der sündigen Menschen», Mt 26,45: «der Sünder»): «μέλλει ὁ υἱὸς τοῦ ἀνθρώπου *παραδίδοσθαι* εἰς χεῖρας ἀνθρώπων» (Mt 17,22b):

> «Der ganze Sinn des Apostolates, der Erwählung der zwölf Apostel hängt daran, dass das geschieht. Und eben dieser im Rate Gottes als notwendig beschlossenen Überlieferung besonderer Faktor und Exponent ist der Apostel Judas Ischarioth.» (511)

Judas ist darum «in seiner Existenz als Apostel nichts Anderes als ein Zeuge des göttlichen Ratschlusses dieser Überlieferung und seiner Ausführung» (553). Was Barth bereits für die Relation zwischen Judas und Jesus nachgewiesen hat, dass nämlich die Tat des Judas «gewissermassen nur unter der unmittelbaren Aufsicht und Kontrolle der überlegenen Macht und Wirksamkeit des Herrn» (509) geschieht, wird mit der Bezugnahme zu GOTTES eigenem παραδοῦναι im Grunde noch überboten. Durch Judas' Überlieferung Jesu wird Jesu Macht begrenzt. Sie wird begrenzt durch die Macht derer, denen er überliefert wird. Für Jesus bedeutet diese Überlieferung, in die Situation gebracht zu werden, «in der ausser Gott niemand ihm helfen konnte» (534). Darin zeigt sich für Barth die grundlegende und damit *technische* Bedeutung der Überlieferung, wie sie in Mt 5,25 beschrieben ist: «[E]in Mensch hat einen Widersacher.» (533) Kann sich der Mensch mit diesem Widersacher nicht einigen, besteht die Gefahr, dass dieser jenen dem Richter überliefert (μήποτέ σε παραδῷ), der seinerseits den Menschen dem Gerichtsdiener überliefert und dieser wiederum ihn sodann ins Gefängnis wirft. Anders ausgedrückt: Der Widersacher will einem *freien* Menschen übel.

> «Oder Matth. 18, 34: Ein Herr wird zornig über den Knecht, der ihm viel schuldig war, dem er Alles erlassen und der nun an einem ihm seinerseits schuldigen Mitknecht ganz anders gehandelt hatte: da überlieferte (παρέδωκε) der Herr ihn den Folterknechten, bis er alles bezahlt hätte, was er ihm schuldig war.» (Ebd.) Judas tut – formal – mit bzw. gegen Jesus, was der Widersacher und der Herr in Mt 18 tun. Ein solches Überliefern lässt «dem Überlieferten nichts übrig [...], als dass er über die notwendige, die nicht aufzuhaltende Vollstreckung seiner Überlieferung hinaus, dass er also angesichts der grenzenlosen Ohnmacht, in die er versetzt und angesichts der hoffnungslosen Übermacht, der er unterworfen ist, an Gott appelliert» (539).

Wenn nun aber das Überliefern eines Menschen «tatsächlich die Wucht [hat], den Menschen in die Situation zu versetzen, in der er ausser dieser letzten Möglichkeit keine hat» (540), folgert Barth daraus, dass dieses Handeln zweifellos auf das *göttliche* παραδοῦναι verweisen muss. In dieser Weise kommen in der göttlichen Überlieferung das sowohl positiv als auch negativ konnotierte παραδοῦναι des Judas und das apostolische παραδοῦναι «als Urbild beider» (538) zusammen.[242] Es ist erneut der Apostel Paulus, der wesentlich im Neuen Testament vom positiven Sinn des göttlichen παραδοῦναι spricht.

4.2.3.1 Das originale παραδοῦναι

Gleichwie die Überlieferung des Judas nur durch die Bezugnahme zum apostolischen, insbesondere paulinischen Überliefern ihren positiven Sinn entfalten kann, kann sie im Hinblick auf das, was sie damit Jesus antut, ihren positiven Sinn nur durch das göttliche Überliefern entfalten. Dies liegt für Barth darin begründet, dass Paulus wiederholt darauf hinweist, dass *GOTT* Jesus überliefert (Röm 4,25; 8,32), gar Jesus *sich selbst* überliefert habe (Gal 2,20; Eph 5,2.25). «*Bevor* Judas Jesus überlieferte, hat Gott Jesus und Jesus sich selbst überliefert. *Bevor* Jesus Gegenstand der apostolischen Überlieferung wurde, hat ihn Gott, hat er sich selbst überliefert.» (543) Mehr noch: Die «Notwendigkeit, die Kraft und der Sinn aller Überlieferung» (ebd.) ist in diesem göttlichen Überliefern grundgelegt.

«*ὃς παρεδόθη* διὰ τὰ παραπτώματα ἡμῶν καὶ ἠγέρθη διὰ τὴν δικαίωσιν ἡμῶν.»[243] Der Kontext in Röm 4,25, in dem diese Überlieferung thematisiert wird, ist die «auf dem Höhepunkt der zuletzt am Vorbild Abrahams vollzogenen Erläuterung des Glaubens und der ihm zugesprochenen göttlichen Gerechtigkeit» (543). Der Glaube, von dem Paulus an dieser Stelle spricht und welcher dem Glaubenden als Gerechtigkeit angerechnet wird, «ist der Glaube an den, der unseren Herrn Jesus von den Toten erweckte» (ebd.). Die göttliche Überlieferung Jesu zum Tode ermöglicht deshalb die «*Beseitigung unserer Übertretungen*» und die Auferweckung Jesu dient dem «Zweck unserer Bekleidung mit seiner Gerechtigkeit» (ebd.). Nur wenn GOTT diese Überlieferung selbst vollzieht, ist der Ermöglichungsgrund des Glaubens an die Auferweckung gegeben. GOTTES Überlieferung Jesu stellt Barth infolgedessen in den Kontext von Röm 8,29–39, um damit aufzuweisen, dass GOTT aufgrund SEINER Überlieferung

[242] Ich konzentriere mich im Folgenden auf das *positiv* konnotierte παραδοῦναι des Judas, auch wenn dieses in seiner Relation zum göttlichen παραδοῦναι von Barth einerseits eng mit dem *apostolischen* παραδοῦναι, andererseits mit dem *negativ* konnotierten παραδοῦναι des Judas verknüpft ist. Ich werde jedoch in der Bearbeitung der Relation zwischen Judas und dem Judentum bzw. Israel darauf zurückkommen. Ohnehin ist ja für Barth das *positiv* konnotierte παραδοῦναι des Judas nur in Verbindung mit dem bzw. in Abhängigkeit vom *apostolischen* παραδοῦναι denkbar.

[243] Hervorhebung durch MKB.

Jesu alles daran liegen muss, der Menschen Unschuld, in der sie vor GOTT stehen dürfen bzw. überhaupt erst *können*, herauszustellen:

> «Da Gott für sie ist, wer mag wider sie sein? Gott ist aber für sie, denn wie sollte er ihnen nicht Alles zuwenden, was ihre Unschuld erweisen und beweisen kann, nachdem er das Radikalste für sie getan, nachdem er nämlich seines eigenen Sohnes nicht verschont, *sondern ihn für sie alle überliefert hat* […]?» (Ebd.)

Sodann findet sich in Röm 8,33 die Antwort auf die Frage «Wer will, wer kann, wer wird sie anklagen, sie, die Erwählten Gottes?»:

> «Nur Einer, Jesus Christus, der überlieferte Sohn Gottes tut das Alles, hat das Alles getan, indem er gestorben, aber auch auferstanden und zur Rechten Gottes ist, um daselbst nun gerade nicht gegen sie, sondern für sie einzutreten – in der Liebe zu ihnen, von der niemand und nichts sie trennen kann.» (Ebd.)

Weil aber der Mensch, wie bereits erwähnt, nur als Unschuldiger vor GOTT stehen kann, geht es in der Versöhnung der Menschen mit GOTT um die Reinigung von ihren Sünden.[244] Nichts anderes sieht Barth – erneut mit Bezugnahme auf Gal 2,20, Eph 5 und Phil 2,6f. – in der Überlieferung Jesu durch GOTT vollzogen: «Die Vergebung ihrer Sünden musste in der Weise begründet werden, dass Gott seinen Sohn, dass dieser sich selbst für sie ‹überlieferte›.» (544) Die Verbindung zum Handeln des Judas erörtert Barth in der Folge so, dass er erneut die *technische* Bedeutung des παραδοῦναι bemüht und damit implizit wiederum das königliche Amt Christi thematisiert. Damit nämlich Menschen vor GOTT stehen können, also erhöht werden, bedarf es der Erhöhung Christi, die, wie die exegetische Entfaltung des *munus triplex Christi* gezeigt hat, in Christi Auferstehung begründet liegt. Doch auch hier steht die Erhöhung auf der letzten Stufe, welcher die Erniedrigung, der Tod, vorausging. Die göttliche Überlieferung *ist* diese Erniedrigung. Die *technische* Bedeutung von παραδοῦναι heisst darum in diesem Kontext: «ausgeliefert in die Ohnmacht fremder feindseliger Übermacht gegenüber» (ebd.). Und nun leuchtet auch ein, warum die «Freiheit, deren Jesus durch Judas beraubt wurde, […] offenbar nur ein bescheidenes Spiegelbild der göttlichen Freiheit [ist], deren ihn *Gott*, deren er sich *selbst* beraubte» (544f.). Denn Jesus Christus lässt sich von GOTT – selbstredend *in Freiheit* (und nur auf Zeit) – seiner Allmacht berauben:

> «Es war die göttliche *Allmacht*, die Freiheit, deren Jesus sich berauben liess: durch Judas, aber doch nicht erst durch Judas, sondern zuerst damit, dass er sich selbst erniedrigte und knechtische Gestalt annahm, den Menschen gleich wurde.» (545)

---

[244] Vgl. KD II/2, 544.

Die eigentliche und ursprüngliche Überlieferung Jesu ist infolgedessen die Inkarnation. Judas ist «nur» derjenige Apostel, der sichtbar macht, was im «Ratschluss der ewigen Liebe Gottes» (ebd.) von jeher beschlossen ist. Der Ratschluss der ewigen Liebe GOTTES aber meint Erwählung, sie ist der Inhalt des Evangeliums, der – gemäss der zweiten Aufgabe des «Verworfenen» – sichtbar gemacht und erhalten werden muss. Doch der Ratschluss schliesst nun ebenso die Auferstehung Christi – «diese letzte Konsequenz der Fleischwerdung seines Wortes» (559) – mit ein, weshalb es heilsgeschichtlich ebenso des παραδοῦναι Christi und in dessen Nachfolge des παραδοῦναι der Apostel bedarf. Denn die Erwählten können ja kein *Gloria Deo in excelsis* ohne das *Gloria Deo ex profundis* verkündigen. Während sich aber das apostolische auf das göttliche παραδοῦναι «bezieht als auf seinen Inhalt und Gegenstand» (ebd.), lassen sich die Formen der Überlieferung im Tun des Judas, wie es scheint, nicht mehr unterscheiden: «Hier, im Falle des Judas, [...] geschieht, indem das menschliche παραδοῦναι stattfindet, unmittelbar auch das göttliche und geschieht das göttliche unmittelbar, indem das menschliche stattfindet.» (Ebd.)

4.2.3.2 παραδοῦναι-*cooperatio*?

Auf dogmatischer Ebene ist unverkennbar, welche Figur durch solche Aussagen Barths intendiert sein muss. Es ist jene Figur, die ihren traditionell dogmatischen Ort in der Providenzlehre hat: die *cooperatio Dei* – die Mitarbeit des Menschen mit GOTT. Barth nennt dieses Motiv freilich nicht, denn wie seine Abhandlungen in § 49.4 «Der Christ unter der Weltherrschaft Gottes des Vaters»[245] innerhalb seiner Schöpfungslehre zeigen, ist er in der Rede von der *cooperatio Dei* äusserst zurückhaltend. Stattdessen bestimmt er dort drei *nacheinander* kommende Formen «des einen christlichen Verhaltens gegenüber der göttlichen Vorsehung und Weltherrschaft»:[246] Der Christ glaubt, gehorcht und betet. «Das sind die drei Formen jenes bewegten und totalen christlichen Verhaltens.»[247] Ein *bewegtes Verhalten* ist es insofern, als mit dem Verhalten des Menschen «jenes von Gott ausgehende und Himmel und Erde umspannende *Geschehen* sich in dem engen Raum seiner geschöpflichen Existenz, seiner Gedanken, aber auch seines Wollens und Tuns, seines Lebens abbildlich *wiederholt*».[248] Ein *totales Verhalten* ist es, weil es sich um ein von GOTT *gegebenes*

[245] KD III/3, 271–326.
[246] A. a. O., 279.
[247] A. a. O., 278.
[248] A. a. O., 277.

Verhalten handelt, insofern der Mensch von GOTT «*total in Anspruch genommen*»[249] wird. Und so handelt der Christ «ganz und gar *unter Gottes Weltherrschaft*»[250]. Die daraus resultierende Frage muss darum sein, ob auch Judas nun unter GOTTES Weltherrschaft Jesus überliefert. Dann aber wäre Judas' Überlieferung Christi Ausdruck des Glaubens, Gehorsams und Gebets des Apostels. Das kann Barth in dieser Weise nicht sagen, denn Judas ist und bleibt «*der* grosse Sünder des Neuen Testamentes» (511). Gleichwohl wird man nun gerade in dieser Hinsicht das wirklich Bahnbrechende hinsichtlich der (theologischen) Rehabilitierung der biblischen Judasgestalt bei Barth sehen und würdigen müssen. Mit Nachdruck ist darauf zu verweisen, dass Barth innerhalb von § 35.4 in keiner anderen Hinsicht mit einem derart dialektischen Sprachgestus argumentiert. So hält Barth etwa pointiert fest, dass ebenso, wie eine Verurteilung der Tat des Judas unmöglich ist, «alles Lob Narrheit wäre» (ebd.), um sogleich hinzuzufügen: «Es ist aber auch aller Tadel und alles Verurteilen darum Narrheit, weil es durch das überflüssig gemacht und überholt ist, was der noch ganz anders Preisgegebene, nämlich *Gott*, hier getan hat» (ebd.). Bei aller Würdigung der *sündigen* Tat des Judas bleibt folglich Barth dem manifesten Ungleichgewicht der Erwählungslehre und der klaren Richtung der Epistemologie der «Bestimmung des Verworfenen» treu. Indem er die Gegenüberstellung der *gnadenhaften* Überlieferung Christi durch GOTT und der *sündigen* Überlieferung Christi durch Judas wagt, bringt Barth paradigmatisch zum Ausdruck, worum es ihm in kritischer Abgrenzung von der Tradition geht: Er ist um eine *theo*logische, nicht moralische Deutung der biblischen Judasgestalt bemüht.

Wie aber ist dann eine so verwegene Aussage wie die nachfolgende im weiteren Kontext von Barths Judas-Deutung zu verstehen?

> «Denn es hat Gott, indem er sich selbst preisgab, gefallen, gerade diesem allerdings preisgegebenen Menschen so gegenüberzutreten, dass gerade er nicht nur indirekt, sondern direkt, gerade in seiner offenkundigen Verworfenheit in einer Weise zu seinem Diener wurde, wie es auch Paulus und Petrus nicht gewesen sind: nämlich zum Diener des Versöhnungswerkes selber, an dem jene doch nur nachträglich und als dessen Zeugen beteiligt wurden.» (559f.)

Hängt Barths dialektische Argumentation in dieser Sache damit zusammen, dass er durch seine eigenen Aussagen damit konfrontiert wird, eine *cooperatio Dei* des Judas zu profilieren, die er sodann und sogleich wieder vehement bestreiten muss?

249 Ebd.
250 A. a. O., 272.

Barths Argumentationsgang lässt sich auf den spannungsvollen Satz bringen: GOTT *will*, was Judas tut, aber das, was Judas tut, kann nur Jesus Christus tun und so *wird* das, was Judas tut, zu dem, was GOTT *nicht will*. Damit ist freilich die Sünde des Judas beim Namen genannt: die Anmassung nämlich, wie GOTT handeln, gar sein zu wollen. Ist Judas sodann gewissermassen «der verlängerte Arm des Adam»[251]? In der Tat argumentiert Barth mit der Sünde Adams:

> «Man sehe die Sünde des Judas in ihrer letzten furchtbarsten Bedeutung: Hier ist Adam, der doch eigentlich, dem Rat der Schlange lauschend, nur sein wollte wie Gott, nur göttlicher Mensch neben Gott, nur nicht begrenzt und gestört durch seine blosse Geschöpflichkeit in ihrem Unterschied von Gott – hier ist dieser Adam zum offenen Angriff auf Gott übergegangen. Nun hat Adam, um seines Anspruchs sicher zu sein, seine Hand gegen Gott selbst erhoben, [...] um sich seiner zu entledigen, um in seiner göttlichen Menschlichkeit hinfort ganz unangefochten zu sein.» (558)

Die Sünde Adams ist folglich in Judas noch gesteigert, zumal dieser damit nicht nur *wie*, sondern *gegen* GOTT handeln will. Anthony Cane kritisiert diese Steigerung, weil sie doch sehr deutlich im Widerspruch zu den neutestamentlichen Texten stehe: «It does serve to heighten the paradox of an ‹assault› willed by God in order to liberate humanity from Adam's sin.»[252] Doch gerade das ist doch der entscheidende Aspekt – nicht Widerspruch – der Barth'schen Revision der Lehre von der *doppelten* Prädestination: dass, weil GOTT von Ewigkeit her diesen Angriff, und d. h. die Verwerfung, auf sich selbst nimmt, kein Angriff jenen innertrinitarisch vollzogenen und durch die Erwählung Jesu Christi überwundenen Angriff infrage stellen kann. Indem Barth konstatiert, dass sich GOTT in der Erwählung Jesu Christi «selbst für den zu seinem Feind gewordenen Menschen verantwortlich und haftbar» (133) macht, lässt er keinen Zweifel daran, dass GOTT auch in SEINEM Handeln nach aussen das alleinige Subjekt ist.[253] GOTT selbst ist folglich Verursacher des Kreuzestodes, denn dieser entspricht SEINEM ewigen Ratschluss. GOTTES Überlieferung meint darum in diesem Zusammenhang die Selbstüberlieferung Christi, in der sich GOTT selbst mit der Sünde infiziert,[254] weil ER – und nur ER! – die Verwerfung über sich ergehen lässt: «Er allein ist so und dazu überliefert. [...] Jesus Christus ist der von Gott Verworfene: darum, weil in ihm Gott sich selbst zum Verworfenen gemacht und alles, was

251 So das Votum Anika Mudracks während einer Sitzung des Ökumenischen Forschungskolloquiums für Fundamentaltheologie und Dogmatik in Bern am 3. Juni 2016.

252 Cane, Place of Judas, 68.

253 Siehe oben 4.2.1.2.

254 Vgl. Frettlöh, «Das Ja vor jeder Frage», 126.

Verwerfung heisst und mit sich bringen muss, selber und ganz allein ausgekostet hat.» (550f.) Die daraus sich ergebende Frage muss darum lauten, *wohin* das Überliefern des Judas innerhalb jenes göttlichen Handelns zu stehen kommt.

Um die Freiheit GOTTES, sich zu offenbaren, nicht zu beschränken, bestimmt Barth in seiner Lehre von GOTTES Wort den *deus revelatus* als den *deus absconditus*, den sich offenbarenden GOTT als den «*seinem Wesen nach dem Menschen unenthüllbare[n] Gott*»[255]. Kim folgert daraus: «Dementsprechend begreift Barth die Offenbarung als das ökonomisch-trinitarische Wirken Gottes, genauer: als eine ‹Tat› Gottes, in der sich die Enthüllung des seinem Wesen nach unenthüllbaren Gottes vollzieht.»[256] Barths Explikation der Trinität zeigt sich darin, dass er anhand des Offenbarungsbegriffes «die formalen Eigentümlichkeiten der drei Seinsweisen»[257] bestimmt: Barth bestimmt *den Offenbarer* als das «Woher», als «Urheberschaft» und «Grund» der Offenbarung, *das Offenbarsein* als das «Ereignis des Offenbarwerdens des zuvor Verborgenen» und *die Offenbarung* als «die Wirklichkeit, welche die Absicht des Offenbarers und darum zugleich der Sinn, das Wohin der Offenbarung ist».[258] Damit bindet Barth immanente und ökonomische Trinität aufs Engste zusammen, insofern er nicht nur von der ökonomischen auf die immanente Trinität schliesst, sondern Letztere als Ermöglichungsgrund für GOTTES ökonomisches Sein bestimmt:

> «Das innertrinitarische Gegenständlich-Sein Gottes vollzieht sich in dem Geschehen, in dem Gott sich selbst erkennt. An diesem Ereignis der Gotteserkenntnis und seiner Wahrheit gibt Gott dem Menschen in der Offenbarung Anteil.»[259]

Daraus ergibt sich auf der einen Seite eine von Barth stark betonte Selbstgenügsamkeit und Selbstbezüglichkeit GOTTES. Auf der anderen Seite unterstreicht Barth damit die bedingungslose Liebe GOTTES als Ausdruck einer ebenso bedingungslosen Gnade. Darum ist die Erwählungslehre bei Barth die Lehre von GOTTES *Gnaden*wahl:

> «Das ist [...] der Erweis, das Überströmen der Liebe, die Gottes Wesen ist, dass er, der doch an sich selber genug hat, [...] gerade in seiner ganzen göttlichen Herrlichkeit mit einem Anderen zusammen sein, ihn zum Zeugen seiner Herrlichkeit haben will. Diese

255 KD I/1, 338.
256 Kim, Umstrittene Prädestinationslehre, 171.
257 KD I/1, 383.
258 Ebd.
259 Jüngel, Gottes Sein, 62.

> Liebe Gottes ist seine Gnade. [...] Sie geschieht ohne das Vorhandensein eines Anspruchs oder Verdienstes von der Seite dieses Anderen. Sie ist wirklich überströmende, freie und nicht genötigte, nicht bedingte Liebe.» (8)

Einerseits häufen sich «gerade in der Erwählungslehre die Aseitätsaussagen von der *Selbstgenügsamkeit* Gottes»,[260] gleichzeitig lässt sich mit Barth sagen, «dass Gott nicht ohne den Menschen Gott sein *kann* [...], weil Gott nicht ohne den Menschen Gott sein *will*»[261]. Exakt diesen Zusammenhang veranschaulicht Barth mit dem παραδοῦναι GOTTES und des Judas: GOTT *kann* Jesus Christus ohne den Menschen *zur Verwerfung und Erwählung* überliefern – und ER hat es nach Barth innertrinitarisch immer schon getan. Und GOTT *will* Jesus Christus nicht ohne den Menschen *zur Erwählung überliefern*, weil es dem innerweltlichen Handeln des dreieinigen GOTTES entspricht, dass der Mensch – in Jesus Christus – Anteil an GOTTES Erwählung nimmt. Das παραδοῦναι des Judas versteht Barth dabei jedoch nur «als einen in seiner Art schrecklichen [...] Nachklang» (551) zum παραδοῦναι GOTTES. Da die Verwerfung aufgrund des innertrinitarischen Handelns GOTTES und damit eben noch vor der Schöpfung *für den Menschen* zur unmöglichen Möglichkeit «geworden» ist, *kann* das παραδοῦναι des Judas nur ein solcher *schrecklicher* Nachklang sein. Dagegen ist das παραδοῦναι der übrigen Apostel, insbesondere des Paulus, ein Echo, in dem Menschen es wagen

> «mit ihrem menschlichen Wort die Tatsache vor andere Menschen hinzustellen, dass die allmächtige Liebe Gottes [...] ihnen [...] gilt, dass jene Brücke geschlagen ist, dass Gott sie gesucht und gefunden hat, dass sie vor Gott stehen und mit ihm leben dürfen, dass nichts zwischen Gott und ihnen ist, was sie daran hindern, was sie von Gottes Bund und Reich ausschliessen müsste» (554).

Damit ist man nun freilich mit zwei grundlegenden Herausforderungen nicht nur der Judas-Deutung, sondern Barths gesamter Erwählungslehre konfrontiert: Einerseits zeigt sich darin ein Grundproblem theologischen Redens, indem dieses sich (bei Barth) immer in der Spannung zwischen Kairologie und Chronologie vollzieht. Andererseits wird deutlich, dass Barth wie in § 34 auch in § 35.4 den Zeugendienst in einer doppelten Gestalt bestimmt – dort innerhalb der *einen* Gemeinde, hier unter den zwölf Aposteln.

[260] Frettlöh, «Das Ja vor jeder Frage», 113.
[261] A. a. O., 114.

4.2.3.3 Die theologische Herausforderung der «Selbstwiederholung GOTTES»

Barths gesamte Erwählungslehre fusst auf der in seiner Gotteslehre gefassten Entscheidung, von der Selbstwiederholung GOTTES als Wiederholung der ewigen Geschichte GOTTES innerhalb der geschöpflichen Zeit zu sprechen.[262] Barth verbindet damit zwei Zeitbegriffe, die inkommensurabel sind: Kairologie und Chronologie. Bereits Kreck hat darauf hingewiesen, dass Barths christologische Begründung der Erwählungslehre die Frage nach sich zieht, wie sich die Erwählung Jesu Christi «am Anfang» zur Schöpfung verhält.[263] Barth kommt in der Schöpfungslehre explizit darauf zu sprechen, indem er die Schöpfung als äusseren Grund des Bundes, den Bund als inneren Grund der Schöpfung bestimmt.[264] So ist denn auch die Schöpfung «die Erstellung des Raumes für die Geschichte des Gnadenbundes».[265] Freilich unterscheidet auch Barth zwischen Schöpfung und Versöhnung, doch der Geschichte des Gnadenbundes kann nichts vorausgehen, wohl aber – und das ist entscheidend – folgen. Und so soll die Schöpfung der Darstellung dieser Erwählung dienen:

> «Und der ganze Kosmos ist eben dazu geschaffen, dass in ihm das Ereignis und Offenbarung werde: dass der Mensch *durch* Gottes Gnade wirklich für Gottes Gnade sei, was er ist. Die Gnade und also die Geschichte, die Geschichten, in denen es zu jenem Ereignis und zu jener Offenbarung kommt, wurzeln in der Schöpfung selbst und als solcher.»[266]

Hinsichtlich einer Präexistenz der Erwählung Jesu Christi vor der Schöpfung argumentiert Barth konsequent. Problematisch ist aber, in «welchem Verhältnis [...] Gottes Erwählung bzw. sein Heilshandeln in Christus zu Zeit und Geschichte»[267] steht: «Entweder ist alles von Ewigkeit her geschehen bzw. entschieden oder es ist Raum gelassen für neue geschichtliche Entscheidung.»[268] In Barths Judas-Passage zeigt sich diese Spannung darin, dass Barth angibt, GOTT habe Jesus Christus überliefert, *bevor* Judas dasselbe tat.[269] Doch eine solche Aussage ist per se chronologisch konnotiert, weshalb nun doch der Eindruck entstehen könnte, Barth nehme das παραδοῦναι des Judas nicht eigentlich ernst. Gänzlich im Widerspruch dazu steht aber, dass Barth in Judas «neben

262 Siehe oben 3.1.
263 Vgl. Kreck, Grundentscheidungen, 216–218.
264 Vgl. KD III/1, § 41, 44–377.
265 A. a. O., 46.
266 A. a. O., 72.
267 Kreck, Grundentscheidungen, 218.
268 Ebd.
269 Vgl. KD II/2, 525.543.547.553f.

Jesus selbst in gewissem Sinn die wichtigste Figur des Neuen Testamentes» (558) sieht. Barth erfindet die Figur des Judas eben nicht, sondern er findet sie vor. Damit sieht sich Barth vor die Herausforderung gestellt, «seine Existenz nicht anders ernst [zu] nehmen als so, wie sie von Gott selbst ernst genommen wird» (502), d. h. «innerhalb der [...] von Gott gesetzten Grenze» (ebd.). Diese Grenze freilich meint nun erneut die Erwählung Jesu Christi, die «Koinzidenz göttlicher Gerechtigkeit und Barmherzigkeit»,[270] innerhalb derer Judas jegliche Gewalt genommen ist, «durch das, was [...] in Gottes Beschluss und Dekret schon von Ewigkeit her gewollt und entschieden ist» (503). Es lässt sich diese Dialektik nicht aufheben, wohl aber die Spannung relativieren, wird die Ewigkeit – der Kairos als GOTTES Zeit – als Fülle der Zeit und – etwa mit Ps 31,16a – *als Gleichzeitigkeit zu allen geschöpflichen Chronoi* verstanden. Nur mit einem solchen Interpretament kann das Zugleich des göttlichen παραδοῦναι und desjenigen des Judas gedacht werden, zumal in einer solchen Lesart das παραδοῦναι des Judas von demjenigen GOTTES umschlossen, nicht aufgehoben!, ist, *während* Judas die Überlieferung vollzieht. Judas' Überliefern Jesu geschieht gleichzeitig mit GOTTES innertrinitarischem Überliefern, womit es zu einer *Entsprechung*, aber nicht zu einer *Identität* von beiden kommt. Denn das irdische Handeln ist GOTTES Wiederholung des bereits (kairologisch gedacht!) in sich vollkommenen innergöttlichen Überlieferns Christi. Das παραδοῦναι des Judas kann dieser Vollkommenheit göttlichen Handelns nichts, *wirklich* nichts, hinzufügen.

Die die Judasgestalt der Tradition rehabilitierende Funktion liegt darum nicht so sehr darin, dass das Überliefern des Judas dieser Vollkommenheit göttlichen Handelns nichts hinzufügen kann. Sie liegt viel eher darin, dieses vollkommene göttliche Überliefern nicht infrage stellen zu können. Denn gleichwie GOTTES Sich-in-Jesus-Christus-mit-der-Sünde-Affizieren aufgrund des Kreuzes und der Auferweckung die Sünde überwindet, kann das sündige Überliefern des Judas aufgrund dessen, dass GOTT sich in seinen Binnen- und Aussenbeziehungen entsprechen *will*, keine eigene Wirkmächtigkeit beanspruchen. «Sünde ist hier zur Gerechtigkeit, Böses ist hier gut gemacht. Das Ja *folgt* hier nicht dem Nein [...], sondern das Nein selbst und als solches *ist* das Ja, indem es *Gott* gefällt es zu dem Ja zu machen, das er selbst in dieser Sache sprechen will und spricht.» (559) Das ist Barths *theo*logisches Argument *für*, nicht sein moralisches Argument *gegen* Judas.

Man wird der Intention Barths nicht gerecht, wenn man versucht diese Dialektik aufzuheben. Dass Barth mit seiner Judas-Deutung Spannungen erzeugt,

[270] Frettlöh, «Das Ja vor jeder Frage», 127.

weil er mit dem παραδοῦναι des Judas eine *Entsprechung* zum παραδοῦναι GOTTES entwirft und sich damit einer Figur verdächtig macht, die einer *cooperatio* gleicht, es diese aber aufgrund fundamentaltheologischer Entscheidungen Barths nicht sein kann, ist unbestritten. Der Vorwurf jedoch, diese Dialektik Barths als Widersprüchlichkeit im Gesamtkontext seiner Erwählungslehre zu bezeichnen, indem etwa beanstandet wird, Barth übertrage hier den Stellvertretungsgedanken auf Judas,[271] ist abzuweisen. Dieser Vorwurf ist auch insofern unberechtigt, als Barth mit dieser Dialektik dogmatischen Grundentscheidungen treu bleibt, die er insbesondere in § 34 «Die Erwählung der Gemeinde» trifft. Das παραδοῦναι des Judas ist nämlich auch deswegen ein «schrecklicher Nachklang», weil es sich auf «jenes rätselhaft furchtbare göttliche ‹Überliefern›» (538) bezieht, das aufgrund der Erwählung Jesu Christi eine unmögliche Möglichkeit darstellt. Die unmögliche Möglichkeit aber ist, wie die kurze Darstellung von § 33 gezeigt hat,[272] die Entscheidung des Menschen, Sünder sein zu wollen. Und so liegt nun darin begründet, dass das Tun des Judas nun doch zu dem wird, was GOTT nicht will: zur Sünde. Das von GOTT nicht Gewollte ist folglich ein «Abfallprodukt der Erwählung»[273]. Doch dass das Überliefern des Judas eine Sünde ist, steht nun in unübersehbarer Korrelation zur Verortung des Judas beim Zeugendienst Israels in der einen erwählten Gemeinde: Judas ist die schlechthinnige Repräsentationsfigur des Volkes Israels: «Judas recapitulates, prefigures, and typifies the history of the Jews, and in his brief span of light and darkness, reveals how it is with those elected for rejection.»[274] Judas

> «trägt seinen Namen offenbar nicht umsonst. Er repräsentiert offenbar [...] inmitten des Apostelkreises die Juden, den Stamm, aus dem David und jetzt der verheissene Sohn Davids hervorgegangen ist. Er tut [...] das, was Israel Jahve gegenüber immer getan und was Jahves Verwerfung seines erwählten Volkes von jeher unvermeidlich gemacht hat.» (514)

Dass die Nicht-Widersprüchlichkeit zwischen Barths Judas-Deutung und seiner Erwählungslehre insgesamt die Problematik der Rolle Israels innerhalb von Barths Erwählungslehre nur noch verschärft, ist offenkundig. Die Relation zwischen Judas und Israel avanciert zum eigentlichen theologischen Prüfstein der Barth'schen Judas-Deutung – nicht zuletzt deswegen, weil sich darin nun alle von Barth dogmatisch erhobenen Aufgaben des «Verworfenen» zeigen.

---

271 So Lüthi, Geschichte der Auslegung, 174. Vgl. auch Dieckmann, Judas als Doppelgänger, 240f., sowie Popkes, Christus Traditus, 240f.

272 Siehe oben 4.1.1.

273 Frettlöh, «Das Ja vor jeder Frage», 118.

274 Sonderegger, Born a Jew, 83f.

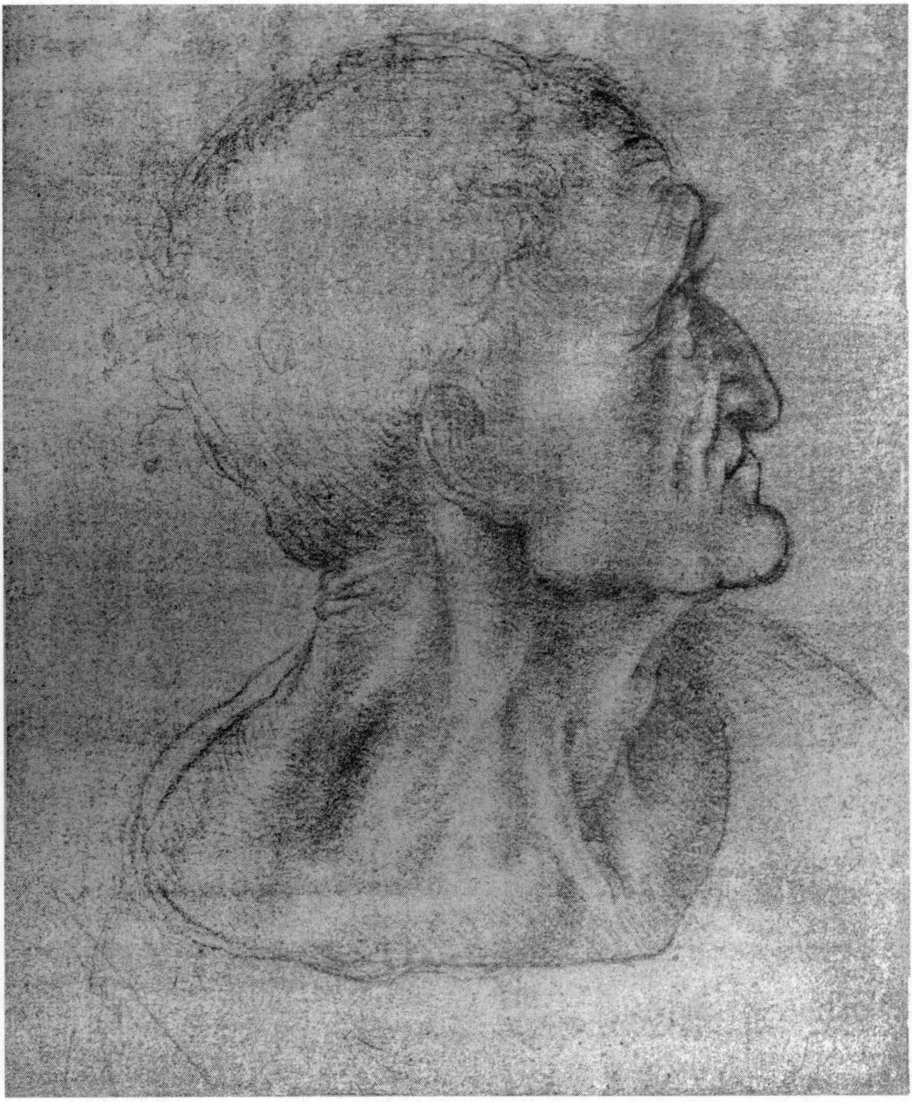

LEONARDO DA VINCI

4.2.4 *Ach ja? Ach nein! Das Volk Israel, das Judentum und Judas*

Noch bevor Barth in der Judas-Passage ausführlich auf die Rolle Israels zu sprechen kommt, erinnert er zum Schluss seiner *dogmatischen* «Bestimmung des Verworfenen [...] an den Dienst Israels an der Kirche, an die Bindung der Kirche an Israel» (508). Bereits an dieser Stelle wird die Rolle Israels in zweifacher Hinsicht thematisch: Einerseits versteht Barth Israel als «Verworfenen», der dessen drei Aufgaben ausübt und darin an der Bestimmung des «Erwählten» Anteil nimmt.

> «Sie besteht darin, dass er als der Verworfene, der er ist, die Verkündigung der Wahrheit hören und zum Glauben kommen soll. Sie besteht darin, aus einem unwilligen ein williger, aus einem indirekten ein direkter Zeuge der Erwählung Jesu Christi und seiner Gemeinde zu werden.» (Ebd.)

Andererseits stellt Barth exakt dieser Aussage «die wirkliche Hoffnung» (ebd.) *voran.* Denn:

> «Wo *keine* Hoffnung ist – und der Verworfene auf Golgatha [...] hat keine Hoffnung – da und da allein ist die *wirkliche* Hoffnung, da und da allein kann das Werk des Heiligen Geistes einsetzen, die Verkündigung wirklich vernehmbar und der Glaube wirklich lebendig werden.» (Ebd.)

Das Bindeglied beider Aspekte ist die *kirchliche* Verkündigung. Dogmatisch gewendet, verknüpft Barth mithilfe der Ekklesiologie, die selbstredend christologisch begründet ist, Soteriologie und Eschatologie. In der Judas-Passage kehrt Barth diese Reihenfolge um, indem er im Hinblick auf Israel zuerst dessen «Verworfenheit» herausstellt, um diese dann in der Folge aufgrund einer durch die Verkündigung der Kirche bedingten Hoffnung zu begrenzen. Denn auch Israel als «Verworfener» kommt nur in der Erwählung Jesu Christi, welche die Kirche verkündigt, zu stehen. Wie in § 34 gehört auch in der Judas-Passage Israel *bleibend* zu der *einen* Gemeinde Christi. Judas *bleibt* einer der zwölf Apostel. Hermeneutische Schlüssel der Rolle Israels sind dabei die biblischen Berichte zu den 30 Silberlingen, die Judas als Lohn für seine Überlieferung erhält. Für Barth stehen diese Berichte erneut in engster Korrelation zur Erzählung der Salbung in Bethanien.[275]

4.2.4.1 Der Judaslohn und der Lohn Judas

Barth beginnt seine Ausführungen zur Relation zwischen Judas und Israel mit dem Hinweis darauf, dass das in Joh 19,11 von Jesus an Pilatus gerichtete Wort –

[275] Vgl. oben 4.2.1.3.

«Der mich dir auslieferte, hat grössere Sünde (als du)» –, obwohl es doch «die Hohenpriester Israels, überhaupt die Juden trifft» (511), in erster Linie Judas gilt. Gleichwohl stehe Judas gerade im Dienst jener Hohepriester Israels, denn von ihnen verlangt und empfängt er Lohn für sein Überliefern: 30 Silberlinge. Entsprechend in der Auslegungsgeschichte gängigen Lesart sieht auch Barth in Mt 26,15 eine Bezugnahme zu Sach 11,12f.[276] Während sich jedoch die Auslegungsgeschichte dabei vornehmlich auf die Frage nach dem Geldwert der 30 Silberlinge beschränkte, berücksichtigt Barth die *gesamte* biblische Prophetie in Sach 11,4–17, um sie mit der Geschichte des Judas parallelisieren zu können. Die Parallelisierung vollzieht Barth in der Weise, dass er zuerst die *formale* Übereinstimmung herausstellt, um diese in der Folge *sachlich* in ihr Gegenteil zu verkehren.

Diese Parallelisierung ist historisch-kritisch nicht unproblematisch, betrachtet man Luz' Ausführungen in seinem Matthäus-Kommentar. Unstrittig ist, dass Matthäus bewusst eine Bezugnahme zu Sach 11,12f. herstellt, indem er einerseits Mk 14,10f. als Quelle gerade in dieser Hinsicht verändert und andererseits in Mt 27,3–10 erneut darauf zurückkommt. Weil Matthäus in 27,9 jedoch nicht nach dem Wortlaut der LXX zitiert, vermutet Luz, dass Matthäus die Sacharjastelle «nur aus dem Gedächtnis wiedergeben, aber nicht textlich identifizieren konnte».[277] «Matthäus formuliert bewusst ‹biblisch›. Sach 11,12f war ihm aus der Gemeindeüberlieferung über Judas vertraut. Weil er aber nicht wusste, wo die Stelle stand, rechne ich eher nicht damit, dass er eine bewusste Entsprechung zwischen dem Hirten von Sach 11 und Judas herstellen wollte. Vielmehr ging es ihm wohl einfach darum, das Furchtbare, das jetzt begann, als den von Gott gewollten, in der Schrift bezeugten Weg Jesu zu verstehen. Dasselbe erreicht er durch den zweifachen Gebrauch des Verbums παραδίδομι.»[278] Gleichwohl ist die von Barth vollzogene Parallelisierung zwischen Judas und Israel bereits bei Augustin belegt, wenngleich er sich dabei auch hauptsächlich um eine Deutung der Zahl 30 bemüht: Er multipliziert die Zahl 5 – als Repräsentation für die körperlichen Sinne – mit der Zahl 6 – als Zahl des Weltalters, in dem Jesus, so Augustin, von den Juden gekreuzigt wurde. So «bedeutet Judas die Juden, welche den fleischlichen und zeitlichen Dingen folgten [...] und Christus nicht haben wollten».[279]

[276] Vgl. Luz, Kommentar, 69–71. Vgl. ausführlich, dann aber vor allem im Kontext von Mt 27,3–10: a. a. O., 228–244.

[277] A. a. O., 69.

[278] A. a. O., 71.

[279] Augustin, Quaestiones, 1,46 = 32, zitiert nach Luz, Kommentar, 73. Die allfälligen Übereinstimmungen und Differenzen müssten anderswo genauer untersucht werden.

Die *formale* Übereinstimmung von Sach 11,4–17 mit der Judasgeschichte in Mt 26,16f. und 27,3f. zeigt sich für Barth darin, dass der Prophet «als Verkörperung Jahves selbst» (514) den gleichen Lohn wie Judas erhält. In der Sacharjastelle erhält der Prophet bzw. JHWH den Lohn von 30 Silberlingen von Schafhändlern, deren Schafe, die zur Schlacht bestimmt sind, ER für eine Weile hütete. Weil der Prophet jedoch die Geduld verliert (V. 8), bittet er um den Lohn für das Hüten der Schafe und erhält 30 Silberlinge (V. 12f.), die er nach einer Anweisung JHWHs den Töpfern im Haus JHWHs hinwirft (V. 13). Weil die Schafhändler für die «selbstsüchtigen Führer[] des Volkes Israel[s]» (514) stehen, tritt Judas formal an die Stelle des Propheten «und also Jahves selber» (ebd.), zumal er auch die Führer Israels, nämlich die Hohepriester, um Lohn bittet. *Sachlich*, so Barth weiter, besteht die Parallelisierung jedoch gerade in umgekehrter Art und Weise: «[D]ie Leistung, für die er [sc. Judas] diesen Lohn empfängt, besteht ja nicht darin, dass er die Schlachtschafe gehütet hat, sondern darin, dass er [...] den guten Hirten selbst ausliefern wird zur Schlachtung.» (Ebd.) Damit aber vollzieht Judas, was doch eigentlich GOTTES Überliefern ist: die Preisgabe des guten Hirten Jesus Christus. Judas vollzieht die unmögliche Möglichkeit und begeht damit *die* Sünde des Neuen Testaments. Demgemäss sieht denn Barth darin auch «das neue Licht, das speziell die Matthäustexte in die Frage nach der Sünde des Judas bringen» (ebd.). Und so stellt nun nicht mehr nur Judas den verschwenderischen Akt der Maria bei der Salbung in Bethanien infrage,[280] sondern ebenso das Volk Israel:

> «Eben so wie jene Maria Jesus, hatte ja Israel seinem Gott *nie* begegnen, gerade Glauben und damit sich selber ohne Vorbehalt hatte es ihm ja *nie* schenken wollen. Es hatte sich immer offen gehalten, neben Jahve auch anderen Göttern zu dienen. Es hatte Jahve immer abgespiesen mit 30 Silberlingen. Nur ein bisschen Jahve-Religion, ähnlich genug der Religion aller anderen Völker, nur ein bisschen Opferdienst und Gesetzesbeobachtung hatte es ihm zugewendet [...].» (514f.)

Aufgrund dieser von Barth postulierten sachlichen Übereinstimmung verwendet er die Subjekte «Judas» und «Israel» zunehmend synonym, denn Judas, wie bereits erwähnt, ist die «Verkörperung von Juda» (520). Was darum in Sach 11 steht, wird nun «durch» Judas «unerbittlich vollzogen» (515), aber eben nicht so wie in Sach 11 beschrieben, wo «die von den Schafhändlern verkaufte Herde» (ebd.), d. h. die «armen Schafe» (514) des Volkes Israels, durch den guten Hirten zur Schlachtung geführt werden, sondern in der Weise, dass «der gute Hirte selber zur Schlachtung geführt wird» (515). Was Judas «und ganz Israel, [...]

280 Siehe oben 4.2.1.3.

Judas und mit ihm und in ihm [...] [den] Juden als solche» (ebd.) bleibt, sind 30 Silberlinge – wie auch Esau nur ein Linsengericht blieb. Denn gleichwie Esau sein Erstgeburtsrecht verkaufte, verkaufe Judas, und mit ihm ganz Israel, sein Erstgeburtsrecht: vorbehaltlos GOTTES Volk zu sein. So wie auch Judas bei der Salbung nicht eigentlich gegen Jesus Christus ist, sondern «nur» darin, dass er es nicht bedingungslos ist, so verhält es sich auch mit Israel.

> «Sie mögen nun in ihrem Judentum, in ihrer Jahvereligion ohne Jahve leben und sterben. Sie mögen nun damit zurecht kommen, wie sie können und mögen. Sie mögen es nun für ihren Gewinn erachten und diesen Gewinn als solchen geniessen: Gottes Volk zu sein, ohne ihrem Gott glauben und gehorchen zu müssen.» (515)

Nun geht Barth aber noch einen Schritt weiter, indem er den Lohn – das Linsengericht, die 30 Silberlinge –, mit dem das Neue Testament in Barths Lesart die Sünde kenntlich macht, ebenso als die *Strafe* des Judas und des Volkes Israels bestimmt. «Sie besteht darin, dass sie eben dort fallen müssen, wo sie sich selbst hingestellt haben [...].» (539) «Israel hat sich mit der Tötung seines Messias auf den Weg begeben, [...] auf dem es [...] schliesslich Selbstmord verüben musste.» (521)

4.2.4.2 Der Selbstmord (des) Judas[281]

Indem Judas die 30 Silberlinge annimmt und Israel das Linsengericht verzehrt,[282] fängt «eben mit diesem Lohn [...] heimlich auch schon ihre Strafe an» (516). Barth greift zur Veranschaulichung dieses Zusammenhanges erneut auf den matthäischen Bericht über die 30 Silberlinge in seiner Bezugnahme zur Sacharjastelle zurück. Entsprechend dem Propheten in Sach 11,13 wirft auch Judas in Mt 27,5 die 30 Silberlinge in das Haus JHWHs, d. h. in den Tempel. Doch die Hohepriester widersetzen sich dieser Tat und nehmen das Geld aus dem Tempelschatz, weil sie zur Einsicht gelangt sind, dass es sich dabei um Blutgeld handle. Barth schliesst daraus: «So bestätigen sie selbst, dass die Tat, für die sie es Judas gegeben hatten, eine unreine Tat, eine Bluttat gewesen ist.» (519) Gerade damit aber, so Barth weiter, würden die Hohepriester und mit ihnen nun eben Judas und das Volk Israel sich ihre eigene Schuld eingestehen. Wenn folglich die Hohepriester mit den Silberlingen den «Acker des Töpfers» (V. 7) kaufen, dann würden sie damit zum Ausdruck bringen, dass es für sie nur noch

[281] Es kann an dieser Stelle nicht ausgeführt werden, inwiefern Barths Erläuterungen zum Selbstmord des Judas in Übereinstimmung und/oder Widerspruch zu Barths Überlegungen in KD IV/1 stehen. Es sei darum auf Werpehowski, Erzählung und Ethik, 81–85, verwiesen, der eine verbindende Paraphrase beider Passagen bietet.

[282] Vgl. KD II/2, 515.

einen Ort des Begräbnisses geben könne. Daraus folgt für Barth: «Die Hohenpriester und Ältesten haben mit ihrer Verfügung über den Judaslohn wie das Urteil über Judas, so auch ihr eigenes Verwerfungsurteil und das über Israel selbst unterzeichnet.» (519f.) Was sodann übrig bleibe, sei ein «Acker ohne Besitzer, ein Amt ohne Person» (520) – und Judas «ging fort und erhängte sich» (V. 5b). Und so ist denn – zumindest in dieser Hinsicht – der Selbstmord des Judas ein Selbstgericht: «Judas stirbt, wie einst Saul, durch eigene Hand. Es ist offenbar die ganze von ihm gewählte Linie der freien Entscheidung und Verfügung Jesus gegenüber [...] [,] die ihn nun [...] zum Selbstmord drängt.» (521) An dieser Stelle wird nun auch klar, warum das negativ konnotierte παραδοῦναι GOTTES seine besondere Entfaltung bei Barth in Judas' Relation zu Israel findet.

> «Es gibt [...] auch jenes rätselhaft furchtbare göttliche ‹Überliefern›, laut dessen *Gott* in seinem Röm. 1, 18 f. geschilderten brennenden Zorn *den Menschen eben das antut, was Judas Jesus angetan hat*: Er nimmt ihnen ihre Freiheit, er macht sie in der Weise ohnmächtig, dass er sie in die Gewalt einer ihnen schlechthin überlegenen Macht und zwar der Macht ihres Feindes übergibt, damit dieser mit ihnen schalte und walte.» (538)

In jenem Überliefern überlässt GOTT den Menschen *sich selber*, denn Barth findet die Antwort auf die Frage, wer denn dieser Feind ist, in Apg 7,42:

> «Gott habe sich von den Israeliten abgewandt und habe sie überliefert (παρέδωκεν) zu dienen dem Heer des Himmels, dem Dienste fremder falscher Götter also. Und wir lesen Röm. 1 in drei verschiedenen Wendungen, Gott habe die Menschen ‹überliefert (παρέδωκεν) den Begierden ihres Herzens zur Unreinigkeit› (v 24), ‹überliefert ehrlosen Leidenschaften› (v 26), ‹überliefert einer untüchtigen Vernunft zum Tun des Unziemlichen› (v 28).» (Ebd.)

Wenn GOTT, so Barth weiter, die Menschen sich selbst überlässt, so überlässt ER sie auch ihrem Verderben. «Das ist das Werk seines Zornes ihnen gegenüber. Das heisst παραδοῦναι in diesem Zusammenhang.» (538)[283] Barth nennt in der Folge mehrere biblische Beispiele, in denen solche überlieferte Menschen thematisch werden. Dabei muss auffallen, dass Barth nicht nur von den

[283] Ich überspringe hier die Sätze Barths zu den neutestamentlichen Stellen, in denen steht, der Satan sei in Judas gefahren. Barth bleibt diesbezüglich höchst unpräzise, betont aber, dass es doch in erster Linie auch darum gehen müsse, «dass sie *sich selbst* überlassen werden» (539). Eine ausführliche Behandlung und harsche Kritik dieser Sätze findet sich bei Sonderegger, Born a Jew, 114–133. Siehe auch Bjerg, Judas als Stellvertreter des Satans, 49–51.

> «israelitischen Väter[n], zu denen Gott gesprochen, die aber Gott nicht gehorsam waren, sondern ihn von sich stiessen, die sich in ihrem Herzen Ägypten zuwandten, sich das Kalb machten ‹und freuten sich an den Werken ihrer Hände›» (539),

spricht, sondern ebenso Heiden und Christen nennt. Von sich selbst überlieferten Heiden spricht Barth in Zusammenhang von Röm 1,18, von überlieferten Christen im Kontext von 1Kor 5,1f. sowie 1Tim 1,19f. Dass Barth hier in besonderer Weise von Israel – und Judas ohnehin – spricht, zeigt sich darin, dass er dieses Sich-selbst-überliefert-Sein als Strafe bezeichnet und diese, von dieser Stelle hier abgesehen, bei Barth eben gerade *nur* in der Relation zwischen Judas und Israel thematisch wird. Barth folgert: Wer aber den Zorn GOTTES auf sich zieht, der zieht auch das Gericht auf sich und muss es darum «wie Judas an sich selbst vollziehen» (550). Und diese Strafe «muss [man] gewiss […] ganz ernst nehmen» (551): «Es ist schlimm, […] ein Judas […] sein zu müssen. Es ist schlimm, von der Hölle bedroht, zur Hölle verurteilt, der Hölle verfallen und auf der Fahrt nach der Hölle schon begriffen zu sein.» (Ebd.) Und genau dort wird Judas von Barth lokalisiert: Judas und mit ihm ganz Israel steht «nun dem Kreuze Jesu […] gegenüber» (518). Ob darum die Hohepriester den Blutacker kauften und Judas Selbstmord beging oder, so der lukanische Bericht der Apostelgeschichte, Judas selbst diesen Acker kaufte und «eines plötzlichen und schrecklichen Todes sterben musste» (521), ist für Barth letztlich nebensächlich, denn beide Berichte zeugen von einer «gänzlichen Zukunftslosigkeit» (518):

> «Mit dem Judentum, das Judas an Stelle des verheissenen und erschienenen Messias Israels als seinen Teil gewählt hatte, war nach dessen Verwerfung, die er in Gang gebracht hatte, für den Fortbestand des Tempels und Jerusalems und Israels als des besonderen Volkes Gottes nichts mehr zu machen.» (519)

Oder anders ausgedrückt: Golgota wird – so zumindest das Ergebnis eines ersten Blickes – zur Endstation der Geschichte Israels und des Judas Ischarioths.

4.2.4.3 Endstation Golgota

Ein letztes Mal bemüht Barth an dieser Stelle Mt 27 in Verbindung mit Sach 11: Judas mag seinen Lohn zurück in den Tempel gelegt und damit wie der Prophet in Sach 11 gehandelt haben, doch Barth hält fest:

> «Aber auch zu dieser Verwendung ist es jetzt offenbar zu spät. Die Zeit, wo mit dem bisschen Judentum, mit welchem Israel Jahve so lange hatte abspeisen wollen und um das nun umgekehrt Jesus dem Judas feil gewesen war, wo mit den 30 Silberlingen wenigstens als Beitrag zu den laufenden Reparationskosten des Tempels, wenigstens für die Erhaltung der Kontinuität des Gottesdienstes in Israel etwas zu machen war –

diese Zeit war um. Denn die Zeit des Tempels selbst, die Zeit Jerusalems selbst, die Zeit des besonderen Gottesdienstes an dieser Stätte und der Existenz Israels als des besonderen Gottesvolkes war um. Indem Judas Jesus auslieferte, begann diese Zeit abzulaufen.» (518)

Die Hohepriester, so fährt Barth fort, versuchen dieses Urteil aufzuhalten: Sie kaufen den «Acker des Töpfers». Wenn nun Mt 27,9 hinzufüge, dass sich damit das Schriftwort «Und sie nahmen die dreissig Silberlinge, den Preis des Geschätzten, den man geschätzt hatte seitens der Söhne Israels, und gaben sie für den Acker des Töpfers, wie mir der Herr befohlen hat» erfülle und diese Sacharjastelle irrtümlicherweise als ein Wort Jeremias bestimmt, sei das – so das exegetische Urteil Barths – «kein Versehen, sondern Absicht» (519). Denn diese sei

> «doch gerade auf das Element des Textes (nämlich auf den ‹Acker des Töpfers›, v 10) gerichtet, das schon im Hebräischen auf einem Schreibfehler beruht, indem Sach. 11, 13 sicher nicht von ‹einem Acker des Töpfers›, sondern eben vom Tempelschatz die Rede ist. Mit dem ‹Acker des Töpfers› war aber einerseits das ‹*Haus* des Töpfers› Jer. 18, 1 f., anderseits jener Kauf des *Ackers* von Anathoth Jer. 32, 6 f. in das Blickfeld des Matthäus gerückt.» (Ebd.)[284]

Barth schliesst daraus ein Zweifaches: Zum einen klinge mit dem Verweis auf Jeremia «der Bericht über das *Haus* des Töpfers Jer. 18» (ebd.) an. In Jer 18,4 – «Wenn nun das Geschirr, das er aus dem Ton machte, ihm unter den Händen missriet, so machte er wieder ein anderes Geschirr daraus, wie es ihn gut dünkte» – müsse man darum sowohl an Israel als auch an das Apostelamt des Judas denken. Zum anderen sei damit auch die Bezugnahme zu Jer 32 gegeben,

> «wo zwar nicht von einem Töpfer, wohl aber vom Kauf eines Ackers durch den Propheten die Rede ist, der dort unmittelbar vor dem Untergang Jerusalems den Charakter eines Verheissungszeichens hat: ‹Man wird in diesem Lande wieder einmal Häuser und Äcker und Weinberge kaufen›, so sieht Matthäus in dem von den Hohepriestern vollzogenen Kauf jenes Begräbnisplatzes offenbar die schauerliche Umkehrung jener Verheissung.» (Ebd.)

Die Erfüllung jener Verheissung könne nach der Tat des Judas darum nur noch darin bestehen, «dass es in Jerusalem einen Begräbnisplatz für die Fremden, d. h. für die in ihrer eigenen Heimat zu Gästen gewordenen Kinder Israels geben wird» (ebd.). Barth gesteht ein, dass seine Lesart anfällig für Kritik sei, gleichwohl ändere diese nichts daran,

[284] Zu Barths Begründung dieser «exegetischen Artistik» siehe unten 5.2.

> «dass eben das Alles gerade den letzten Satz von Sach. 11 (v 17) im Blick auf Judas wie im Blick auf die Hohenpriester und Ältesten in furchtbarster Weise ins Licht rückt: ‹Wehe über den nichtsnutzigen Hirten, der die Schafe verlässt! Verderben über seinen Arm und sein rechtes Auge! Sein Arm soll gänzlich verdorren und sein rechtes Auge soll völlig erlöschen!›.» (Ebd.)

Der Stein, den Judas ins Rollen gebracht hat, stoppt auf Golgota. Und so kommt Barth zum (vorläufigen) Schluss: «Judas als die Verkörperung von Juda und Juda verkörpert in Judas, als solche und für sich [haben sie] tatsächlich keine Zukunft mehr.» (520)

Dieser angeblich fehlenden Zukunft steht die Gegenwart gegenüber, in der Barth solche Aussagen macht: das Jahr 1942, die Zeit des Zweiten Weltkriegs – die Zeit der Schoa. Dass Barth in dieser Zeit schreiben kann, dem Judentum bleibe nichts als das Linsengericht Esaus als Strafe seiner Überlieferung des Messias und seine Geschichte habe vor knapp 2000 Jahren ein Ende genommen, ist erschreckend. Vor allem aber: Dass Barth 1942 die Aussage wagt, sowohl Judas als auch Juda, dem Judentum, dem Volk Israel, bleibe nichts übrig als der Selbst*mord*, während die Hitlerjugend durch die Strassen (nicht nur Deutschlands) zieht und ihren früheren jüdischen Schulkameradinnen und -kameraden «Verrecke Judas!» und «Verrecke Juda!» entgegenschreit und der Nationalsozialismus in der Tat über sechs Millionen Morde an Jüdinnen und Juden verübt, ist unhaltbar, purer Zynismus und aufs Schärfste zu kritisieren! Das ist die Frontstellung, die sich erst einmal im Hinblick auf die Relation zwischen Judas und Israel ergibt. Wenn diese Position auch nicht das Einzige ist, was Barth zu dieser Relation schreibt, und zahlreiche andere Aussagen die hier genannten in vielerlei Hinsicht relativieren, gar aufheben werden, so darf diese Frontstellung als solche nicht übergangen, sondern muss im Folgenden problematisiert werden. Denn Barth argumentiert hier ganz im Sinne seiner gesamten Erwählungslehre, wenn er auf die Rolle Israels zu sprechen kommt. Diese Schattenseiten der Barth'schen Erwählungslehre dürfen trotz der hier ebenso von Barth bezeugten Übermacht der Gnade nicht tabuisiert werden.

4.2.4.4 Als Judas noch ein Christ und Christus noch ein Jude war

1914 predigt Barth in Safenwil zu Mt 26,17–29. Er argumentiert hier noch nicht mit der Vokabel des παραδοῦναι, sondern spricht durchgängig vom *Verrat* des Judas. Doch anders als in Barths ausführlichen Judas-Passage in seiner Erwählungslehre fehlt jegliche Bezugnahme zum Volk Israel. Judas ist ein Christ, mehr noch: «Vielleicht steckt in jedem von uns etwas von der Art des Judas [...].»[285] Ihn als «eine ganz besondere einzigartige Erscheinung des Bösen zu betrachten und zu verachten»,[286] liegt Barth bereits damals ferne. Judas anzusehen, bedeutet, «in einem Spiegel uns selbst zu beschauen und das, wozu eben auch wir fähig wären».[287] Und so wird in dieser Predigt Barths Judas zur «Verkörperung des *schlechten Willens*».[288] In diesem schlechten Willen trägt Judas die Schuld am Tod Jesu. Jesus weiss darum, «aber er rührt nicht einen Finger, um etwas daran zu ändern».[289] Stattdessen wendet sich Jesus den elf Jüngern zu und erklärt ihnen das Ziel dieses schlechten Willens, indem er ihnen sein Brot zu essen und seinen Wein zu trinken gibt.

> «Es ist ein Wunder, wenn man es recht ansieht, wie Jesus da in einer kurzen Stunde zuerst vor der eisernen Mauer des schlechten Willens seines einen Jüngers steht, an dem alle seine Liebe und Güte wirkungslos abgeprallt war – und dann wendet er sich mit ungebrochener Freudigkeit den Übrigen zu und verspricht ihnen: was jetzt geschehen wird durch die Macht des Bösen, das geschieht doch noch zum Heil, wenn ihr es annehmen wollt.»[290]

Dass aus dem, «was Judas verschuldet, [...] ein Segen kommen»[291] muss, diese Nachricht richtet sich an die anderen Jünger. Gleichwohl muss festgehalten werden, dass Barth den schlechten Willen *eines Christen* für die Schuld an Jesu Tod verantwortlich macht.

Knapp zwanzig Jahre später – 1933 – predigt Barth zu Röm 15,5–13 und kommt dabei erneut auf die Schuld, die zu Jesu Tod geführt hat, zu sprechen. Nicht mehr Judas, sondern Israel stellt Barth an den Pranger, wenn er sagt, Israel «hat ihn [sc. Christus] [...] verworfen und ans Kreuz geschlagen, nicht in törichter Übereilung, nicht aus einem Missverständnis, sondern in genauer, bewusster Fortsetzung der Art, wie es an seinem Gott immer gehandelt hatte».[292] Unabhängig davon, dass Barth anfügt, dadurch würde sich letztlich die Prophetie Hoseas erfüllen, schwingt hier unmissverständlich ein kirchlich geprägter Antisemitismus, sprich Antijudaismus, mit, welcher Juden und Jüdinnen dafür verantwortlich

---

285 Barth, Matthäus 26,17–29, 92.
286 Ebd.
287 Ebd.
288 Ebd.
289 A. a. O., 95.
290 A. a. O., 98.
291 A. a. O., 99.
292 Barth, Römer 15, 300.

macht, Christus getötet zu haben. Ausserdem spricht Barth von den Juden als «einem halsstarrigen und bösen Volk».[293] Barths Schüler Friedrich-Wilhelm Marquardt ist es zu verdanken, dass die israel-theologische Bedeutung von Barths Adventspredigt über Römer 15,5–13 Aufmerksamkeit erhalten hat.[294] Barth präsentiert hier nämlich nicht etwa die Vorstellung, dass GOTT *auch* die Juden erwählt hat, sondern es ist «Gnade [...], wenn er *uns auch* erwählt».[295] Die freie Gnade GOTTES ist es, dass Christus im Kreuzesgeschehen dem jüdischen Volk die Treue hält. In der freien und gnädigen Treue sind beide, Jüdinnen und Juden, Heidinnen und Heiden, eingeschlossen, wenn auch in je unterschiedlicher Art und Weise. GOTT wählt zuerst Israel, ER hält SEINEN Bund und wählt durch Christus die Heidinnen und Heiden in den Bund der Treue hinzu. Die Juden und Jüdinnen sind somit Ersterwählte, die Christen und Christinnen Hinzuerwählte. Das ist die unbedingt zu würdigende, traditionsbrüchige Position, die Barth bereits 1933 vertritt und in seiner gesamten Kirchlichen Dogmatik nicht widerrufen wird.[296] Auch in der Judas-Passage der Erwählungslehre «hat und behält [Israel] die Form des erwählten Gottesvolkes» (537). Und auch hier ist Jesus ein Jude, wenn Barth schreibt, «dass das Wort Gottes selbst eben dieses *Fleisch* der Kinder Abrahams angenommen hat, dass die Kirche in ihrer apostolischen Urgestalt eben aus diesen Kindern Abrahams nach dem *Fleisch* erwählt und versammelt ist» (524). Doch die Reihenfolge, wonach GOTT *auch* die Christinnen und Christen erwählt hat, wird Barth schon bald, nämlich in seiner Erwählungslehre, umdrehen.

Wie im Forschungsbericht ausgewiesen, vertritt Marquardt die These, Barth habe mit seiner Judas-Passage die christliche Rede vom Antijudaismus entkräftet.[297] Und Emil Brunner hat in seiner Dogmatik zu Recht darauf hingewiesen, dass ein Antijudaismus, der seine Begründung im Vorwurf hat, dass die Juden und Jüdinnen Christus getötet haben, in der Regel übersieht, dass das Kreuzesgeschehen doch für den christlichen Glauben heilsrelevant ist:

> «Die Auskunft, dass Jesus der Verblendung und Verstocktheit des jüdischen Volkes und vor allem seiner Führer zum Opfer gefallen sei, konnte denen, die ihn als den

---

293 Ebd.

294 Vgl. Marquardt, Entdeckung des Judentums, 86–88.

295 Barth, Römer 15, 301 (Hervorhebungen durch MKB).

296 Vgl. KD IV/1, 32.

297 Siehe oben 2.1. Ähnlich auch Klappert im Hinblick auf Barths Exegese von Röm 9–11: «Entgegen der generellen Tendenz in der Exegese, Kap. 9,30–10,21 israelkritisch auszulegen und also den Abschnitt von der Schuld Israels handeln zu lassen [...], geht es Barth um eine kirchenkritische Exegese von *Kapitel 10.*» Ders., Israel und die Kirche, 40.

Auferstandenen gesehen hatten, nicht genügen. Wenn der Gekreuzigte der Messias ist – und das stand seit der Auferstehung unumstösslich fest –, dann muss auch sein Kreuzestod eine Heilsbedeutung haben.»[298]

Auf diesem Hintergrund folgert darum auch Marquardt: «Sofern er [sc. Jesus Christus] litt, war dies nur sein Wille, nicht ein ihm widerfahrendes, von Menschen auferlegtes Geschick, ja die Beteiligung der Menschheit an diesem Geschehen war von Anfang an objektiviert zum Instrumentarium des höchsten Willens Gottes.»[299] Zwar bestreitet auch Marquardt nicht, dass Barths Ausführungen die Rede vom jüdischen Schuldanteil am Tode Christi reduziere. Jedoch sei Barth auf eine theologische, nicht historische Konkretion jener Schuld bedacht. «*Die grosse paradounai-Paraphrase* (KD II/2, 533–563) meint diese Konkretion.»[300] Die Problematik, und die hat auch Marquardt eruiert, aber eben nicht in Bezug auf die Judas-Passage, liegt darin, was sich aus dieser Konkretion für Barth ergibt: Während er in § 34 Israel als «das *seiner Erwählung sich widersetzende* Volk der Juden» (219) bestimmt, steht die Kirche dort für «die auf Grund ihrer Erwählung berufene Versammlung aus Juden und Heiden» (ebd.). Wenn Barth auch sogleich hinzufügt, dass man «also nicht etwa das Volk der Juden die ‹verworfene›, die Kirche die ‹erwählte› Gemeinde nennen» (219f.) dürfe, ist damit gleichwohl jeglicher Freiraum verspielt, jüdischerseits das göttliche Ja bezeugen zu können: Die Juden bezeugen das Gericht, das Kreuz und damit das Nein. Oder mit Frettlöh gesprochen: «Israel hat aufgehört Zeuge seiner eigenen Verheissung zu sein.»[301]

Der entscheidende Punkt innerhalb der «Erwählung der Gemeinde» liegt für Barth darin, dass «sowohl die Unterschiedenheit wie die Einheit der erwählten Gemeinde nur in der Erkenntnis Jesu Christi und seiner Erwählung, d. h. aber im Glauben der Kirche erkennbar ist und tatsächlich erkannt wird» (221), weshalb Marquardt akkurat auf Barths «*Standortgebundenheit* [als] *eines Gliedes im erwählten Gottesvolk*»[302] hinweist. Die Kirche «bekennt sich zur Unentbehrlichkeit Israels für den christlichen Glauben und damit zu dem bleibenden Lebensrecht Israels der Kirche gegenüber».[303] Dass Barths Erwählungslehre eine *ekklesiologische Dimension* haben *muss*, ist ohnehin dogmatisch konsequent, weil bei Barth die Offenbarung Jesu Christi der Grund aller *kirchlichen Verkündigung* ist und er die

298 Brunner, Christliche Lehre von Schöpfung und Erlösung, 302.
299 Marquardt, Entdeckung des Judentums, 284f.
300 A. a. O., 287.
301 Frettlöh, Theologie des Segens, 265.
302 Marquardt, Entdeckung des Judentums, 105.
303 A. a. O., 107.

Einheit der Offenbarung mit dem Offenbarer als «Wiederholung Gottes» bestimmt und so die Erwählungslehre innerhalb der Gotteslehre verhandelt.[304] Doch aufgrund der von Barth behaupteten doppelten Gestalt der Gemeinde wird die ganze Angelegenheit, wie Busch schreibt, «ausserordentlich kompliziert».[305] Denn dass die Gemeinde sich als Einheit in doppelter Gestalt *erkennt,* ist als Möglichkeit nur der christlichen Kirche eröffnet.[306] Durchaus zu Recht konstatiert darum auch Kim: «Doch der bis heute noch immer virulente christliche Antijudaismus macht die Berechtigung dieser kirchlichen Einschränkung, die doch nur der Erkenntnis, aber nicht der Sache selbst gilt, fragwürdig.»[307] Barth erörtert diese Möglichkeit der Erkenntnis in der Erwählungslehre im Zusammenhang seiner viel beachteten Exegese von Röm 9–11.[308]

4.2.4.5 Judas «als ein einziges ‹Gefäss des Zorns›»

Insbesondere in seiner Exegese von Röm 9 in § 34 betont Barth die Erwählung Israels als eine *zielgerichtete,* was er mit dem Töpfergleichnis in V. 20–24 begründet. Kim hält dazu fest: «Es geht ihm [sc. Barth] hier [...] um eine Teleologie, die Israel in den Dienst der Kirche stellt.»[309] Der von Paulus intendierte Gegensatz zwischen den Gefässen des Zorns und denen des Erbarmens gerät damit völlig in den Hintergrund bzw. die Gefässe des Zorns als Darstellung Israels rücken in ihrer Abhängigkeit zur Kirche in den Vordergrund.[310] «Die Existenz der ‹Gefässe des Zornes›, die Existenz Israels, [...] hat keinen Selbstzweck.» (250)

> Dass diese Auslegung nicht nur israeltheologisch, sondern ebenso historisch-kritisch problematisch ist, darauf verweist Klaus Wengst: Paulus habe in Röm 9 ein konkretes Geschehen vor Augen, denkt dieser doch «bei den ‹Gefässen seines Zornes, geschaffen zur Vernichtung›, an Pharao und die Ägypter [...]. Ihr Untergang dient der Befreiung Israels, womit Gott ‹seinen Überfluss an Herrlichkeit an den Gefässen seines Erbarmens› kundtut.»[311] Wengst sieht denn darin gerade keine Gegenüberstellung von Israel und Kirche, sondern von Ägypten und Israel.[312] Ähnlich argumentiert auch

---

[304] Siehe oben 3.1.
[305] Busch, Unter dem Bogen, 459.
[306] Vgl. Kim, Umstrittene Prädestinationslehre, 203.
[307] A. a. O., 203.
[308] Vgl. für das Folgende ausführlich Busch, Unter dem Bogen, 401–435; Marquardt, Entdeckung des Judentums, 104–128, 250–265, 345–352; Klappert, Israel und die Kirche, 38–52; Krötke, Erwählung der einen Gemeinde, 73–75.
[309] Kim, Umstrittene Prädestinationslehre, 204.
[310] Vgl. Busch, Unter dem Bogen, 460.
[311] Wengst, Freut euch, 308.
[312] Ebd.

Klappert, wenn er Barth vorwirft, die Kirche zum Ziel der Erwählung Israels zu erheben, obwohl es Paulus «um den Aufweis der Teleologie des schismatischen Erwählungshandelns in und an Israel»[313] geht und «die Heiden in die Erwählung Israels aufgenommen werden»[314].

Klappert erörtert darum in diesem Zusammenhang verschiedene «Modelle der Verhältnisbestimmung von Israel und Kirche, die auf die Wahrnehmung der bleibenden Erwählung Israels hinauslaufen»,[315] und kommt zum Schluss, dass bei Barth von einem christologisch-*erwählungstheologischen* Partizipationsmodell gesprochen werden muss, «das sich grundsätzlich im Rahmen»[316] eines christologisch-*eschatologischen* Dependenzmodells bewegt.[317] Das christologisch-eschatologische Dependenzmodell meint,

> «dass die Heidenchristen und auch die Völkerwelt von der Geschichte des erfüllten Bundes in Jesus Christus her nicht nur in der Vergangenheit, sondern auch in der Zukunft [...] bleibend von der Erwählung Israels und der Erfüllung der Erwählung in Jesus Christus ganz Israel gegenüber *abhängen*».[318]

Dass sich Barths Modell *nur* im Rahmen dieses christologisch-*eschatologischen* Modells bewegt, liegt für Klappert darin begründet, dass Barths Modell in einer Spannung zu einem ekklesiologischen Integrationsmodell steht,[319] was sich etwa in Aussagen wie den folgenden zeigt:

> «Die Kirche [...] ist das Ziel und also der Grund der Erwählung schon des Volkes Israel.» (233) «Und nun zielt Gott darauf, dass Israel seiner Erwählung gehorsam werde, dass es in die Kirche eingehe [...].» (228) «Israel bildet und behauptet (trotz der Bestätigung des Abschlusses seiner Geschichte durch den Untergang Jerusalems!) die Synagoge. Als ob es noch eine besondere Bestimmung und Zukunft neben und ausserhalb der Kirche hätte!» (229)

Diesen Aussagen entsprechend vollzieht Barth die Zuweisung der Gefässe wie folgt:

> «Israel ist an sich und als solches das ‹Gefäss zur Unehre›. Es ist *der* Zeuge des göttlichen Gerichtes. [...] Aber in seiner Mitte steht ihm auch von Anfang an die Kirche gegenüber [...], *das* ‹Gefäss zur Ehre›, *der* Zeuge des göttlichen Erbarmens [...].» (247)

---

313 Klappert, Israel und die Kirche, 39.
314 Ebd.
315 Vgl. a. a. O., 26–37.
316 A. a. O., 34.
317 Vgl. a. a. O., 35.
318 A. a. O., 32.
319 Vgl. a. a. O., 38–52.

Sodann bestimmt Barth bereits hier in § 34, freilich nur in einem Nebensatz, eine neutestamentliche Gestalt, die «zuletzt [...] als ein einziges ‹Gefäss des Zorns› dasteht» (250): der «Überlieferer» Judas Ischarioth. Es ist darum zutreffend, wenn Sonderegger konstatiert, in Judas «the *Epistle of the Romans* comes to life».[320] Beide von Klappert genannten Modelle kehren in der Judas-Passage wieder und auch dort muss auffallen, dass Barth damit erhebliche Spannungen erzeugt. Diese Spannungen lassen sich in Barths Judas-Deutung mit der oben nachgewiesenen Frontstellung einerseits und seinem Festhalten an «der göttlich unwiderstehlichen Gnade Jesu Christi» (529) andererseits aufzeigen. Mit dem Phänomen und dem Begriff der «offene[n] Situation der Verkündigung» (528)[321] versucht Barth beide Aspekte miteinander zu verbinden. Damit aber betont er in § 35.4, meines Erachtens noch deutlicher als in § 34, das ekklesiologische Modell. Die zunehmenden Spannungen innerhalb von Barths Judas-Passage führen gleichsam zu Einbruchstellen, weil seine Judas-Deutung ihm selbst unmissverständlich klarmacht, dass er letzten Endes womöglich eine Apokatastasis hätte lehren müssen. Diese hatte er aber bereits in § 34 im Kontext von Röm 10 als eine unpaulinische Lehre abgetan,[322] und ohnehin will Barths Theologie die Freiheit GOTTES nicht beschränken.[323] Barths Abhandlungen lassen sich sodann paradigmatisch auf den von ihm selbst formulierten Satz bringen:

> «[I]ndem es [sc. das Neue Testament] einerseits der Gnade Jesu Christi auch Judas gegenüber keine Schranken setzt, vielmehr gerade ihn in das hellste Licht dieser Gnade rückt – und indem es ihn andererseits nun doch auch in keinem Wort zum Exempel einer Apokatastasis werden lässt, beschreibt es offenbar [...] die offene Situation der Verkündigung.» (529)

Denn gleichwie die Existenz der «Gefässe des Zorns» von Röm 9–11 in § 34 als GOTTES Verwerfungsurteil über Israel «kein letztes, nicht das ganze Wort Gottes, sondern nur *Vorwort* zu Gottes Verheissung seiner künftig über diesem Schatten-Israel zu offenbarenden Herrlichkeit» (250) ist, so ist auch die oben paraphrasierte Frontstellung nicht alles, was Barth hinsichtlich der Relation zwischen Judas und Israel zu sagen hat. So konstatiert Martin Hailer, dass das Israelthema aufgrund

320 Sonderegger, Born a Jew, 85.

321 Vgl. KD II/2, 529.533.538.563. Weiteres dazu siehe unten 4.2.5.1.

322 Vgl. KD II/2, 325.

323 Es ist mir nach wie vor unverständlich, warum die Lehre einer Allerlösung zwangsläufig die Freiheit Gottes einschränken muss, denn auch die Hoffnung auf eine Apokatastasis kann, ja muss den eschatologischen Vorbehalt wahren. Ob indes im Kontext von Barths Judas-Deutung die wichtige Unterscheidung zwischen All*erlösung* und All*versöhnung* Wesentliches zum besseren Verständnis beizutragen hätte, müsste anderswo genauer untersucht werden. Siehe auch unten 4.2.5.1, Anm. 8.

von Barths Situierung innerhalb seiner Erwählungslehre zur «negative[n] Implikation der Rede von der Erwählung Jesu Christi und der Gemeinde»[324] wird. Und die problematische Reihenfolge innerhalb der Barth'schen Erwählungslehre, dass «Jesus Christus [...] *der auferstandene Herr der Kirche* [...] auch *der offenbarte Messias Israels*» (218) sei, wird gerade angesichts des zeitgeschichtlichen Kontextes noch verschärft, stellt Barth mit seiner Konfiguration der *doppelten* Gestalt der *einen* Gemeinde Israel in den Schatten, gar den Schatten der Kirche, statt während der Schoa «das Gottesvolk ins rechte Licht zu rücken»[325]. Doch Barth scheint der festen Überzeugung zu sein, seine Rede von der Erwählung Jesu Christi und der Gemeinde sei die *positive* Implikation des Israelthemas, was sich etwa an Aussagen wie der folgenden zeigt: «Hier *Jesus* im vollen Zug seiner gänzlichen Fürsorge *für seine Kirche* [...] – dort *Judas*: seinerseits [...] *der Gegenstand dieser Fürsorge,* [...] *der Träger und Repräsentant jenes Grundschadens* [Israels] [...].» (528) Und fürwahr ist die Erwählung Jesu Christi hinsichtlich der Relationen zwischen Judas und den Aposteln, Judas und Jesus sowie Judas und Gott *durchweg und allem voran die positive Implikation für die Rolle Judas Ischarioths.* Wie gezeigt, betont Barth in allen drei Relationen die Nähe, um erst in der Folge die Grenzen zwischen den Relationspartnern zu erörtern. Doch sobald es um Israel geht, dreht Barth die Reihenfolge um, was sich eben bereits in der *dogmatischen* «Bestimmung des Verworfenen», explizit innerhalb der dritten Aufgabe des «Verworfenen», zeigt.

Zwar schreibt Barth dort: «Eben diese Absicht des Evangeliums in ihrer konkreten Gestalt wird durch die Existenz des Verworfenen sichtbar gemacht, sofern ihr nur jene Schattenwirklichkeit eigentümlich ist.» (507) Doch weil Barth wenige Sätze später «noch einmal an den Dienst Israels an der Kirche, an die Bindung der Kirche an Israel» (508) erinnert, kehrt er Nähe und Grenze um, denn das Evangelium wird so sichtbar gemacht, «wie eben der *Schatten* das *Licht*, das *Gericht* die *Gnade*, der *Tod* das *Leben* sichtbar macht» (507)[326]. Damit fällt Barth, wie Klappert bereits im Hinblick auf § 34 herausgearbeitet hat,[327] hinter seine eigene gegenüber der Tradition revidierte Verhältnisbestimmung von Evangelium und Gesetz – in dieser unumkehrbaren Reihenfolge – zurück[328]. Zwar besteht in den drei genannten Relationen eine Spannung zwischen Evangelium und Gesetz, doch indem Barth einer konsequenten Reihenfolge von (1.) Evangelium und (2.) Gesetz folgt, trägt er in der Tat Wesentliches zur Rehabilitierung der biblischen Judasgestalt bei. Doch gerade innerhalb jenes Gebiets,

324 Hailer, Israel-Theologie, 294.
325 Frettlöh, Gott Gewicht geben, 50.
326 Hervorhebungen durch MKB.
327 Vgl. Klappert, Israel und die Kirche, 55–65.
328 Vgl. Barth, Evangelium und Gesetz.

in dem eine Rehabilitierung theologisch dringend gefordert gewesen wäre, perpetuiert er, sobald er die Rolle Israels thematisiert, eine verblüffungsresistente Widersprüchlichkeit.

Dementsprechend stehen alle drei genannten Aspekte der Relation zwischen Judas und Israel innerhalb der Grenze der Erwählung Jesu Christi (§ 33) und leisten darin ihren Beitrag zum Zeugendienst der Kirche (§ 34), aber eben erst als Folge der paraphrasierten Frontstellung. Die im Forschungsüberblick als falscherachtete umgekehrte Epistemologie der Bestimmung des «Verworfenen» bei Sonderegger[329] ist darum doch zutreffend: Weil Sonderegger in ihren Untersuchungen einzig auf die Relation zwischen Judas und Israel fokussiert ist, kann sie immer nur von der Verwerfung auf die Erwählung schliessen:

> «In the story of Judas, the head of those ‹determined for rejection,› Barth encloses the community within the individual, and rehearses, now in sharp detail, the divine intention for the people of Israel. Judas recapitulates, prefigures, and typifies the history of the Jews, and in his brief span of light and darkness, reveals how it is with those elected for rejection.»[330]

4.2.4.6 Die Aufgaben des «verworfenen» Judas *intra muros ecclesiae*

Die Frontstellung, in der Judas und Israel bei Barth thematisch werden, steht insofern innerhalb der Grenze der Erwählung Jesu Christi, als *erstens* der Judaslohn und Judas Lohn, entsprechend der ersten Aufgabe des «Verworfenen», den Adressaten des Evangeliums offenbar machen. Denn ein Mensch, dem Jesus oder JHWH feil ist, der «seine Freiheit für irgend etwas Besseres bewahren will» (514), manifestiert damit nur seine Erlösungsbedürftigkeit. In einem solchen Verhalten zeigt sich folglich die «israelitische Gestalt der Gemeinde Gottes» (257), insofern in ihr nicht nur die «Menschlichkeit der ganzen Gemeinde Gottes» (258) offenbar wird, sondern «darüber hinaus: die Menschlichkeit des Menschen an sich und als solchen, mit der Gott den ewigen Bund geschlossen» (ebd.) hat. Der Mensch, der 30 Silberlinge oder ein Linsengericht für wertvoller erachtet als «die Freiheitsberaubung sondergleichen» (546), erlangt gerade keine Freiheit, weil diese überhaupt erst durch Jesu Kreuzestod und seine Auferstehung ermöglicht wurde – wohlbedacht als Freiheit «in Christus». Judas und Juda aber wählen den Tod und bleiben so beim Kreuz stehen.

Die *zweite Grenze* zeigt sich darin, dass das Zurücklegen der 30 Silberlinge durch Judas in den Tempel und der Kauf des «Ackers des Töpfers» durch die

[329] Siehe oben 4.1.4.1.
[330] Sonderegger, Born a Jew, 83f.

Hohepriester zu spät kommt, weil die Passion Christi bereits ihren Lauf genommen hat.[331] Gerade damit aber üben sie die zweite Aufgabe des «Verworfenen» aus, weil sie «das sichtbar [...] machen und sichtbar [...] erhalten, was durch das Evangelium negiert und überwunden» (506) wurde. Des «Menschen Verworfenheit hat Gott sich selbst zu eigen gemacht» (ebd.) und so können die Handlungen des Judas und der Hohepriester nur noch rückwärtsgewandt sein, d. h. für Barth: sie können nicht über das Kreuz hinausreichen. Und so bleibt es dabei,

> «dass die Juden das Wort und Gebot Gottes *überliefern* – indem sie es verlassen, beiseite setzen, ungültig machen – aber zu *überliefern* jedenfalls nicht aufhören, nicht aufhören können und offenbar auch nicht aufhören dürfen. Eben das rechtfertigt Israel, indem es seine Verdammnis bestätigt. Eben das ist das ewige Licht, das auch dem ‹ewigen› Juden leuchtet, indem es die Finsternis seines Weges erst ganz offenkundig macht.» (537f.)

Auch darin zeigt sich die «israelitische Gestalt» der einen Gemeinde, insofern das «Achthaben auf Satz, Wort und Buchstaben in der Kirche weitergehen» (257) muss. Darin liegt für Barth der Gegenstand, der erst den Gang «vom Hören zum Glauben» (258) ermöglicht, denn die Verheissung «kann ja nicht geglaubt werden, ohne gehört zu sein» (257).[332]

---

[331] Auch in diesem Punkt führt Barths chronologische Argumentation zu Spannungen. Siehe oben 4.2.3.3.

[332] Im Verlust dieses Hörens sieht Barth eine «antisemitisch oder auch nur asemitisch gewordene Kirche», die sich «in freie[r] Spekulation» verliert. Vgl. KD II/2, 257. Indes fällt sich Barth gerade in diesem Punkt in der Judas-Passage selbst ins Wort, zumal er in der Auslegung der biblischen Geschichte von der Salbung in Bethanien behauptet hat, Maria habe Christi Tod verherrlicht, d. h. geglaubt, ehe sie um das Darum der Erwählung aufgrund der Frage des Judas nach dem Warum durch Jesus gehört habe. Es lässt sich sodann fragen, ob Judas nie seine eigentliche Bestimmung zur Erwählung verkündigt wurde. Gibt es folglich eine Mitschuld der Jünger, der Gemeinde, gar Jesu? Tatsächlich spricht Barth von einer Mitschuld des Apostelkreises, jedoch nur im Zusammenhang seiner Auslegung der 30 Silberlinge und damit erneut nur in der Relation von Judas und Israel. Und Maria nimmt per se eine sehr *eigen*artige Funktion in der gesamten Passage ein, wenn Barth etwa schreibt, dass auch «dem Petrus das Vorbild der Maria von Bethanien [...] neu und fremd» (526) war. Des Weiteren geraten hier erneut Chronologie und Kairologie ineinander, weil Marias Handeln sich diesseits des Ereignisses der Auferstehung vollzieht (517) und darum von Barth als ein *vor*gebildetes Tun bezeichnet wird (557). Es ist klar, dass Barth in dieser Hinsicht gegenüber der Tradition herausstellen will, dass es bezüglich der Rolle des Judas bei der Salbung in Bethanien um eine theologische, nicht moralische Deutung geht. Gleichwohl müsste die Rolle der Maria weiter untersucht werden, weil aufgrund solcher Aussagen der Verdacht entstehen könnte, Barth lese die Geschichte nicht nur in der gängigen Art, dass Maria den König salbt, sondern dass Maria darüber hinaus auch darum weiss, sie gewissermasssen wie die Kirche in Barths Theologie einen noetischen Vorsprung

In diesen Kontext gehören nun aber auch die höchst problematischen Sätze zum Leiden Israels.[333] Wie Barth bereits in der *dogmatischen* «Bestimmung des Verworfenen» festgelegt hat, kann der «Verworfene» «wohl im Gleichnis die Todesstrafe leiden, die Jesus Christus an seiner Stelle erlitten hat, aber nicht, auch nicht von ferne sie selber» (503). GOTTES Grösse wird auf das Leiden fokussiert und die unendliche Differenz zwischen GOTT und Mensch wird zur unendlichen Differenz zwischen GOTTES Leid und dem Leiden Israels:[334]

> «[W]as ist schon die Freiheit, deren sie beraubt werden, neben der Majestät, deren Gott in seinem Sohne sich selber entäussert hat? Was ist also ihre Erniedrigung neben der Selbsterniedrigung Gottes? Was bedeutet ihre Gefangenschaft neben der Gefangenschaft, die Gott selber sich gefallen liess? Was haben sie verloren im Vergleich mit dem, was Gott selbst preisgegeben hat, indem sein Wort Fleisch wurde und das Erleiden der bösen Gewalten, denen alles Fleisch verfallen ist, zu seiner eigenen Sache machte?» (549)

Dass der *wirkliche* Zorn nur den einen Gekreuzigten trifft und damit menschliches Leiden von göttlicher Strafe konsequent getrennt wird, ist zu würdigen. Gleichwohl erscheinen mir mindestens drei Aspekte im Hinblick auf das Leiden Israels problematisch: *Erstens* ist es christlicherseits eine Anmassung, auf der einen Seite das Leiden in eine derart enge Relation zu Israel zu stellen, um dann aber auf der anderen Seite das Leiden *ausschliesslich* der «Verwerfung» zuzuordnen und so ein jüdisches Selbstverständnis, welches Israels Leiden «als Zeugnis und Treue der Erwählten»[335] versteht, von vornherein auszuschliessen. *Zweitens* führt Barths Situierung Israels auf Golgota, *und nicht weiter,* dazu, dass das Leiden Israels nicht nur christologisch und historisch relativiert wird – «Sie leiden [...] nur im Vorspiel und Nachspiel zum Leiden Jesu Christi» (ebd.) –, sondern *drittens* glorifiziert wird, wenn Barth «die profunda der Hölle» (507) – und wie gezeigt ist *Judas und mit ihm Israel* von der «Hölle bedroht, zur Hölle

---

gegenüber der Welt bzw. den Jüngern hat. Das müsste vor allem deswegen untersucht werden, weil er damit Schleiermacher sehr nahe kommen würde, der die Meinung vertritt, dass die Jünger nicht der Auferstehung, der Himmelfahrt und Christi Sitzen zur Rechten GOTTES bedurften, weil sie schon zu Lebzeiten Jesu königliche Würde erkannt haben. Vgl. Schleiermacher, Der christliche Glaube, 82.

[333] Für einen Überblick zu Barths Reden vom Leiden insgesamt vgl. Frettlöh, Gott «wählte unser Leiden [...] zu seinem eigenen Leiden». Der Aufsatz bietet – nicht nur im Hinblick auf das Leiden – mehrere Anknüpfungspunkte und Gesprächsangebote für die hier dargelegten Beobachtungen und Reflexionen.

[334] Vgl. auch bereits KD II/1, 420.445.

[335] Marquardt, Entdeckung des Judentums, 301.

verurteilt, der Hölle verfallen und auf der Fahrt nach der Hölle schon begriffen» (551) – zum Ermöglichungsgrund für das «Gloria Deo in excelsis!» (506) erklärt. Es ist darum gerade auch im Hinblick auf Barths Judas-Passage mit Marquardt zu fragen:

> «Muss man Auschwitz als Gleichnis sehen? [...] Wenn aber nicht Gleichnis für die verdiente Strafe – ist dann das Leiden und Sterben Israels nicht noch ganz etwas anderes? Ist dann die Richtung, in der jüdisches Selbstverständnis das Leiden Israels erklärt: als *Zeugnis und Treue der Erwählten* nicht hundertmal *richtiger als die Zuordnung des Leidens zur Verwerfung?* Und ist es dann noch ‹Gleichnis›? [...] Nicht dass Auschwitz Antitypos wäre zu Golgatha; [...] aber *Auschwitz hätte aufhellende Kraft haben können für eine bisher verfehlte christliche Interpretation des Leidens Israels* [...].»[336]

Die *dritte Grenze* liegt darin begründet, dass dieses «ewige Licht, das auch dem ‹ewigen› Juden leuchtet, indem es die Finsternis seines Weges erst ganz offenkundig macht» (538), die «Absicht des Evangeliums» (507) ist. Diese Absicht sichtbar zu machen, ist die dritte Aufgabe des «Verworfenen». Judas sieht keine Zukunft für sich, er wählt den Tod. Doch gerade an diesem Ort der schlechthinnigen Hoffnungslosigkeit, an dem nun auch Israel und mit ihm der Gekreuzigte auf Golgota steht, «da und da allein ist die wirkliche Hoffnung, da und da allein kann das Werk des Heiligen Geistes einsetzen, die Verkündigung wirklich vernehmbar und der Glaube wirklich lebendig werden» (508). Hierhin gehört denn auch der je unterschiedliche Dienst des Judas und des Paulus:

> «The Church, the true Israel of Jew and Gentile, springs from the moment between these two figures [sc. Judas and Paul], the ‹time between the times› when the ‹passing man› turns toward the ‹coming› and the election of the Jews is confirmed in its one twofold act of betrayal and commission.»[337]

Das παραδοῦναι sowohl des Paulus als auch des Judas ist folglich der von Barth ins neutestamentliche Bild gesetzte § 34.4 «Der kommende und der vergehende Mensch». Judas ist der vergehende Mensch, gleichwie Israel bei Barth in § 34 für die vergehende Gestalt der Gemeinde steht. Weil aber Judas und mit ihm ganz Israel Jesus in die Lage gebracht hat, in der ihm als dem auf Golgota Verworfenen «nichts blieb – oder (und dieses Oder war das, was ihm wirklich blieb!) die Auferstehung» (507), deswegen bleibt nun auch Judas und Israel nichts – «oder eben das Wort der Verkündigung» (508). Und genau an dieser Stelle zieht Barth einen Schlussstrich unter das παραδοῦναι des Judas, aber auch

336 Ebd.
337 Sonderegger, Born a Jew, 86.

der Hohepriester. Eine solche Überlieferung ist nach der Auferstehung schlechterdings nicht mehr möglich:

> «Sie ist vielmehr durch den Tod Jesu gestaltlos gemacht und damit entmächtigt worden. [...] Dass *Jesus Sieger* ist, das ist es, was nicht rückgängig zu machen ist. Und das wird entscheidend gerade dort sichtbar werden, wo die Kunde von ihm, von der göttlichen Selbstüberlieferung Glauben finden, verkündigt werden und durch diese Verkündigung neuen Glauben erwecken wird, nämlich im Akte der apostolischen Überlieferung.» (555f.)

Doch das Neue Testament berichtet nicht davon, ob Judas Ischarioth gehört hat, dass Jesus Sieger ist. Darum ist für Barth die Verkündigung eine *offene* Situation: hier Jesus, der gesiegt hat, dort Judas, der (noch) nicht darum weiss. Oder anders formuliert: Es bedarf der Verkündigung, damit dem «Verworfenen» offenbar wird, dass sein παραδοῦναι aufgrund des παραδοῦναι GOTTES eine unmögliche Möglichkeit ist, obschon er sie gleichwohl wählt.[338] Darum wissen indes nur die «Erwählten». Doch dieses Wissen erhebt die «Erwählten» und mit ihnen die Gemeinde als Gefäss der Verkündigung nicht über die «Verworfenen», sondern nimmt sie in die Pflicht – in die Pflicht des *apostolischen* παραδοῦναι. Weil dieses aber «nur» ein Echo des positiven göttlichen παραδοῦναι ist, wird die Erwählung der «Verworfenen» in der Bibel bei Barth «*nur* als eschatologische Möglichkeit» (551) thematisch:

> «Im Begriff des göttlichen παραδοῦναι wird die [...] positive Beziehung auch der göttlichen Zornesüberlieferung unvermeidlich, wenn wir darauf aufmerksam werden, dass dieser als solcher ja auch noch eine ganz andere göttliche Überlieferung gegenübersteht, deren Sinn und Inhalt nun ganz eindeutig gerade der ist, die eschatologische Möglichkeit [...] als Wirklichkeit zu begründen und zu erweisen, und damit das Licht, das wir jener Zornesüberlieferung [...] nicht absprechen [...] [können], ganz unübersehbar zu machen.» (542)

An dieser Stelle wird nun also der Einzelne in Barths Erwählungslehre in der Tat, d. h. praktisch, thematisch.

[338] Gerade auch angesichts solcher Konfigurationen bedürfte die Bedeutung der Judasgestalt für Barths Ablehnung der Judenmission genauerer Beachtung.

SETZ DICH ZU MIR, *bruder* JUDAS
NIMM VOM HALS DAS SEIL! WISCH DIE TRÄNEN
VON DEN WANGEN, ´S IST GENUG KAPUTTGEGANGEN
UND WIRD NICHT MEHR HEIL
MISSTRAU´N HAST DU WIE EIN *unkraut*
ZWISCHEN UNS GESTREUT. JUGEND
AUS DEM LAND GETRIEBEN, EINGELOCHT
UND AUFGERIEBEN VIELE GUTE LEUT
SCHRIEBST INS *klassenbuch* NOTIZEN ÜBER JEDES KIND
LEHRTEST MIT ZWEI ZUNGEN
reden, PETZEN, HEUCHELN, LEISE TRETEN
´S MÄNTELCHEN IN WIND
TRANKST ALS EINER MEINER FREUNDE
BRÜDERSCHAFT MIT MIR
HAST IN MEINER POST GELESEN, HINTERM TELEFON GESESSEN
GINGST DURCH MEINE *tür*
DANN VERFASSTEST DU BERICHTE, KNÜPFTEST
EINEN STRICK. DARAUS WUCHS EIN NETZ VON SCHLINGEN
MANCHEN, DIE SICH DRIN VERFINGEN, BRACH ES DAS GENICK
UND ICH WAR AUCH DEIN *komplize*
GAB DIR LANGE ZEIT DURCH MEIN SCHWEIGEN
UND MEIN DULDEN EINES JEDEN MITVERSCHULDEN
SOLCHE SICHERHEIT. DICH HAT DER VERRAT ZERFRESSEN
FREUNDSCHAFT IST EIN HOHN
DIE GEDANKEN SIND VERDORBEN
DEIN GEWISSEN FAST GESTORBEN
FÜR DEN SILBERLOHN. SCHUTZLOS STEHST DU
jetzt AM PRANGER. MAN DARF DICH BESPEI´N
DIE SONST NIE DEN MUND AUFTATEN, *niemals*
AUS DEM SCHATTEN TRATEN, WERFEN IHREN STEIN
NIMM EIN HEISSES BAD UND SCHRUBB DICH
BIST NOCH LANG NICHT REIN
LERN´ BEREUEN, ICH LERN VERGEBEN
MÜSSEN DOCH *zusammen* LEBEN, JUDAS, BRÜDERLEIN

GERHARD SCHÖNE

4.2.5 Die «Superiorität des erwählten Jesus Christus» oder: Die eschatologische Grenze für die «Verworfenen»

Barths *dogmatische* «Bestimmung des Verworfenen» zielt auf die Aussicht, dass «aus einem unwilligen ein williger, aus einem indirekten ein direkter Zeuge der Erwählung Jesu Christi und seiner Gemeinde» (508) werde. Oder mit Walter Sparn gesprochen: «[D]ie Erwählungslehre definiert den *Glauben als die einzige Möglichkeit* des einzelnen Menschen.»[339] Doch muss auch Barth feststellen, dass das Neue Testament einerseits nicht davon berichtet, dass aus Judas «ein direkter Zeuge der Erwählung Jesu Christi und seiner Gemeinde» (ebd.) wurde. Andererseits hält das Neue Testament auch nach dem Tod des Judas fest, dass er einer der Zwölf war, was für Barth die Frage nur noch eminenter macht, «ob wir mit einer *Heilsbedeutung* des im Abendmahl und in der Fusswaschung vorgebildeten Todes Jesu auch für *Judas* zu rechnen haben» (527). Das Neue Testament, so Barths Bestandsaufnahme, gibt sowohl auf das Einerseits als auch auf das Andererseits keine Antwort. Wo sich das παραδοῦναι im geschöpflichen Bereich durch das Geschöpf ereignet, muss es bei diesem «seltsamen Für und Gegen» (528), jenem Gegen des Judas und jenem Für des Paulus, bleiben. Doch das Neue Testament gibt eine «unzweideutig klar[e]» (528) Antwort auf das «*erste*[] und *eigentliche*[] παραδοῦναι» (545), nämlich das göttliche,

> «zu dessen Erkenntnis wir nicht weniger hoch oben beginnen können als bei dem Ratschluss der ewigen Liebe Gottes, in welchem der Vater den Sohn sandte, der Sohn dem Vater gehorsam wurde, in welchem Gottes Wille sich dem noch nicht geschaffenen Menschen zuwandte – auch dessen Schöpfung beruht ja auf diesem Ratschluss – in der unbegreiflich barmherzigen Absicht, ihn (und durch ihn und in ihm die ganze Kreatur) der Gemeinschaft mit ihm, des ewigen Lebens, teilhaftig zu machen dadurch, dass er selbst sich ihm schenkte zum Bundesgenossen. Die Erfüllung dieser Absicht ist das Reich Gottes. Indem Gott dem Menschen diese *Liebe* und indem er sie ihm so erweist, indem Gottes Gnade *überströmt* (er bedurfte dessen nicht, aber er wollte es so aus der Fülle seiner Herrlichkeit) und indem Gottes Gnade *gerade so* überströmte (es konnte dies auch anders geschehen, aber er wollte, dass es so geschehe), richtet er seine Herrschaft auf. In diesen Ratschluss der ewigen Liebe Gottes ist das positive göttliche παραδοῦναι eingeschlossen. Es ist das Senden des Vaters und der Gehorsam des Sohnes konkret nichts Anderes als dieses positive göttliche παραδοῦναι. Nicht umsonst wird es darum Röm. 8, 35, Gal. 2, 20, Eph. 5, 25 so nachdrücklich mit dem göttlichen αγαπᾶν in Beziehung gebracht. Es steht nicht erst nachträglich, nicht erst in der Geschichte, sondern von Haus aus, von Ewigkeit her und darum dann notwendig auch in der Geschichte in

339 Sparn, «Extra Internum», 65.

> *dieser* Beziehung. Überlieferung, Auslieferung, Preisgabe Gottes selbst ist damit beschlossen und muss daraus folgen, dass es Gottes Wille ist, den Menschen des ewigen Lebens in der Weise teilhaftig machen, dass er sich selbst dem Menschen schenkt zum Bundesgenossen.» (Ebd.)

Dieses παραδοῦναι GOTTES haben die in Jesus Christus zur Erwählung Bestimmten zu verkündigen, statt «im Blick auf irgendwelche Gesinnungen und Absichten des Judas die Frage seiner persönlichen Rechtfertigung zu beantworten» (537). Weil aber Judas für Barth diejenige biblische Gestalt ist, «in der sich das Problem des Verworfenen im Neuen Testament zusammendrängt und entfaltet» (508), und er dieser Wahrnehmung Raum lassen und sie bewahren will, sind die Erwählten eingeladen, die Frage nach der Rechtfertigung *des Judas Ischarioths* «stehen zu lassen als eine solche, auf die nur der in dieser Sache allein kompetente Richter zu antworten hat» (537). Damit zieht Barth eine eschatologische Grenze, um die indes – und einmal mehr – nur die «Erwählten» wissen.[340] Gerade damit rücken nun auch wieder alle Menschen zueinander, weil sie alle – nicht nur Judas und die jüdischen Hohepriester, sondern auch Paulus und allemal Petrus[341] – des Für-uns dieses Richterspruches bedürftig bleiben. Der Zuspruch «In Jesus Christus bist auch du *nicht verworfen* – deine Verwerfung hat ja er getragen! – *sondern erwählt*» (354) gilt auch den Erwählten, denn auch sie mussten zuerst darauf *angesprochen* werden, um glauben zu können.

> «Mit diesem von Paulus so stark betonten ‹*für uns*› eröffnet sich offenbar der Aspekt auf den Sinn, in welchem diese Überlieferung Gottes ewiger Wille ist – in welchem zu sagen ist, dass sie nicht von ungefähr geschieht, dass sie mit menschlicher Tragik und dergleichen nichts zu tun hat, sondern dass sie geschehen *musste* in der Weise, wie eben Gottes und nicht irgend eines Schicksals Wille geschehen muss.» (547)

Judas mag zwar von der «Hölle bedroht, zur Hölle verurteilt, der Hölle verfallen und auf der Fahrt nach der Hölle schon begriffen» (551) sein, doch Jesus Christus wurde auch «an der Stelle aller derer, die an ihn glauben werden, in die Tiefe der Hölle» (ebd.) überliefert. Jesus Christus leidet folglich nicht nur «das Leiden des dem Götzendienst preisgegebenen Israel» (550), sondern ebenso «das Leiden der an ihrer Herzen Gelüste preisgegebenen Heiden, das Leiden jener dem Satan preisgegebenen Christen» (ebd.). Denn die Frage «Wird des Menschen Sohn, wenn er kommt, Glauben finden auf Erden?» in Lk 18,8 ist gerade angesichts des *Apostels* Judas für Barth eine brennende Frage:

---

340 Vgl. auch Barths Abhandlungen zur Stephanusrede innerhalb der Judas-Passage, KD II/2, 540f.

341 Vgl. KD II/2, 524.

> «Wie brennend diese Frage, wie sehr sie nach beiden Seiten eine offene Frage ist in der Situation der Verkündigung, das zeigt Judas in seinem Kontrast zu Jesus. Er zeigt aber auch – er ist ja auch der Kontrast Jesu zu Judas – was es auf sich hat, dass diese Frage umschlossen ist von der Situation der Verkündigung, welche *nicht* durch die Verheissung *in Konkurrenz* mit dem durch sie angeredeten Menschen, sondern ganz allein dadurch geschaffen ist, dass die *Verheissung* den Menschen anredet, der Mensch durch die *Verheissung* angeredet ist. In dieser Situation, aber auch nur in ihr, entscheidet es sich, wozu der Verworfene von Gott bestimmt ist.» (529)

Und so kehrt Barth auch bzw. gerade mit Judas zurück zu seiner christologischen Prämisse mit anthropologischem Gehalt. Dass der «Verworfene» die Verheissung hören und glauben soll, das ist doch der eigentlich *anthropologische* Gehalt von Barths *christologischer* Erwählungslehre. Aber die Christologie ist die Prämisse, und so gesteht nun auch Barth ein, dass die offene Situation eine «völlig *ungleich* bestimmte Situation» (ebd.) ist, weil sie «der göttlich unwiderstehlichen Gnade Jesu Christi» (ebd.) gegenübersteht. Hat dann aber Brunner nicht doch recht, wenn er hinsichtlich der in der Barth-Forschung höchst umstrittenen Frage, ob Barth letzten Endes nicht doch eine Apokatastasis hätte lehren müssen, schreibt:

> «Die Entscheidung ist in Jesus Christus gefallen – für alle. Ob sie es wissen oder nicht, glauben oder nicht, das ist nicht so wichtig. Die Hauptsache ist, dass sie gerettet sind. [...] Die Wendung vom Unglauben zum Glauben ist darum nicht die Wendung vom Verlorengehen zum Gerettetwerden. *Diese* Wende gibt es nicht, seit das Verlorengehen *keine Möglichkeit* mehr ist.»[342]

Grundsätzlich ist Brunner hier zuzustimmen, doch in der Judas-Passage begründet gerade die noch ausstehende Wendung, dieser Gegensatz zwischen der unwiderstehlichen Gnade Jesu Christi und der «Feindschaft des Menschen gegen diese Gnade» (529) – eben die offene Situation der Verkündigung –, dass sich der Erwählte mit dem «Verworfenen» solidarisch weiss. Es geht also um die Rolle des «Verworfenen» *für* die zur Erwählung Bestimmten. Ob die «Verworfenen» die Entscheidung, die in Jesus Christus gefallen ist, glauben oder nicht, ist darum in gewisser Hinsicht *durchaus* von Bedeutung:

> «In *diesen* Gegensatz ist Judas gestellt und in *diesem* Gegensatz soll der verworfene Mensch in Judas sich selbst wiedererkennen, soll Petrus sich mit Judas solidarisch wissen. An *diesen* offenen Gegensatz soll die Kirche und soll jedes Glied der Kirche denken, wo immer die Frage gänzlicher endgültiger Verworfenheit des Menschen sich erheben mag.» (529)

[342] Brunner, Christliche Lehre von Gott, 379.

Dieser Aspekt ist darum meines Erachtens zu würdigen, bevor er allzu voreilig als widersprüchlich abgetan wird.

4.2.5.1 Die «offene Situation der Verkündigung»

> «Barth introduces the ‹open situation of proclamation› to account, with almost mathematical elegance, for the contrasting signs on each side of the equation. But he nowhere gives even a clue as to what this situation entails. [...] And [...] anyone who has read a page of Barth's theology will know that, when the grace of Jesus is juxtaposed with the rebellion of humankind, there is *no doubt* as to which way the balance will totter. Jesus *never loses* this encounter. Jesus *always wins* this encounter»,[343]

meint McGlasson und steht mit dieser Meinung nicht alleine da. Die Frage, ob Barth in letzter Konsequenz nicht doch die von der Alten Kirche anathematisierte Apokatastasis[344] lehrt, obwohl er sie zu lehren in seiner Kirchlichen Dogmatik wiederholt verneint,[345] gehört zu den bis heute in der Barth-Forschung strittigen Fragen.[346] Und interessanterweise wird dabei wiederholt auf Aussagen

343 McGlasson, Jesus and Judas, 142.

344 Vgl. Janowski, Allerlösung, 102–117.

345 Vgl. KD II/2, 325.462.467. Die Problematik zeigt sich indes auch in anderen Schriften Barths. Vgl. etwa ders., Credo, 147f.; ders., Gottes Gnadenwahl, 25.27; ders., Menschlichkeit Gottes, 23f.

346 Ein Grundproblem liegt darin, dass Barth nicht zwischen All*erlösung* und All*versöhnung* unterscheidet. Zwar scheint unstrittig, dass es bezüglich einer eschatologischen Neuschöpfung eines über das «sehr gut» (Gen 1,31) des Anfangs Hinausweisenden bedarf, denn die Schöpfung, die als «sehr gut» benannt wird, hat unabhängig vom Nichtigen und unabhängig von der Sünde, die dadurch entsteht, dass das Nichtige die Menschen fasziniert und von Gott nicht gewollt ist, ihre Schattenseiten, zu denen Leiden, Krankheit, unerfüllte Liebe, enttäuschte Erwartungen und der biologische Tod gehören (vgl. KD III/3, 327–425). Aufgrund dessen kann denn auch das Eschaton kein Salto mortale in einen Urstand sein – wenn es denn so etwas wie einen Urstand überhaupt gibt und es sich dabei nicht um eine Denkfigur handelt, wonach es einen Stand vor dem sogenannten Sündenfall in Gen 4 (vgl. Crüsemann, Die erste Frage der Bibel) gibt –, weil im Eschaton die Menschen auch noch von diesen Schattenseiten der Schöpfung erlöst sein werden. Kurz gefasst: Es gibt eine Erlösungsbedürftigkeit der sehr guten Schöpfung vor dem Fall, oder dogmatisch gewendet: Es besteht eine supralapsarische Bedürftigkeit nach Heilung. Damit bleibt aber eben strittig, ob mit Christus die Erlösung angebrochen ist oder nur die Versöhnung mit der Welt durch Christus da ist, wobei Letzterem wohl die meisten Barth-Forscher/-innen zustimmen würden. Es bleibt sodann – nicht zuletzt aufgrund des Fehlens der Pneumatologie und Eschatologie in der Kirchlichen Dogmatik – bei der Problemanzeige, auf was sich das «Es ist vollbracht» (Joh 19,30) bei Barth bezieht.

Barths verwiesen, die er in seiner Judas-Passage macht.[347] So meint denn auch J. Christine Janowski, dass Barth sich hier apotropäisch «gegen eine Apokatastasis-panton-*Lehre*»[348] wehre. In der Tat wendet sich Barth in seiner Judas-Passage der Lehre von der Apokatastasis zu, um die Kirche vehement dazu anzuhalten, sie *nicht* zu lehren: «Die Kirche soll [...] keine Apokatastasis [...] predigen» (529), um dann aber sogleich hinzuzufügen, dass sie

> «auch keine *ohn*mächtige Gnade Jesu Christi und keine *über*mächtige Bosheit des Menschen ihr gegenüber predigen [soll], sondern ohne Abschwächung des Gegensatzes, aber auch ohne dualistische Eigenmächtigkeit die Übermacht der Gnade und die Ohnmacht der menschlichen Bosheit ihr gegenüber» (ebd).

Nun findet sich aber in dieser Aussage bei genauerer Betrachtung nicht eigentlich ein Widerspruch, sondern viel eher die systematisch-theologische Konsequenz aus Barths *ReVision* der Lehre von der doppelten Prädestination. Während die klassische Prädestinationslehre zwischen *vocatio efficax* und *vocatio inefficax* unterscheidet,[349] bezieht Barth die Verkündigung unmittelbar auf die Erwählung:[350] «Er will und kann die vocatio inefficax, die statt des Glaubens den Unglauben wirkende Verkündigung nicht als Möglichkeit verstehen, die man zum vornherein in Betracht zieht und in Rechnung stellt.»[351] Die christologische Prämisse mit anthropologischem Gehalt bedingt doch gerade, dass der Mensch nur auf die eine Seite zu stehen kommt und sich folglich auch seine Verkündigung nur auf diese eine Seite, sprich die Erwählung, beziehen kann.

Frettlöh bedient sich in ihrer Paraphrase, Würdigung und Kritik der Barth'schen Erwählungslehre zweier Figuren, mit denen sich der für Barths Lehre von GOTTES Gnadenwahl zentrale Aspekt der Stellvertretung rekonstruieren lässt: die Repräsentations- und die Substitutionsfigur. Beide Figuren sind im Zusammenhang mit der Judas-Deutung Barths insofern aufschlussreich, als sich mit ihnen erklären lässt, inwiefern sich nach Barth die Verkündigung einerseits «nur» auf die Erwählung beziehen kann, sie andererseits aber eschatologisch begrenzt ist, d. h. er sie als eine *offene* Situation bestimmt.[352]

---

[347] Vgl. etwa Berkouwer, Triumph der Gnade, 98; Buess, Zur Prädestinationslehre, 19; Rosenau, Allversöhnung, 193; Schwarz, Christliche Hoffnung, 98; Zeindler: Gottes Weg in der Welt, 89.

[348] Janowski, Warum sollte Gott nicht alle erlösen?, 286.

[349] Vgl. Buess, Zur Prädestinationslehre, 18f.

[350] Vgl. Kim, Umstrittene Prädestinationslehre, 217.

[351] Buess, Zur Prädestinationslehre, 18.

[352] Rosenau spricht durchgängig von Repräsentation und muss darum schon rein logisch auf Widersprüche bei Barth stossen. Vgl. ders., Allversöhnung, 216f.

> «Repräsentation und Substitution sind Stellvertretungsfiguren. In beiden Fällen ist die Universalität der Menschheit in die Partikularität dieses einen erwählten und verworfenen Menschen eingezeichnet: bei der Repräsentation in inklusiver Inklusion, bei der Substitution in exklusiver Inklusion.»[353]

Während Jesus Christus nämlich als *erwählter Mensch* die zur Erwählung bestimmte Menschheit *repräsentiert, substituiert* er als *verworfener Mensch* «die ihre Verwerfung (anstelle ihrer Erwählung!) erwählt habenden Menschen»[354]. Ist die Verwerfung – ohne Anführungszeichen! – von Ewigkeit her in Jesus Christus substituiert, kann sie nicht mehr des Menschen Sache *und so auch nicht des Menschen Verkündigung in der Zeit* sein. Während die Apokatastasis-These der Alten Kirche, so Barth, die Verworfenen ausserhalb und neben den Erwählten lokalisierte, deren beide Orte sich «endlich und zuletzt decken müsse[n] und werde[n]» (462), wird bei ihm der «Verworfene» nur und ausschliesslich *mit* dem Erwählten und für ihn thematisch[355]. Des Weiteren gilt die Menschheit bei Barth in § 33 nicht als erwählt, sondern als zur Erwählung bestimmt:[356]

> *«Die Gnadenwahl ist der ewige Anfang aller Wege und Werke Gottes in Jesus Christus, in welchem Gott in freier Gnade sich selbst für den sündigen Menschen und den sündigen Menschen für sich bestimmt und also die Verwerfung des Menschen mit allen ihren Folgen auf sich selber nimmt und den Menschen erwählt zur Teilnahme an seiner eigenen Herrlichkeit.»* (101)

Ist aber die Menschheit «nur» zur Erwählung bestimmt, zieht Barth damit eine eschatologische Grenze, die sodann auch die Verkündigung zu wahren hat. Eine, die darüber hinaus aber auch den «Erwählten», den Verkündigern selbst gilt: «Im Glauben an Jesus Christus werden wir wohl nie aufhören, die Entscheidung über uns wie über jeden anderen Menschen ganz und gar ihm zu überlassen.» (551) Freilich hätte Barth ebenso gut sagen können, dass er die Apokatastasis zwar lehre, aber nur unter eschatologischem Vorbehalt. Aber einen Unterschied zwischen dem *Lehren* und dem *Hoffen* einer Apokatastasis kennt Barth nicht, was im Kontext der Judas-Passage im Wesentlichen auf die Frage zurückzuführen ist, in welchem Verhältnis Barth die kirchliche Verkündigung zur Dogmatik sieht bzw. inwiefern Dogmatik Verkündigung ist. Es bedarf darum, um die von Barth hier bestimmt gezogene eschatologische Grenze nachvollziehen zu können, erneut des Rückblickes in einen anderen Teil von Barths Kirchlicher Dogmatik, nämlich in die Prolegomena.

353 Frettlöh, «Das Ja vor jeder Frage», 122.
354 Ebd.
355 Vgl. KD II/2, 500.507. Siehe auch oben 4.1.4.1.
356 Vgl. ausführlich: Frettlöh, «Das Ja vor jeder Frage», 106–129.

4.2.5.2 παραδοῦναι als «unter allen Umständen fehlbares Menschenwerk»

Barth begründet und erklärt zu Beginn der Kirchlichen Dogmatik seine Definition «*Dogmatik ist als theologische Disziplin die wissenschaftliche Selbstprüfung der christlichen Kirche hinsichtlich des Inhalts der ihr eigentümlichen Rede von Gott*».[357] Das Bekenntnis zu GOTT zieht jenes zur Menschlichkeit nach sich und bedingt in der Folge die Verantwortlichkeit gegenüber diesem Handeln im Sinne einer Rechenschaft über dieses Reden von GOTT. Dabei ist die Gnade GOTTES die «erste, letzte und entscheidende Antwort auf diese doppelte Not»,[358] denn die Theologie ist «unter allen Umständen fehlbares Menschenwerk»[359]. Infolgedessen verpflichtet sich die Theologie zur Aufgabe, Kritik und Korrektur[360] an ihrem Reden von GOTT zu üben. Theologie ist folglich insofern eine Wissenschaft, als die Theologie die Kirche einer Selbstprüfung unterzieht, d. h., sie «stellt sich die Wahrheitsfrage»,[361] gemessen «an ihrem Sein als Kirche»,[362] welches ihr eigener Ursprung und Gegenstand ist. Es ist die Selbstvergewisserung der Kirche in ihrer Aufgabe an der Welt, und aufgrund dessen vertritt Barth die These, Theologie sei eine Funktion der Kirche. Weil diese Funktion eine selbstkritische ist, fällt sich die Kirche mit der Theologie sozusagen selbst ins Wort. Dass die Theologie so betrachtet die ständige Krise der Kirche darstellt, hängt mit ihrem Gegenstand zusammen; dem Gegenstand, über den sie nicht verfügt, der letztlich aber auch ihre besondere Wissenschaftlichkeit ausmacht: das Reden GOTTES selbst. In § 7.2 «Dogmatik als Wissenschaft» kommt Barth auf die eben geschilderte Darstellung zurück, um festzuhalten, was Dogmatik seiner Meinung nach *nicht* sein darf:

> «Dogmatik als Gnosis ohne Absehen auf die Aufgabe der kirchlichen Verkündigung, Dogmatik als in sich selbst bewegte und ruhende Metaphysik wäre, wie tiefsinnig, geistreich und konsequent sie auch auftreten möchte, als Dogmatik unwissenschaftlich.»[363]

Hingegen zeichnet sich *wissenschaftliche* Dogmatik dadurch aus, dass sie «nach der Übereinstimmung der kirchlichen Verkündigung mit der in der *Hl. Schrift bezeugten Offenbarung*»[364] fragt.

---

[357] KD I/1, 1.
[358] Ebd.
[359] A. a. O., 2.
[360] Vgl. auch Barth, Dogmatik im Grundriss, 9f.
[361] KD I/1, 2.
[362] Ebd.
[363] A. a. O., 297.
[364] A. a. O., 299.

Weil nun die Heilige Schrift Judas «in keinem Wort zum Exempel einer Apokatastasis werden lässt» (528), will bzw. *kann* Barth an dieser Stelle keine Apokatastasis lehren. Er kann aber, gemäss der in der Heiligen Schrift bezeugten Offenbarung, darauf hinweisen, dass

> «von jener Zornesüberlieferung [Röm 8,22f.] nie geredet wird, ohne dass direkt oder indirekt auch auf jene eschatologische Möglichkeit eines heilvollen Zieles und Sinnes auch dieses zornigen Tuns Gottes an den Menschen hingewiesen wird. [...] Wir können also den Stand und das Los jener von Gottes Zorn Überlieferten auch von dieser Seite tatsächlich nicht als eine selbständige Wirklichkeit ansehen. [...] Wir können ihr aber nur eine solche Wirklichkeit zusprechen, die durch den Stand und das Los Jesu Christi in seiner Erniedrigung, in seiner Höllenfahrt, auf Grund der ihm widerfahrenen Überlieferung *begrenzt* ist. Und also notwendig begrenzt durch den *Glauben* an Jesus Christus!» (549f.)

Das ist es, was Barth meint, wenn er in der dogmatischen «Bestimmung des ‹Verworfenen›» festhält, dass der «Glaube des Erwählten [...] die Anerkennung der Superiorität des erwählten Jesus Christus dem Verworfenen gegenüber» (503) ist. Dass Barth also, wie McGlasson schreibt, «nowhere [...] even [gives] a clue», was er mit der offenen Situation der Verkündigung meint, ist eine unberechtigte Kritik, zumal der «clue» dieser Situation im Glauben der «Erwählten» an Jesus Christus liegt. Anders formuliert gilt darum auch in eschatologischer Hinsicht, dass vom «Verworfenen» nur in seiner Relation zu dem einen Erwählten gesprochen werden kann. Und Verkündigung ist sodann Echo dieser Begegnung. Weil dieses Echo jedoch menschliches Wort bzw. ein menschliches παραδοῦναι und damit «unter allen Umständen fehlbares Menschenwerk»[365] ist, handelt es sich um eine offene Situation. Dass diese Situation für Barth *teleologisch* ausgerichtet ist, daran besteht freilich kein Zweifel, wie ohnehin § 35.4 unter dem Telos von § 35.3 «Die Bestimmung des Erwählten» steht:

> «Das ist sicher, dass die *Gabe*, die er mit seiner Erwählung und Berufung empfangen hat, als solche auch die *Aufgabe* ist – nicht zuzuschliessen, sondern aufzuschliessen, nicht auszuschliessen, sondern einzuschliessen, nicht Nein, sondern Ja zu sagen in die ihn umgebende Menschenwelt hinein, so gewiss er selber ein solcher ist, dem aufgeschlossen, der eingeschlossen, zu dem Ja gesagt wurde: das Ja der unverdienten, der freien ewigen Gnade und Liebe Gottes.» (463)[366]

Oder anders ausgedrückt: Die *Substitution* Jesu Christi wird als *Gabe* der Repräsentation Jesu Christi zur *Aufgabe* der Erwählten, die *Repräsentation* Jesu Christi

[365] A. a. O., 2.
[366] Hervorhebungen durch MKB.

den «Verworfenen» zu verkündigen. «Verworfen» meint darum jene Menschen, die «noch nicht oder nicht mehr realisieren» (505f.), dass sie zur Erwählung bestimmt sind.

Damit ist noch ein Weiteres gesagt, dass nämlich nicht so sehr der «Verworfenen», sondern gerade auch der «Erwählten» wegen von den «Verworfenen» gesprochen werden muss:

> «Es kann [...] noch weniger unsere Sache sein, zu leugnen, dass auch die Verworfenen tatsächlich in diesem Lichte stehen. Denn wenn wir das im Glauben für uns selbst bekennen möchten, so wird das doch nur dann ernstlich geschehen können, wenn wir erkennen, dass wir es nicht weniger als sie verdient hätten, durch Gottes Zorn in jenes Gefängnis überliefert zu werden; wir werden das also nur in der Solidarität mit jenen ernstlich bekennen können.» (552)

Und so verweist «die offene Situation der Verkündigung» wie kein anderer Terminus in Barths Judas-Passage zurück auf die *dogmatische* «Bestimmung des Verworfenen», weil dieser «mit dem Erwählten, nicht aber selbständig *neben* und *ausser* ihm» (499) existiert.

> «Wollen wir uns die trotzige Frage des Paulus: ‹Ist Gott für uns, wer mag wider uns sein?› zu eigen machen, so wird die Echtheit, in der wir mit Paulus so reden, daran zu prüfen sein: ob wir im Glauben denkend und redend, auch im Blick auf die scheinbar oder wirklich offenkundigen Judasgestalten fortfahren können: ‹Ist Gott für sie, wer mag wider sie sein?›.» (552)

Liegen dann aber Buess und Kreck nicht doch richtig, wenn sie im Hinblick auf die Judasgestalt Barth vorwerfen, Verwerfung und Erwählung *zu* unmittelbar miteinander verknüpft[367] und «aus dem Nein des Unglaubens mit Berufung auf Gottes Gnade ein Ja»[368] gemacht zu haben? *In den Konsequenzen*, die sich aus Barths Ausführungen in seiner Judas-Passage ergeben, ist ihre Kritik zutreffend. Sie ist jedoch nicht berechtigt hinsichtlich der von Barth gemachten Aussagen zur *biblischen* Judasgestalt. *Biblisch betrachtet* ist Judas Ischarioth für Barth ein einziges Gefäss des Zorns, das unter der liebenden und damit allmächtigen Obhut seines Töpfers steht, und darum ist und *bleibt* er einer der zwölf Apostel. Doch aufgrund seines Selbstmordes hat sich Judas «*der Ausübung* seines Amtes entzogen» (529),[369] weshalb der Zuspruch auch seiner Erwählung «nur» noch als eschatologische Möglichkeit in Betracht kommt bzw. von Ewigkeit her «bereits» wirksam in Betracht «gekommen ist». Die Summe des Evangeliums gilt

[367] Vgl. Buess, Zur Prädestinationslehre, 58.
[368] Kreck, Grundentscheidung, 271.
[369] Hervorhebung durch MKB.

darum auch Judas, aber Barth *spricht* sie der biblischen Judasgestalt *nicht zu.* In dieser Hinsicht ist die von der Forschung erhobene Kritik nicht berechtigt. Weil nun aber eben «in allen wichtigen von dieser Zornesüberlieferung handelnden Stellen in irgend einer Form die eschatologische Möglichkeit einer Errettung der so Überlieferten und also gänzlich Verlorenen auftaucht» (542), sind die «Erwählten» aufgrund ihres Zeugendienstes der Auferstehung Jesu Christi in die Pflicht genommen, hier und heute *allen* Judas*gestalten* ihre Erwählung *zuzusprechen* – dieser Zuspruch bleibt auch für die «Erwählten» selbst eine eschatologische Möglichkeit, aber sie haben einen noetischen Vorsprung, weil sie um ihre und aller Menschen Bestimmung zum Erwähltsein in Jesus Christus wissen. Das ist die eschatologische Konsequenz, die sich aus Barths Betrachtungen der biblischen Judasgestalt ergibt und die eigentlicher Gegenstand kirchlicher Verkündigung sein soll. In dieser Hinsicht ist die genannte Kritik berechtigt, weil es Barth widerstrebt, Verwerfung unabhängig von Erwählung zu betrachten. Die Antwort auf die Frage, was GOTT vom «verworfenen» Menschen will, kann darum

> «nur lauten: er will, dass eben er das Evangelium höre und damit die Verheissung auch seiner Erwählung; er will also, dass ihm dies Evangelium verkündigt werde; er will, dass er die Hoffnung ergreifen und von der Hoffnung leben dürfe, die ihm im Evangelium gegeben ist.» (563)

Dieses Evangelium hat Barths Schüler Helmut Gollwitzer gleichsam in einem midrasch-artigen Gespräch auch der *biblischen* Judasgestalt verkündigt und damit zugleich auf die politischen Implikationen der theologischen Deutung der Judasgestalt durch Barth hingewiesen. Das letzte Wort in der systematisierenden Darstellung und Interpretation der Barth'schen Judas-Passage soll darum Gollwitzer haben. Er hat die – vor allem eschatologischen, mag heissen die hoffnungsvollen – Konsequenzen aus Barths Darstellung gezogen und damit eindrücklich unter Beweis gestellt, was Buess als Anspruch nicht so sehr an die Judas-Passage, aber an Barths gesamte Theologie stellte, dass «von dem, was Barth neu erkannt hat, kein Jota unter den Tisch fällt, dass es vielmehr erst recht zum Leuchten kommt»[370].

[370] Buess, Zur Prädestinationslehre, 60.

4.2.5.3 «Judas, du sollst leben!» – Gollwitzer zieht die Konsequenzen der Judas-Auslegung seines Lehrers

Auch Gollwitzers Ausführungen sind von den Spannungen, nicht dem Widerspruch zwischen Judas' Verrat und Mitwirkung am Heilsgeschehen durchzogen.[371] Judas ist einerseits «*Beispiel für ein Leben, das geschenkten Sinn durch eigene Verfehlung verwirkt hat*»,[372] und andererseits ist «*Gottes Zuwendung in Jesus* [...] *Gewährung neuen Sinnes in bedingungsloser Liebe* [...] *für den Verräter und Selbstmörder*»[373]. Sowohl Judas' Verfehlung des Sinnes als auch sein Tod können diese neue Gewährung nicht aufheben. Gleichwohl fragt auch Gollwitzer: «Wieso hat der Erwählende den erwählten Judas nicht bewahrt?»[374] Und mit seinem Lehrer geht Gollwitzer ganz einig, dass die «Moralisierung des Johannesevangelisten, der Judas einen Dieb nennt (12,6), [...] ein hilfloser Versuch der Distanzierung»[375] ist. Gerade die Nähe des Judas zu den übrigen Aposteln, Jesus und GOTT, an der Barth so viel liegt und die er in den entsprechenden drei Relationen so stark betont, begründet nun bei Gollwitzer die politischen Implikationen von Barths Deutung der Judasgestalt:

> «Für Judas Ischarioth und seinesgleichen, für die Henker Jesu, für die kalten Schreibtischtöter aller Zeiten, für die grossen und kleinen Scheusale in Menschengestalt, für die KZ-Schergen, Kindesmisshandler usw. usw. hat das jedenfalls der [sic] Vorteil, dass sie nicht mehr abgetrennt werden können auf eine Sonderbank, ausmerzungswürdig aus einer Gesellschaft derer, die sich wenigstens strebend ums Gute bemühen, und die mit Fingern auf diese Missratenen zeigen. In deren Gemeinschaft können sie, so scheint es zunächst, nur dann bleiben, wenn man den Massstab der Unterscheidung überhaupt fallen lässt, die Verantwortung aufhebt und uns alle miteinander als Opfer unserer Determinationen, für die wir nichts können, exkulpiert. Aber so steht es bei diesen neutestamentlichen Aussagen nicht. Der Massstab bleibt erhalten; die Verantwortung für das, was ich bin, wird mir nicht abgenommen, wir fallen alle darunter und mangeln des Ruhms, den wir uns zubilligen. Judas ist kein Sonderfall. Er ist unser aller Fall.»[376]

---

[371] Wie im Forschungsüberblick erwähnt, findet sich bei Gollwitzer kein Verweis auf Barths Judas-Passage. Weil die Übereinstimmungen jedoch höchst augenfällig sind, gehe ich im Folgenden davon aus, dass Gollwitzers Überlegungen eine Konkretisierung und Fortschreibung der Judas-Passagen in der Kirchlichen Dogmatik sind.

[372] Gollwitzer, Krummes Holz, 271.

[373] Ebd.

[374] A. a. O., 272.

[375] A. a. O., 272, Anm. 3.

[376] A. a. O., 273f.

Was aber, wenn Judas doch ein Sonderfall ist? Daraus würde folgen, so Gollwitzer, dass, wenn Sinngebung des Menschen eigene Sache ist, ihm auch seine Sinnverfehlung zuzuschreiben ist. Judas hat dann keine Zukunft – zumindest nicht eine, in der auch er die Möglichkeit erhält, «das Verfehlte wiederzugewinnen»[377]. Die Schuld würde zum Indikator, dem Menschen, welcher den Sinn verfehlte, «die Möglichkeit einer Befreiung von Schuld durch Vergebung»[378] abzusprechen. Was daraus folgt, ist offensichtlich: Eine moralische Deutung von Sinnverfehlung kann weder die Sinn- noch die Schuldfrage klären. Nun ist gerade dies die Situation, vor die sich Barth mit der Rezeptionsgeschichte der biblischen Judasgestalt gestellt sieht und sich sodann um eine *theologische* Deutung dieser Gestalt bemüht. Gollwitzer argumentiert dementsprechend mit Lk 5,31 und Mt 9,12, dass der

> «Massstab der sittlichen Güte sittlicher Güte, der wahren Gerechtigkeit von Gerechtigkeit [sic] ist [...], ob sie den Kranken, den Ungerechten zugute kommt. [...] Nicht-Eichmann sind wir nicht schon dadurch, dass wir nicht Eichmann sind, sondern erst dann, wenn wir uns um Eichmann sorgen.»[379]

Daraus folgt für Gollwitzer, dass das Neue Testament «das Buch der grossen Sorge um Judas Ischarioth»[380] ist. Und diese Sorge liegt für Gollwitzer – wie eben auch für Barth – darin, dass das Neue Testament zwar von der Reue des Judas erzählt, damit aber nur noch offenkundiger macht, dass Reue gerade nicht von Sinnverfehlung zu befreien vermag, Judas' Reue ihn vielmehr zum Selbstmord nötigte. «Zum Freispruch aber vom Todesurteil muss von Jesus ein neues Wort ausgehen»:[381] das Wort der Auferstehung – «Auferstehung Jesu und Auferstehung des Judas»[382]. Judas steht, so hat es Barth gesehen, jenseits des Ereignisses dieses neuen Wortes. Er hat darauf verwiesen, dass Judas an allem, was die Jünger mit Jesus erlebten, «passiv und aktiv seinen vollen Anteil gehabt» (509) hat, doch zum Zeugen der Auferstehung wird bei Barth Paulus, während Judas und mit ihm Israel am Kreuz stehen bleibt. Für Gollwitzer nun bleibt Judas nicht am Kreuz stehen, sondern er lässt – «gänzlich in der Aporie»[383] und «nicht um durch Kunst zu suggerieren, sondern um die Sprache zu finden, mit der gesagt werden kann, was hier anzudeuten versucht wird»[384] – Jesus Christus den

[377] A. a. O., 275.
[378] Ebd.
[379] A. a. O., 276.
[380] Ebd.
[381] A. a. O., 278.
[382] Ebd.
[383] A. a. O., 277.
[384] A. a. O., 278.

Judas auf dem Weg zu jenem Baume begleiten. Denn dass Jesus Judas seine Sünde vergeben würde, darum wusste Judas als einer seiner Jünger – das ist das «Menschlich-Moralisch-Selbstverständliche»[385]. Aber das neue Wort, das der Auferstehung, hat eine ganz andere Qualität, weil sich darin, so Gollwitzer, Jesus Christus als wahrer Mensch zeigt.[386] Gollwitzer könnte auch eine Jüngerin, den Paulus, oder eine Zeugin der Auferstehung Judas zur Seite stellen, um damit die von Barth intendierte offene Situation der Verkündigung ins neutestamentliche Bild zu setzen. Doch exakt in diesem Punkt geht nun Gollwitzer über seinen Lehrer hinaus. Auch Gollwitzer wahrt den eschatologischen Vorbehalt im Blick auf Judas, indem er diesen als «Hörer der Verheissung»[387] bestimmt. Jedoch bedarf es bei Gollwitzer dieses originalen Wortes Jesu Christi, um einerseits zeigen zu können, dass mit der Auferstehung fortan die Verkündigung von der Erwählung Jesu Christi durch den Tod nicht begrenzt sein darf und um andererseits auf die menschlich-allzumenschliche Beschränktheit dieser Verkündigung hinzuweisen. Oder anders ausgedrückt: Dass Eschatologie die Lehre des Trostes, nicht der Vertröstung ist, macht Gollwitzer mit jenem neuen Wort an Judas unmissverständlich klar. Während Gollwitzer mit dem zweiten Aspekt die Konsequenzen zieht für das apostolische παραδοῦναι, das «unter allen Umständen fehlbares Menschenwerk» ist, und in eschatologische Sprache übersetzt, so lässt der erste Aspekt Judas nicht – wie bei Barth – beim Kreuz stehen.

Der *zweite* Aspekt zeigt sich darin, dass das nicht-originale Wort der Auferstehung, oder eben mit Barth gesprochen das apostolische παραδοῦναι, beschränkt ist:

> «Ganz mit einem an uns Schuldigen uns zu identifizieren, ganz mit ihm zu tauschen, das ist Liebe, und dazu reicht es bei uns nie ganz; nicht unsere Kraft, auch unsere Möglichkeit ist beschränkt. Kein Mensch kann das ganz, und kein Mensch kann das für alle. Jeder muss jeden weit genug allein lassen, gerade auch in der Schuld und ebenso im Sterben.»[388]

Das apostolische παραδοῦναι «kann nur Echo sein und nicht selbständige Stimme» (554), was nun bei Gollwitzer die Verkündigung menschlicherseits ge-

---

[385] Ebd.

[386] Vgl. a. a. O., 280–282.

[387] A. a. O.,

[388] A. a. O., 280. Zutreffend wird darum Gollwitzer in der Literatur zur biblischen Judasgestalt vor allem im Zusammenhang mit der Thematik des Selbstmordes des Judas herangezogen. Vgl. etwa Dieckmann, Judas als Sündenbock, 264.

rade als Verheissung qualifiziert, weil sie «provoziert [ist] durch die eine Verheissung, auf die sie nun zielt, und adressiert an einen Verheissenden, den sie beim Worte»[389] nimmt. Ebenso

> «macht die Verheissung alles, was wir hier erleben, selbst zur Verheissung: das Negative als Darstellung dessen, wogegen das Leben, die Lebensquelle selbst auf den Plan getreten ist, was also ‹Gott in Christus› dadurch, dass er sich selbst bis zur letzten Konsequenz ausgesetzt hat, bekämpft und zum Abgetanwerden verurteilt hat. Das Positive als verheissungsvolles Zeichen, unsere […] Sehnsucht anregend, für das, was die Verheissung an Heilung und Erfüllung in Aussicht stellt.»[390]

Wenn die Verkündigung das beides enthält, warum bedarf Judas dann bei Gollwitzer des genannten *ersten* Aspektes, des originalen Wortes der Auferstehung durch Jesus Christus selbst? Weil eingewendet werden könnte, Judas habe nicht darauf vertraut, «er hat [sich] statt dessen [sic] erhängt, seine Sinnwidrigkeit damit ganz besiegelt».[391] Und in der Tat argumentiert Barth in diese Richtung, wenn er im Zusammenhang mit der biblischen Geschichte von der Salbung in Bethanien zu bedenken gibt, dass Jesus dem Judas feil ist, und Barth damit in der Relation zwischen Judas und Israel beider «Zukunftslosigkeit» begründet.[392] Doch Gollwitzer fragt:

> «Ist mit dem Tode alles aus? […] Wenn ja, dann bietet die christliche Botschaft zwar erfreuliche Möglichkeiten heilvoller Wendungen an, so lange wir atmen, sie kapituliert aber vor der Todesgrenze und damit vor der Todesherrschaft.»[393]

Das originale Wort kommt «aus einem Tod […], der ‹für alle› geschah»,[394] und dieses Wort muss darum auch Judas, mehr noch: der biblischen Judasgestalt gelten, weil sonst «aus der Verheissung, die aus unserem unmöglich gewordenen Leben ein neues macht, eine Theorie geworden [wäre], die auf uns noch gebliebene Möglichkeiten angewiesen ist»[395]:

> «Wenn Versöhnung wirklich ‹Leben aus den Toten› (Röm. 11,15) ist, dann muss sich das hier erweisen. Darum haben wir für Judas die Linie ausgezogen über den Punkt hinaus, an dem die ihn betreffenden neutestamentlichen Texte allerdings stehen bleiben. Ihr Schauder vor solcher Sinnverfehlung ist offenbar so gross, dass sie kein weiteres Wort wagen. Aber wenn Judas entweder mit uns allen auf einer Bank sitzt, oder

[389] Gollwitzer, Krummes Holz, 292.
[390] A. a. O., 293.
[391] A. a. O., 295.
[392] Siehe oben 4.2.4.2.
[393] Gollwitzer, Krummes Holz, 295.
[394] A. a. O., 296.
[395] A. a. O., 295f.

auf einer Sonderbank besonders bösartiger Ausnahmen, auf der er aber nicht alleine sitzt, sondern Unzählige mit ihm zusammen, und wenn das ‹für alle› so ernst genommen wird, wie es sicher gemeint ist, dann darf hier keine Grenze gezogen werden. [...] Darum ist das Evangelium Kunde des neuen Sinnes für die, die ihren Sinn verwirkt haben. Es ist frohe Botschaft für Judas Ischarioth.»[396]

[396] Ebd.

NIKOLAI NIKOLAJEWITSCH GE

5. Fundamentaltheologische Weichenstellungen: Die Judas-Deutung im Horizont der Kirchlichen Dogmatik

Leistet, und wenn ja, inwiefern, auch Barths «Bestimmung des Verworfenen» einen Beitrag zu seiner ReVision der klassischen Lehre von der doppelten Prädestination als Lehre von GOTTES Gnadenwahl? Konkret: Was ergibt sich aus der systematisierenden Darstellung und Interpretation von § 35.4 im vorangehenden Kapitel dieses Buches für Krötkes Überzeugung, in Barths «Bestimmung des Verworfenen» entstehe der Eindruck, «dass Gott Menschen auch zur Darstellung der eigentlich ausgeschlossenen Verwerfung bestimme»[397]? Krötke hat Barth damit einen «Nachklang der traditionellen Praedestinationslehren mit ihrem Interesse am Status, am Geschick und der Funktion nicht nur der ‹erwählten›, sondern auch der sogenannten ‹verworfenen› Menschen»[398] vorgeworfen, der dann freilich «im Ganzen [...] doch deutlich in den Gesamtduktus der Erwählungslehre hinein aufgehoben»[399] werde.

Fokussiert auf diese Fragen werden im Folgenden die Ergebnisse der vorausgehenden Untersuchungen auf ihre noetische Bedeutung in und für Karl Barths Lehre von GOTTES Gnadenwahl hin befragt (*5.1*). Dieser Arbeitsschritt versteht sich zugleich als Probe aufs Exempel, ob und, wenn ja, inwiefern, die systematisierende Darstellung und Interpretation eine Gegenposition zu der sich aus dem Forschungsüberblick eruierten Kritik ergibt. Ein weiteres Unterkapitel thematisiert das Verhältnis von Schrifthermeneutik und Dogmatik innerhalb von Barths Judas-Deutung (*5.2*). Dass und inwiefern sich aus der systematisierenden Darstellung auch noch weitere fundamentaltheologische Weichenstellungen für Barths gesamte Kirchliche Dogmatik ergeben, soll exemplarisch im Hinblick auf Barths Judas-Deutung in zwei weiteren Kapiteln der KD gezeigt werden, nämlich in Barths Lehre vom Nichtigen (5.3) und in seiner Hamartiologie in KD IV/1 (5.4).

397 Krötke, Summe des Evangeliums, 75.
398 Ebd.
399 Ebd.

5.1 Mehr als eine Randnotiz: Die Judas-Deutung als Schlüssel zu Barths ReVision der Erwählungslehre

Mit Barths Judas-Deutung lassen sich, wie gezeigt, weite Teile seiner Erwählungslehre erschliessen, insofern die verschieden Relationen, in denen die biblische Judasgestalt von Barth erörtert wird, auf je unterschiedliche Aspekte dieser Lehre und der Gotteslehre, in deren Rahmen die Erwählungslehre zu stehen kommt, hinweisen. Dass darüber hinaus der biblischen Judasgestalt in der Tat eine signifikant noetische Bedeutung in und für Barths Erwählungslehre zukommt, wird daran deutlich, dass die Relationen der Judas-Passage je einem vorausgehenden Paragrafen zugewiesen werden können: Während die Relation zwischen Judas und Jesus sowie Judas und GOTT § 33 «Die Erwählung Jesu Christi» biblisch begründen, beziehen sich die Relationen zwischen Judas und Israel sowie Judas und den Aposteln vornehmlich auf § 34 «Die Erwählung der Gemeinde», wobei diese, wie von Barth intendiert, ihr Telos in § 35 «Die Erwählung des Einzelnen» finden.

Dies ist insofern sachgemäss, als Barth selbst im Vorwort zu KD II/2 zu bedenken gibt, dass der «besondere Inhalt gerade dieses Halbbandes [...] es nötig [machte], dass ich den exegetischen Hintergrund der vorgetragenen dogmatischen Darlegungen noch sichtbarer machen musste, als dies in den früheren Teilen geschehen ist» (VII). Wenn Barth in der exegetischen Passage in § 35.4 zur Einsicht gelangt, dass Judas «neben Jesus selbst in gewissem Sinn die wichtigste Figur des Neuen Testamentes» (558), und Barths Erwählungslehre fundamental christologisch begründet ist, scheint die biblische Judasgestalt in der Tat eine signifikante Bedeutung für Barth zu haben. Diese Einsicht wird dadurch verstärkt, dass Barth sich mit § 35 jenem Themengebiet zuwendet, mit dem sich die klassische Prädestinationslehre ausschliesslich befasste, und Barth seiner Lehre von GOTTES Gnadenwahl die These voranstellt, einen «charakteristisch anderen Weg» (86) als die Tradition zu gehen. Die Aussagen in § 35.4 heben sich sodann nicht, wie Krötke behauptet, «in den Gesamtduktus der Erwählungslehre hinein auf»,[400] sondern setzen viel eher den Gesamtduktus der Erwählungslehre ins neutestamentliche Bild: Barth erfindet Judas nicht, sondern findet ihn als biblische Gestalt vor. Das alle Relationen und Paragrafen verbindende Element ist Barths exegetische Entdeckung, das griechische παραδοῦναι nicht in der gängigen Lesart mit «verraten», sondern mit «überliefern» zu übersetzen, womit er auf die Parallelen des Überlieferns GOTTES und der Apostel sowie Jesu

[400] Ebd.

Selbstüberlieferung hinweisen kann. Daraus lässt sich folgender Widerspruch zur Kritik in der – vor allem *deutschsprachigen*! – Barth-Forschung formulieren:

Krötkes Kritik[401] ist unberechtigt, weil Barth auch in § 35.4 nicht von seiner christologischen Prämisse mit anthropologischem Gehalt abweicht, insofern es Judas in allen vier Relationen zwar gelingt, sich «unter Beleidigung Gottes und zu seinem eigenen Verderben» (348) zu vereinzeln, sein παραδοῦναι jedoch vergeblich ist, «weil die Wahl, die er damit trifft, in Jesus Christus von Ewigkeit her negiert und annulliert ist, weil er seinerseits mit seinem eigenen Wählen Alles, aber auf keinen Fall Gottes Gnadenwahl negieren und annullieren kann» (349). Judas überliefert Jesus zum Tode, doch diese Handlung ist «nur» ein Tun-als-ob, zumal Barths Entscheidung, von der Selbstwiederholung GOTTES als Wiederholung der ewigen Geschichte GOTTES innerhalb der geschöpflichen Zeit zu sprechen, bedingt, dass jegliches Handeln vonseiten des Geschöpfs nur Vor- oder Nachklang göttlichen Handelns sein kann. Im Falle des Judas ist es ein schrecklicher Nachklang: Judas beleidigt GOTT, indem er bei der Salbung in Bethanien nach dem Warum dieser Salbung fragt und so die Freiheit GOTTES unterschlägt. Mit seiner Frage verdrängt er Jesu Christi Herablassung als Ermöglichungsgrund der Erwählung aus seinem eigenen Blickfeld und steht so «vor der völligen Nichtigkeit dessen, was er damit gewonnen hat» (520). Das ist Judas' Vereinzelung zum eigenen Verderben. Doch indem Judas Jesus nach dem Warum der Salbung fragt und Letzterer darauf antwortet, dass die Salbung die Verherrlichung seines Todes sei, wird offenbar, was «durch das Evangelium negiert und überwunden wird» (506). Judas führt damit die zweite Aufgabe des «Verworfenen» aus. Nun sind gerade diese Aufgaben keine eigenständigen, sondern kommen in eine Begrenzung zu stehen. Dogmatisch meint die Grenze die Erwählung Jesu Christi und biblisch zeigt sie sich darin, dass Judas in allen vier Evangelien und bei Paulus (1Kor 15,5) einer der Zwölf bleibt. Vom «Status, [...] Geschick und der Funktion»[402] der Verworfenen und einer Bestimmung zur Darstellung der Verwerfung kann darum hier nicht die Rede sein. Alle drei Aufgaben der «Verworfenen» kommen vom Evangelium her und weisen auf das Evangelium zurück. Darum schreibt Barth im Leitsatz von § 35: «Ihn [sc. den ‹Verworfenen›] wird die Zusage seiner Erwählung dazu bestimmen, als Glied der Gemeinde selber zum Träger ihres Zeugnisses an die ganze Welt zu werden» (336). Barth schreibt nicht: ihn kann, ihn soll, ihn möge, sondern ihn *wird* die Zusage seiner Erwählung zum Zeugen bestimmen. Denn wenn Jesus Christus gestorben und von den Toten auferstanden ist, dann hat sich das Evangelium

401 Siehe oben 3.1.

402 Krötke, Summe des Evangeliums, 75.

ereignet, und das «trotz unserer sündigen, unreinen Hände»[403]: «Der Sohn des Menschen muss in die Hände sündiger Menschen überliefert und gekreuzigt werden und am dritten Tag auferstehen!» (Lk 24,7) –

> «ohne das könnten und würden diese [sc. die Jünger] ihn ja nicht haben, wie sie ihn tatsächlich haben sollen und dürfen, nicht das von ihm empfangen, was Gott ihnen durch ihn bestimmt hat. Der ganze Sinn des Apostolates, der Erwählung der zwölf Apostel hängt daran, dass das geschieht. Und eben dieser im Rate Gottes als notwendig beschlossenen Überlieferung besonderer Faktor und Exponent ist der Apostel Judas Ischarioth.» (511)

In dieser Spannung zwischen Verrat und Mitwirkung am Heilsgeschehen steht Judas Ischarioth.

Aber in dieser Dramatik stehen auch die Apostel, zumal «im Akte der apostolischen Überlieferung [...] Jesus, [...] die göttliche Überlieferung in dieser Wiederholung und Nachbildung[,] in die Hände sündiger Menschen» (556) kommt. Infolgedessen ist auch *Krecks* Kritik,[404] wonach Barths Judas-Deutung zwingend dazu führe, dass Barth hier eine Apokatastasis lehren müsse, nicht hinreichend beweisbar. Zwar spricht Barth von einer «gebannte[n] Gefahr» (535), weil Christus hinfort nicht mehr stirbt (Röm 6,9), doch das παραδοῦναι des Paulus hat «tatsächlich dieselbe Form» (537) wie jenes des Judas. Das bedeutet nun aber, dass deren beider Tun in Kontinuität geschieht. Freilich gibt es zwischen ihnen beiden eine «wunderbare Umkehrung» (532), aber keiner der beiden ist eben daran beteiligt. Weder lässt sich der Umkehrung etwas hinzufügen, noch kann sie durch ein Geschöpf irritiert werden. Wenn sodann für Barth gilt, dass die

> «Kirche [...] keine Apokatastasis, [...] aber auch keine ohnmächtige Gnade Jesu Christi und keine übermächtige Bosheit des Menschen ihr gegenüber predigen [soll], sondern ohne Abschwächung des Gegensatzes, aber auch ohne dualistische Eigenmächtigkeit die Übermacht der Gnade und die Ohnmacht der menschlichen Bosheit ihr gegenüber» (529),

dann ist darin kein Widerspruch enthalten. Es besteht kein Gleichgewicht zwischen Gnade und Sünde, wenn Barth von *Übermacht* und *Ohnmacht* spricht. Das einzige Moment des Widerspruchs liegt im menschlichen Handeln gegen diese Gnade, das aber faktisch ein ohnmächtiges Handeln ist. Und wenn die «Erwählten» diesen Widerspruch der «Verworfenen» gegen die Gnade brauchen, dann

403 Barth, Evangelium und Gesetz, 106. Vgl. Jüngel, Ganz werden, 202–204.
404 Siehe oben 2.1.

doch deshalb, damit sie ihre Bestimmung zum Erwähltsein nicht als Besitz, sondern als täglich neue Gnade deuten. Nun liegt aber gerade darin der einzigartige Beitrag Barths zur ReVision der Prädestinationslehre begründet: Weil Jesus Christus die Verwerfung substituiert – und damit bei Barth sehr wohl eine Prädestination zur Verwerfung besteht, sie aber nur den einen wahren Menschen und wahren GOTT trifft –, kann sich aufseiten des Geschöpfs schlechterdings alles nur noch auf die Erwählung beziehen. Während sich in der Apokatastasis-Lehre der *Alten Kirche* der Stand der Verworfenen erst «endlich und zuletzt» (462) mit demjenigen der Erwählten deckt, wird bei Barth der «Verworfene» nur und ausschliesslich *mit* dem Erwählten thematisch. Dass dieser Aspekt in Barths Erörterungen der Relation zwischen Judas und Israel in eine Schieflage gerät, weil Barth hier die Richtung dieser Erkenntnisordnung in ihr Gegenteil verkehrt, ist festzuhalten und bleibt zu kritisieren.

Doch nicht erst Barths Judas-Deutung, sondern bereits seine Exegese zu Röm 9–11 in § 34 führt zu Spannungen zwischen systematischer Darstellung und Exegese. Gerade deshalb ist zwar *Buess'* Kritik,[405] wonach Barths Exegesen der biblischen Judas-Texte diese Spannung paradigmatisch zeigen, im Hinblick auf die Relation zwischen Judas und Israel durchaus berechtigt. Aber eine solche Kritik sollte nicht dazu führen, eine beachtliche Passage innerhalb von Barths Erwählungslehre weithin unberücksichtigt zu lassen. Das gilt umso mehr, als die Frage nach dem Verhältnis von Schrifthermeneutik und Dogmatik zu jenen Gebieten der Barth-Forschung gehört, die seit längerem virulent und kontrovers diskutiert werden. Wie also gestaltet sich das Verhältnis von biblischer Hermeneutik und Dogmatik in den Judas-Passagen?

5.2 Die Bibel und ihre Missverständnisse: Zum Verhältnis von Schrifthermeneutik und Dogmatik in der Judas-Passage

Dass die Frage nach dem Verhältnis von Schrifthermeneutik und Dogmatik in Barths (Kirchlicher) Dogmatik zu jenen Aspekten gehört, die innerhalb der Barth-Forschung strittig sind, zeigt paradigmatisch ein Schlagabtausch zwischen Michael Trowitzsch und Wolf Krötke auf dem Abschlusspodium des internationalen Barth-Symposions 2003 in Emden. Krötke vertritt die Meinung, dass Barth

[405] Siehe oben 2.1.

> «sozusagen in die Texte hinein[riecht], [...] die Konkordanz vor sich [hat] und [...] Wunderschönes und [...] vieles gemerkt [hat], aber es [...] in der Tat methodisch nicht nachvollziehbar [ist], wenn man nicht einen solchen sprühenden Geist hat, mit dem man die Texte kombiniert. Hinzu kommt ein anderes, was mich persönlich stört und was den Kontakt zur Exegese ja nun wirklich blockiert, und das ist dieser exegetische Objektivismus.»[406]

Trowitzsch hält dem entgegen, dass Barth

> «ein Verfahren [hat], das wir noch nicht verstanden haben. Ich würde vorsichtig sagen: suchen wir zunächst einmal die Schuld bei uns, bevor wir sagen, er legt chaotisch und in irgendeiner desaströsen Weise die Texte aus. Ich glaube, wir wissen nicht, wie er es tut, und es bedarf der Forschung, um das herauszubekommen.»[407]

Einig sind sich sodann sowohl Trowitzsch als auch Krötke darin, dass die *Methode* das eigentlich Fragwürdige der Barth'schen Exegesen ist. Krötke stellt weder den theologischen Gehalt, der sich aus Barths Exegesen ergibt, noch die Konformität zwischen Schrifthermeneutik und Dogmatik infrage. Demgemäss gibt Krötke in einem anderen Zusammenhang hinsichtlich der Petit-Druck-Passagen der Kirchlichen Dogmatik zu bedenken:

> «Vergleicht man aber diese viel kritisierten und tatsächlich ob ihres intuitiven Lauschens auf den Geist, der sich in den Texten ausspricht, schwer nachahmbaren exegetischen Passagen mit den Sachentfaltungen, dann zeigt sich, dass sie und damit die Schriftauslegung das Rückgrat sind, das den souveränen Umgang mit der dogmatischen Tradition und den Herausforderungen der Gegenwart allererst ermöglicht.»[408]

Die methodische Problematik der Barth'schen Schriftauslegung ergibt sich wesentlich daraus, dass «Karl Barths Christologie [...] nicht nur ein beliebiges Beispiel für seine Schriftauslegung [ist]; sie ist in seinem Sinne der *exemplarische Fall* von Schriftauslegung überhaupt».[409] In seiner «Lehre von der Heiligen Schrift» in KD I/2[410] bestimmt Barth das Wort GOTTES in dreifacher Gestalt: das offenbarte, geschriebene und verkündigte Wort. Das geschriebene Wort, d. h., die Bibel hat dabei eine zweifache Funktion, indem sie einerseits Zeugnis gibt von Christus als offenbartem Wort, andererseits die Grundlage für die Predigt als verkündigtes Wort ist. Daraus ergibt sich Barths hermeneutische Grundregel, die Heilige Schrift stets auf

406 McCormack, Statt eines Nachwortes, 472.
407 A. a. O., 473.
408 Krötke, Christologie Karl Barths, 8.
409 A. a. O., 1.
410 Als Grundlage für das Folgende sei auf Bergner, Um der Sache willen, 47–90, verwiesen.

ihren Gegenstand hin zu lesen und zu verstehen: Jesus Christus. Aus dieser Regel resultieren für das Verhältnis von Schrifthermeneutik und Dogmatik in Barths Judas-Deutung mindestens zwei Problemanzeigen: *Erstens* verwehrt diese Lehre Barth, die Bibel unabhängig von der Christus-Botschaft auf dogmatische Topoi hin zu befragen.[411] *Zweitens* sind Erwägungen der historisch-kritischen Methode nur dann fruchtbar zu machen, wenn sie sich auf die Christologie *rück*beziehen lassen.[412] Oder anders ausgedrückt: Barths exegetische Methode fragt nicht danach, ob Jesus von Nazaret der Christus, sondern allenfalls, ob der Christus Jesus von Nazaret ist.[413] Und ohnehin gilt für Barth der reformatorische Grundsatz der sich selbst auslegenden Schrift: «Die Heilige Schrift legt sich selbst aus, aller unserer menschlichen Beschränktheit zum Trotz.»[414]

Bei der Erzählung von der Salbung in Bethanien vollzieht Barth eine *selektiv* historisch-kritische Exegese, indem er sich für jene eine Deutung entscheidet, die seiner dogmatischen Sache das Wort redet. Barth stellt fest, dass gegenüber der johanneischen Überlieferung augenfällig sei, dass bei Markus (14,4) «Einige» und bei Matthäus (26,8) «die Jünger» über die Verschwendung der Salbe murren. Es zeigt sich hier Barths Aufmerksamkeit für Überlieferungskritik, wenn er zu bedenken gibt, dass die Erzählung einem «literarische[n] Prozess» (523) unterliege. Infolgedessen erwägt Barth verschiedene Möglichkeiten der Abhängigkeit der Evangelisten von- und untereinander. Entsprechend der Zwei-Quellen-Theorie – ohne diese freilich zu erwähnen – mit ihrer Markuspriorität erwägt Barth, dass Matthäus' Angabe eine Präzisierung derjenigen von Markus sei. Gleichwohl kann man bei Barth auch an dieser Stelle «nur» von einem *annähernd* historisch-kritischen Bewusstsein sprechen, zumal er sogleich auch jegliche andere Abhängigkeiten erwägt, die dann aber historisch-kritisch nur schwer zu halten wären, weil etwa das Johannesevangelium in seiner (Un-

411 Vgl. a. a. O., 133.

412 Man wird wohl insgesamt nicht in Abrede stellen können, dass Barth der historisch-kritischen Methode kritisch gegenüberstand. So schreibt er etwa – durchaus mit Schalk – in Bezug auf seine Professoren in Bern, von denen er in die historisch-kritische Methode eingeführt wurde: «[I]ch habe damals das Gruseln verlernt, habe nämlich die ‹historisch-kritische› Schule in ihrer älteren Gestalt damals so gründlich durchlaufen, dass mir die Äusserungen ihrer späteren und heutigen Nachfolger nicht mehr unter die Haut oder gar zu Herzen, sondern, als nur zu bekannt, nur noch auf die Nerven gehen konnten […].» Ders., Nachwort, 298.

413 Vgl. Krötke, Christologie Karl Barths, 10f.

414 Barth, Wort Gottes, 22.

)Abhängigkeit zu den synoptischen Evangelien in der neutestamentlichen Forschung per se umstritten ist.[415] Sämtliche weiteren Erwägungen, die im historisch-kritischen Kontext bedacht werden müssten, fallen bei Barth entsprechend seiner selektiven Wahrnehmung heraus: Die Überlieferung in Lk 7 wird insgesamt nicht erwähnt. Auch die je unterschiedlichen Gastgeber – bei Markus und Matthäus der aussätzige Simon, bei Johannes Lazarus – finden bei Barth keine Erwähnung.

Dass diese Aspekte fehlen, erscheint in der Tat merkwürdig, bedenkt man, worauf Barth mit seiner Exegese hinaus will: Die Widersprüchlichkeit soll zeigen, dass *alle*, die mit und um Jesus waren, dieser *eine* Judas hätten sein können. Infolgedessen scheint es berechtigt, Barth vorzuwerfen, seine exegetischen Überlegungen seien deutlich von der dogmatischen Argumentation beeinflusst.[416] Nicht anders ist der folgende Satz zu verstehen: «[D]ie historische Verlegenheit, in der man sich angesichts dieses Widerspruchs befinden mag, [ist] geringfügig neben der Belehrung, die sich aus diesem Widerspruch ergibt.» (523) Der entscheidende Punkt in dieser Hinsicht ist nun aber, dass eine historisch-kritische Interpretation der biblischen Texte Barths dogmatische Intention noch gefördert hätte und die Schlüsse, die er aus seiner Methode zieht, hier darum nicht eigentlich kritisiert werden können.

Barths dogmatische Bestimmung, wonach der Mensch nur der begnadigte und damit schlechterdings zur Erwählung bestimmte Mensch sein kann, weil dem ewigen Gnadenbund auf der einen Seite kein ewiger Zornesbund auf der anderen Seite gegenübersteht, gewinnt nicht nur an Anschaulichkeit, sondern ebenso an Plausibilität durch die exegetischen Erwägungen zur Salbung in Bethanien in den genannten drei Evangelien. Indem Markus und Matthäus, anders als Johannes, *nicht* dem Judas, sondern «Einigen» und «den Jüngern» die Frage nach dem Warum dieser Salbung in den Mund legen und Barth darauf mit Bestimmtheit verweist, leistet er indes einen wichtigen Beitrag zur *Rehabilitierung* der biblischen Judasgestalt. Johannes hat mit Joh 12, wie Meiser zu Recht feststellt, «den späteren Erweiterungen der Legende damit den Boden [bereitet], dass er Negativ-Eigenschaften des Judas nicht erst anlässlich des Auslieferungsgeschehens schildert, sondern bereits im Verlauf des öffentlichen Wirkens Jesu vor der Passion».[417] Dass Barth, wie gezeigt, allem voran um eine theologische, nicht moralische Deutung der biblischen Judasgestalt bemüht ist, ist auch darauf zurückzuführen, dass Barth die Gestalt des Judas eben nur auf den Gegenstand,

415 Vgl. Kügler, Johannesevangelium, 216f.
416 Vgl. Bergner, Um der Sache willen, 158.
417 Meiser, Judas Iskariot, 48f.

welcher Jesus Christus ist, hin befragt. Bei Barths Exegese von der Geschichte der Salbung zeigt sich dies darin, dass Barth erörtert, in welche Stellung Judas mit seiner Warum-Frage gegenüber Jesus rückt. Wo es um den Kontrast gegenüber Maria geht, sind bei Barth alle Jünger angesprochen, jedoch erneut hinsichtlich ihrer Relation zu Jesus, denn «nach den Synoptikern [finden wir] die Jünger überhaupt genau in demselben Zurückweichen begriffen, genau in demselben Gegensatz zu jener Frau, genau derselben Zurechtweisung bedürftig: ‹Arme habt ihr allezeit (und wenn ihr wollt, könnt ihr ihnen Gutes tun), mich aber habt ihr nicht allezeit› (Mc. 14, 7, Matth. 26, 11)» (523). Weil Jesus in allen drei Evangelien neben Maria die wichtigste Figur in jener Erzählung ist, ist Barths exegetisches Vorgehen in der Tat sachgemäss.

Dass Barth nicht im eigentlichen Sinne eine historisch-kritische Methode anwendet, steht ausser Frage. Jedoch muss sogleich hinzugefügt werden, dass er diesen Anspruch gar nicht erst erhebt. Seine Methode ist viel eher, so formuliert es Bergner, eine *«narratologisch sensibilisierte*[] *und theologisch interessierte*[] *Nacherzählung*».[418] Wenn die Exegese von ihrem Gegenstand her kommt, muss sie auch auf ihren Gegenstand zurückzuführen sein und zu ihm zurückführen. Für die Judas-Passage bedeutet dies, alle biblischen Stellen zusammenzutragen, welche die Judasgestalt thematisieren, um sie dann ins Gespräch mit der Erwählung Jesu Christi zu bringen: «Die Erwählung steht [...] wie am Ende des Weges so schon am Anfang.»[419] Und die Stärke dieser Methode liegt dann in der Tat darin, «dass sie dazu verhilft, die aktuelle Relevanz der biblischen Texte erkennbar zu machen»,[420] was angesichts des «Anredecharakter[s]» biblischer Texte[421] durchaus sachgemäss ist. Demgemäss gesteht Buess ein, dass Barths Exegesen innerhalb der Erwählungslehre «systematisch fruchtbar gemacht»[422] seien, doch er kritisiert, dass die systematischen Darstellungen nicht exegetisch fundiert seien: «Es bewähren sich wohl die systematischen Gedanken in der Exegese, es bewähren sich, es herrschen aber nicht die exegetischen Motive in der Systematik.»[423]

Nun ist es exakt dieser Aspekt, der Barth hinsichtlich seiner Judas-Passage harsche Kritik beschert hat, nämlich im Hinblick auf seine Exegese zu dem je unterschiedlichen Ende des Judas in Mt 26 und Apg 1 und den daraus gezogenen

418 Bergner, Um der Sache willen, 342.
419 Buess, Zur Prädestinationslehre, 45.
420 Bergner, Um der Sache willen, 342f.
421 Jüngel, Wertlose Wahrheit, 197.
422 Buess, Zur Prädestinationslehre, 47.
423 Ebd.

Schluss: «Wir haben es hier wieder mit einem Fall zu tun, der zeigt, dass die Bibel auch mit ihren Missverständnissen und Verwechslungen lehrreicher zu sein pflegt als andere Bücher mit ihren Korrektheiten.» (519) So urteilt etwa Ford:

> «[H]owever terrible his [sc. Judas'] sin, Barth wants to make a case for his salvation, of which the N. T., with its two stories of his death, both smacking of the most bitter finality, gives no hint. Barth's bias towards stressing ‹objective› atonement and salvation here leads him into an interpretation which is bound to devalue subjective responsibility and faith.»[424]

Dass diese Kritik nicht vollumfänglich berechtigt ist, weil Barth «salvation» für die *biblische* Judasgestalt «nur» als eschatologische Möglichkeit behauptet, hat die systematisierende Darstellung von § 35.4 gezeigt.[425] Jedoch ist die Kritik, der sich auch McGlasson anschliesst,[426] insofern ernst zu nehmen, als der Selbstmord des Judas hauptsächlich in seiner Relation zu Israel thematisch wird[427] und Barth sodann mit der Geschichte Israels im Alten Testament konfrontiert wird. Barth aber liest das Alte Testament ausschliesslich vom Neuen her, was, so hat es Marquardt formuliert, konkret bedeutet: «Lesen der Geschichte Israels von ihrer schon geschehenen Erneuerung her [...] auf ihre zu geschehende Erneuerung hin [...].»[428] Wird indes der Vorwurf nur auf Barths neutestamentliche Exegese bezogen, ist es meines Erachtens nicht nachvollziehbar, warum es illegitim sein soll, sowohl den tragischen Tod des Judas als Gericht, das er über sich selbst vollzieht, als auch seine bleibende Erwählung exegetisch aufrechtzuerhalten. Barth hat eindrücklich nachgewiesen, dass alle Evangelien und darüber hinaus Paulus in 1Kor 15,5 daran festhalten, dass Judas einer der zwölf Jünger war.[429] Die Spannungen, die Ford und McGlasson wahrnehmen, sind darum meines Erachtens nicht so sehr im Kontext der Frage nach dem Verhältnis von Schrifthermeneutik und Dogmatik zu lokalisieren, sondern darin, dass Barth mit seiner Judas-Deutung auf dogmatische Topoi stösst, deren theologische Bearbeitung ihm noch bevorsteht.

Sowohl Barths Judas-Exegesen als auch seine vorangehende dogmatische «Bestimmung des Verworfenen» bringen Fragen mit sich, die an dieser Stelle

424 Ford, God's Story, 92.
425 Siehe oben 4.2.5.
426 Vgl. McGlasson, Jesus and Judas, 142f.
427 Siehe oben 4.2.4.2.
428 Marquardt, Entdeckung des Judentums, 124. Vgl. dazu Klappert, Christologie K. Barths, 267–269.
429 Vgl. auch Apg 1,17.

der Kirchlichen Dogmatik von Barth noch nicht abschliessend bzw. überhaupt nicht dogmatisch erschlossen sind. Man kann sich darum fragen, ob Barths Exegesen ihn nicht sogar zu fundamentaltheologischen Weichenstellungen nötigen. Den Erörterungen zur biblischen Judasgestalt stellt Barth die dogmatische Entscheidung voran,

> «dass wir es in der Bestimmung des Verworfenen schon definitionsmässig in einem ganz anderen Sinn mit dem Willen Gottes zu tun haben als in der Bestimmung des Erwählten. Der eine Wille Gottes, der beide bestimmt, ist hier das allmächtige, heilige und barmherzige *Nicht-Wollen* Gottes.» (499)

Doch wer den Aufbau der Kirchlichen Dogmatik kennt, weiss, dass Barth auf das Nichtwollen GOTTES explizit und ausführlich erst in § 50, in seiner Lehre vom Nichtigen, zu sprechen kommt. Entsprechend verhält es sich mit dem Befund, dass Barth wiederholt von der Sünde der «Verworfenen» und sodann von Judas' Sünde spricht, ohne jeweils bereits eine entfaltete Hamartiologie im Blick zu haben. Wenn aber Barth beide Aspekte später in seiner Kirchlichen Dogmatik wieder aufnimmt, ausführlich dogmatisch begründet und sich darin Übereinstimmungen zur Judas-Passage finden, scheint das Vorgehen berechtigt, auch diese von der Forschung festgestellten Spannungen durch Bezugnahmen zu späteren theologischen Lehren Barths kritisch infrage zu stellen. Und in der Tat kommt Ford selbst kurz auf Barths Lehre vom Nichtigen zu sprechen, jedoch erneut aus einem hauptsächlich schrifthermeneutischen Blickwinkel.[430] Demgegenüber notiere ich zu beiden Bereichen im Folgenden einige *dogmatische* Wahrnehmungen.

5.3 Was Jesus Christus «wirklich» ans Kreuz gebracht hat: Die Judas-Deutung und die Lehre vom Nichtigen

Barths Lehre vom Nichtigen steht als § 50 «Gott und das Nichtige» im Kontext der Vorsehungslehre (KD III/3),[431] die ihrerseits Teil der Schöpfungslehre in KD III/1–4 ist. Im Leitsatz von § 48 «Die Lehre von der Vorsehung, ihr Grund und ihre Gestalt» macht Barth unmissverständlich klar, dass «die Geschichte des geschaffenen Seins [...] in jeder Hinsicht und in ihrem ganzen Umfang unter der väterlichen Herrschaft Gottes des Schöpfers verläuft».[432] In § 50 kommt

430 Vgl. Ford, God's Story, 102f.

431 Zur Begründung, § 50 als festen Bestandteil der Vorsehungslehre zu verstehen, vgl. Wüthrich, Gott und das Nichtige, 34–47.

432 KD III/3, 1.

Barth auf das Problem zu sprechen, «dass eben das von Gott beherrschte Kreaturgeschehen faktisch auch unter der Bestimmung jenes *fremden* Faktors, unter der Bestimmung des *Nichtigen* steht».[433] Barth hält fest, dass GOTT auch das Nichtige «durschaut, überblickt, beherrscht»:[434] «[D]as ist im Zusammenhang mit der Lehre von der Vorsehung die Erkenntnis, auf die wir in diesem ganzen Paragraphen hinzielen.»[435] Doch anders als in § 33, wo Barth noch von einer «Zulassung des Bösen»[436] und damit stärker der Tradition verbunden spricht,[437] ereignet sich das Nichtige unter GOTTES Verfügung[438] – so Barths eigene Formulierung im Leitsatz von § 50:

> GOTT selbst «*entscheidet* [...] *darüber, wo und wie, in welchem Umfange und in welchem dienenden Verhältnis zu seinem Wort und Werk bis zur allgemeinen Offenbarung seiner schon vollbrachten Widerlegung und Erledigung auch es noch immer zur Geltung kommen darf*».[439]

Der gesamte Paragraf läuft darauf hinaus zu zeigen, dass das Nichtige der «als Feind aus dem Feld geschlagene, gefangene und gezähmte Feind Gottes [...] als solcher Gottes Knecht geworden»[440] ist. Denn auch bezüglich des Nichtigen verläuft alles unter GOTTES Herrschaft, «*dessen Wille in seiner Gnadenwahl und also in der Geschichte des Bundes zwischen ihm und dem Menschen und also in Jesus Christus geschieht und erkennbar ist*».[441] Oder wie Matthias Wüthrich schreibt: «Das Nichtige hat Gott, seinem Wort und Werk, als ‹Gottes Knecht› zu dienen.»[442] Damit ist klar, dass die Vorsehung GOTTES von der Erwählung Jesu Christi her auszulegen ist.[443] Wüthrich spricht sich in seinen ausführlichen Untersuchungen zu Barths Rede vom Nichtigen für einen «[S]trukturellen, aber kaum terminologischen Anschluss des § 50 an die Erwählungslehre»[444] aus.[445]

433 A. a. O., 328.
434 A. a. O., 343.
435 Ebd.
436 Siehe oben 4.1.4.1.
437 Vgl. Wüthrich, Gott und das Nichtige, 35.
438 Vgl. KD III/3, 327.
439 Ebd.
440 A. a. O., 425.
441 A. a. O., 1.
442 Wüthrich, Gott und das Nichtige, 35.
443 Vgl. a. a. O., 32.
444 A. a. O., 47–51.
445 Gleichwohl stellt Wüthrich Frettlöhs («Das Ja vor jeder Frage», 119) und Freys (Die Theologie Karl Barths, 203) Votum nicht in Abrede, dass die Lehre vom Nichtigen von Barth in der Erwählungslehre gewissermassen bereits angedacht ist. Wüthrich geht

Auf Barths Judas-Passage kommt Wüthrich nicht zu sprechen, sondern verweist auf Ford, hält jedoch pointiert fest: «Jesus Christus ist als erwählter Mensch immer schon zum Tragen der Sünde und zur Konfrontation mit dem Bösen bestimmt.»[446] Nun lassen sich aber in Barths Judas-Passage durchaus sowohl sachliche als *auch terminologische* Anschlüsse feststellen.[447]

Die terminologischen Übereinstimmungen zu § 50 finden sich vor allem in Barths dogmatischer «Bestimmung des Verworfenen»:[448] Gleichwie die Gestalt des «Verworfenen» «auf der ganzen Linie eine *weichende, fliehende* [...] Gestalt» (507) ist, ist auch das Nichtige «nur *weichende* Grenze, nur *fliehender* Schatten»[449]. Das Nichtige «hat *keine Substanz*: woher wollte es sie haben, da Gott sie ihm gerade nicht geben, da er es nicht erschaffen wollte? Es hat nur seine Leere: wie sollte es nicht leer sein, da es nur unter Gottes Unwillen ist, was es ist? So ‹ist› es: *substanzlos* und leer.»[450] Und auch der «Verworfene» «ist durch die Art, in der in der Erwählung Jesu Christi über ihn verfügt worden ist, zur Ohnmacht, zur *Substanzlosigkeit* verurteilt, blosses Objekt des Sieges der Wirklichkeit und Wahrheit, der von Ewigkeit her über ihn beschlossen und in der Mitte der Zeit über ihn errungen wurde» (507). GOTT *begrenzt* das Nichtige,[451] wie auch der «Verworfene» durch die Existenz des Erwählten *begrenzt* ist[452]. Und im «Blick auf Jesus Christus wird man vom Nichtigen in keinem Sinn sagen können, dass es noch immer eine *Zukunft* habe»,[453] der «Verworfene» hat neben der Erwählung Jesu Christi keine *Zukunft*[454]. Wie das Nichtige unter dem *Nichtwollen* GOTTES lebt,[455] so lebt der «Verworfene» nur «als Gegenstand des *göttlichen Nicht-Wollens*» (499). Und was die Tat des Judas anbelangt, so hält Barth fest, dass Judas nach seinem Handeln «vor der völligen *Nichtigkeit* dessen [steht], was er damit gewonnen hat» (520).

Auch sachliche Anschlüsse lassen sich eruieren, wobei der zweifelsohne augenfälligste darin besteht, dass, weil «das Nichtige in dieser seiner ihm noch verbliebenen Gestalt unter Gottes Verfügung ist und wirksam ist – darum [...] auch von ihm zu sagen [ist], dass auch es [...] ihm dennoch dienen muss: seinem Wort und Werk, der

es «aber um den Anschluss des § 50 an die Erwählungslehre [...] hinsichtlich der Gründung der Wirklichkeit des Nichtigen in Gottes Unwillen» (ders., Gott und das Nichtige, 47, Anm. 101).

446 Wüthrich, Gott und das Nichtige, 48.

447 Ich beschränke mich im Folgenden auf einige einschlägige Beispiele.

448 Alle Hervorhebungen im Folgenden durch MKB.

449 KD III/3, 417.

450 Ebd.

451 Vgl. a. a. O., 381.

452 Vgl. KD II/2, 507.

453 KD III/3, 419.

454 Vgl. KD II/2, 507.

455 KD III/3, 406.

Ehre seines Sohnes, der Verkündigung des Evangeliums, dem Glauben der Gemeinde».[456] Dabei ist nicht nur auffällig, dass die Argumentationsfolge mit der Abfolge der Erwählungslehre parallelisiert werden kann, dass also auf die Erwählung Jesu Christi die Erwählung der Gemeinde und auf diese die des Einzelnen folgt. Sondern so wie das Nichtige unter GOTTES Verfügung «ist» und wirksam ist, hat der «Verworfene» «kein eigenes Leben dem Erwählten gegenüber» (499) und alle drei Aufgaben des «Verworfenen» kommen vom Evangelium her und verweisen auf dieses zurück.[457] Des Weiteren hat Barth auch hinsichtlich des Nichtigen eine eindeutig christologisch begründete und fokussierte Sicht. So konstatiert er etwa, dass «das Nichtige zuerst und eigentlich in *Jesus Christus* erkannt und von ihm bekannt ist, dass wir ihm also auch in dieser Hinsicht nur *nachfolgen*, uns nur in einem indirekten, sekundären Erkennen und Bekennen dem seinigen *anschliessen* können».[458] Mit der «Selbst»-Erkenntnis des Verworfenen verhält es sich analog, zumal dieser sich «vor allem und entscheidend in seinem Urbild Jesus Christus [erkennt]: in der Person dessen, der, selber nicht verwerflich, gerade darin seine Erwählung vollstreckte, dass er an die Stelle eines jeden Verwerflichen getreten ist und seine Verwerfung wirklich ertragen hat» (500). Nun geschieht das Nichtige aber «nicht in der höheren, eigentlichen, primären Notwendigkeit, in der Gott seinem Geschöpf gnädig ist, sondern nur in der untergeordneten und vorübergehenden Notwendigkeit, in der er, indem er ihm gnädig ist, um seine Gnade wirklich an ihm walten zu lassen, es vor dem Bösen bewahren, es aus seiner Gewalt erretten will und diesem insofern Rechnung tragen, dieses insofern ernst nehmen muss».[459] Von einer primären Notwendigkeit spricht Barth auch hinsichtlich des «Verworfenen» nicht. Zwar ist auch dieser die «notwendige, nicht zu übersehende und nicht zu vergessende negative *Kehrseite*» (504) des Erwählten, aber die lügnerische Darstellung, in welcher der «Verworfene» Gestalt haben darf, weist auch hier darauf hin, dass «dieser Mensch [...] der der *göttlichen* Erwählung, der Erwählung Jesu Christi, der in ihm geschehenen Gnadenwahl bedürftige Mensch» (505) ist.

Aufgrund dieser dargelegten Anschlüsse von § 50 an Barths dogmatische «Bestimmung des Verworfenen» stellt sich sodann die Frage, was diese Bezüge für das Verständnis von Barths Deutung der Judasgestalt leisten. Dass diese Frage sachgemäss ist, zeigt sich schon alleine darin, dass, wie Wüthrich schreibt, «Barth die Wirklichkeit des Nichtigen von der konkreten Geschichte

[456] A. a. O., 425.

[457] Siehe oben 4.1.4.2.

[458] KD III/3, 349. Indes hält Barth bereits in KD I/1 fest, dass diese Erkenntnis – hier die Sündenerkenntnis – «keine Erkenntnis einer abstrakten Anthropologie» (a. a. O., 428) ist.

[459] KD III/3, 417f.

Jesu Christi her denken»[460] will. Oder mit den Worten Barths: «*Was Jesus Christus ans Kreuz gebracht* und was er am Kreuz besiegt hat, das ist das wirklich Nichtige.»[461] Jesus Christus ans Kreuz gebracht hat aber bekanntlich gemäss § 35.4 Judas Ischarioth.[462] Nun muss jedoch eben bereits hier auffallen, dass Barth in § 50 nicht davon spricht, wer, sondern was Jesus Christus ans Kreuz gebracht hat.

Es ist an dieser Stelle vorauszuschicken, dass Barth in seiner Lehre vom Nichtigen von drei Gestalten desselben spricht. Zwar ist für Barth die Sünde «die wichtigste [...] unter allen Gestalten des Nichtigen»,[463] gleichwohl hat das Nichtige ebenso die «Gestalt des Übels und des Todes»[464]. Härle folgert daraus: «Mit diesem Hinweis will Barth einem einseitig moralisch orientierten Verständnis[] zugunsten eines auch physisch orientierten Verständnisses des Nichtigen wehren.»[465] Das Nichtige wird sodann nicht nur vom Menschen getan, sondern es muss ebenso von ihm als «der übermächtige Feind und Angreifer [...] auch einfach erlitten werden»[466].[467] Übel und Tod, die physischen Gestalten des Nichtigen, sind insofern von der Sünde, der «moralischen»[468] Gestalt des Nichtigen, unterschieden, als die Sünde sich «zunächst und direkt *gegen Gott*»[469] richtet, Übel und Tod «sich zunächst und direkt *gegen das Geschöpf*»[470]. Dennoch, und Härle bezeichnet dies als «ein essentielles Merkmal des Barth'schen Verständnisses des Nichtigen»,[471] richten sich beide Gestalten auch gegen das Geschöpf bzw. gegen den Schöpfer.

In der Judas-Passage sind diese Gestalten noch nicht in der Weise voneinander zu unterscheiden, weshalb im Folgenden auch noch Barths Hamartiologie hinzuzuziehen ist. Aufschlussreich ist die Lehre vom Nichtigen dahingehend, dass Barth hier das Nichtwollen GOTTES als göttlichen Willensakt verstehen kann. Oder als Frage im Hinblick auf die Judas-Passage formuliert: Leistet Barths Lehre vom Nichtigen einen Beitrag zur Frage, inwiefern das von GOTT nicht gewollte παραδοῦναι des Judas gleichwohl dem göttlichen Willen entsprechen kann?

---

460 Wüthrich, Gott und das Nichtige, 96.

461 KD III/3, 346.

462 Vgl. KD II/2, 510.513.518.

463 KD III/3, 347.

464 A. a. O., 353.

465 Härle, Sein und Gnade, 228.

466 KD III/3, 354.

467 Vgl. dazu Lüthi, Gott und das Böse, 99–101.

468 Die Begrifflichkeit ist irritierend, weil Barth nicht eigentlich ein moralisches Sündenverständnis hat. Vgl. Wüthrich, Gott und das Nichtige, 55f., Anm. 148.

469 KD III/3, 353 (Hervorhebung durch MKB).

470 Ebd.

471 Härle, Sein und Gnade, 229.

5.3.1 Das παραδοῦναι, das vergeht

Wenn gemäss Barth das Nichtige für das Nichtwollen GOTTES steht, so liegt die Betonung dabei auf dem *Nicht*wollen. Das Nichtige ist weder von GOTT geschaffen noch durch IHN gerechtfertigt.[472] Das Nichtige hat denn auch keine Entsprechung in GOTT.[473] Härle stellt darum zu Recht fest, dass gerade dies

> «für Barth die eigentliche Begründung für die Zurückweisung der Begriffe ‹Urheber›, bzw. ‹Ursache› als Verhältnisbestimmung Gottes zum Nichtigen zu sein [scheint]. Hier bekommt Barths Identifizierung des göttlichen Wissens und Willens mit dem Wesen Gottes unmittelbare Bedeutung.»[474]

Wenn nämlich GOTTES Sein Gnade ist[475] und das Nichtige deren Negation, «so kann in Gottes Wesen nichts Nichtiges sein»[476]. Und weil Wissen und Willen in GOTT identisch sind – «Gottes Wissen ist Gott selber und Gottes Wille ist wiederum Gott selber» –,[477] «kann Gottes Wissen und Willen auch nicht die Ursache, das Nichtige nicht die Wirkung von Gottes Wissen und Willen sein»[478]. Oder eben: GOTT ist nicht Urheber des Nichtigen. Infolgedessen kann Barth postulieren, dass das Nichtige das ist, «was Gott der Schöpfer vom Sein ausgeschlossen und ausgeschieden, was er nicht gewollt und darum auch nicht geschaffen, dem er kein Sein gegeben hat, das nur als Nicht-Seiendes ist».[479] Dem Nichtigen kommt sodann nur der Status eines «Wirklichen sui generis»[480] zu. Damit bleibt indes die Frage nach dem Ursprung dieser «Wirklichkeit» offen. Härle geht dieser Frage auf den Grund, indem er den Schwerpunkt auf das *Wollen* des Nichtwollens legt, denn «auch das Nichtwollen Gottes [ist] im Sinne Barths als göttlicher *Willensakt* zu verstehen».[481] Was für GOTT «nicht so oder so wollbar, was nicht so oder so, früher oder später, unter dieser oder jener Bestimmung von ihm gewollt ist, das *ist* auch nicht»,[482] schreibt Barth bereits in seiner Gotteslehre. Das gilt sodann auch für das Nichtwollen GOTTES, denn

472 Vgl. KD II/1, 626.630; III/3, 402.407.
473 Vgl. KD II/2, 186.
474 Härle, Sein und Gnade, 237.
475 Vgl. KD II/1, 400f.
476 Härle, Sein und Gnade, 237.
477 KD II/1, 618.
478 Härle, Sein und Gnade, 237. Vgl. KD II/1, 630.
479 KD III/2, 171.
480 KD III/3, 406.
481 Härle, Sein und Gnade, 238.
482 KD II/1, 625.

«auch Gottes Nichtwollen [ist] *kräftig* [...] und [kann] also nicht ohne reale Entsprechung sein».[483] Zutreffend folgert darum Härle:

> «Realitätssetzenden Charakter hat für Barth also auch Gottes Unwille oder Nichtwollen. Ja, man muss im Sinne Barths wohl sagen: Es ist gerade das Charakteristikum des *göttlichen* Nichtwollens, dass es ‹kräftig› ist und nicht ohne reale Entsprechung sein kann.»[484]

Gerade deshalb kann man das Nichtwollen GOTTES als einen «*negierenden* Willensakt Gottes»[485] bezeichnen. Es gibt «nichts, das dem Willen Gottes entzogen wäre».[486] Oder anders formuliert und noch immer mit Barth gesprochen: Das Nichtige ist nur deswegen, «weil und indem und solange Gott *dagegen* ist».[487] Nun hat Krötke Barth in diesem Zusammenhang so gelesen, dass, weil

> «Gottes Nicht-Wollen [...] nicht eine bestimmte dialektische Art seines Wollens ist, [...] man in der Tat nicht ohne weiteres sagen [kann]: das Nichtige *wird*, indem es GOTT nicht will. Unter Gottes *Nein* kann Gottes Beginn mit dem Nichtigen auch bei der ewigen Erwählung *nie ein Werden,* sondern *nur ein Vergehen* sein.»[488]

Härle gibt Krötke insofern recht, als dieser Barth darin zutreffend versteht, dass er das Sein des Nichtigen immer als ein Sein im Vergehen versteht. Unzutreffend sei jedoch die Alternative Werden *oder* Vergehen, «denn das Nichtige *wird* durch Gott, *um* zu vergehen».[489] «Das Nichtige, mit dem Gott beginnt, ist nicht schon vorhanden, sondern es *wird* erst, indem Gott es verneint.»[490]

Hinsichtlich der Judas-Passage ist Härles Lesart in der Tat naheliegender bzw. aufschlussreicher. Ich erinnere an den dialektischen Satz, mit dem sich Barths Argumentationsgang in der Judas-Passage rekonstruieren lässt: «Gott *will*, was Judas tut, aber das, was Judas tut, kann nur Jesus Christus tun und so ‹wird› das, was Judas tut, zu dem, was Gott *nicht will.*»[491] Wenn aber das, was GOTT nicht will, erst dadurch zu dem wird, was GOTT nicht will, dass GOTT es verneint, um sodann zu vergehen, dann erklärt sich nun auch, warum nach Jesu Tod und Auferstehung eben ein solches Handeln des Judas ohne Zukunft ist, das apostolische παραδοῦναι darum per se nicht mehr jenes des Judas sein kann.

[483] KD III/3, 406.
[484] Härle, Sein und Gnade, 238.
[485] A. a. O., 239.
[486] KD II/1, 626.
[487] KD III/3, 407.
[488] Krötke, Sünde und Nichtiges, 17.
[489] Härle, Sein und Gnade, 240, Anm. 73.
[490] Ebd.
[491] Siehe oben 4.2.3.2.

Zu einem nichtigen παραδοῦναι wird folglich das Handeln des Judas dadurch, dass GOTT in Jesus Christus durch Kreuzestod und Auferweckung ein solches παραδοῦναι verneint. Wenn Barth konstatiert, dass Judas deswegen «eine planmässige Figur mit einer planmässigen Funktion» (510) ist, weil Jesus von Anfang wusste, welcher der ist, der ihn überliefern wird (Joh 13,27), diese Überlieferung dann aber doch dem Nichtwollen GOTTES entspricht, verhalten sich solche Aussagen völlig analog zur folgenden logischen Inkonsequenz: Barth kann in § 31 einerseits sagen: «Alles, was Gott weiss, das will er auch.»[492] Andererseits bestimmt Barth, wie gezeigt, das Nichtige als dasjenige, was Gott nicht will. Härle meint, «dass es für Barth gravierende *theo*logische Gründe gibt, die ihn dazu veranlassen, *logisch* inkonsequent zu sein».[493] Man ist hier freilich erneut mit Barths theologischer Grundentscheidung, von der Selbstwiederholung GOTTES als Wiederholung der ewigen Geschichte GOTTES innerhalb der geschöpflichen Zeit zu sprechen, konfrontiert. Und diese Problemanzeige wird in der Rede des Nichtigen noch potenziert, insofern Barth mit seiner Begrifflichkeit einer «Wirklichkeit sui generis» einen ontologischen Status neben Schöpfer und Geschöpf intendiert, es aber gleichwohl gänzlich unklar bleibt, in welchem Verhältnis das Nichtige etwa zur Sünde oder zum Bösen steht. Gleichwohl vermag diese dritte Ebene jene in der systematisierenden Darstellung von § 35.4 behauptete «*Entsprechung ohne Identität*»[494] verständlicher zu machen.

---

[492] KD II/1, 620.

[493] Härle, Sein und Gnade, 246. Härle erklärt diese *von Barth gewollte* Widersprüchlichkeit mit dem Hinweis darauf, dass Barth gerade in seiner Lehre vom Nichtigen darauf hingewiesen habe, dass die Theologie ihren Gegenstand nur «in *gebrochenen* Gedanken und Sätzen» (KD III/3, 333) erfassen könne und darum «nicht zum System entarten» (ebd.) dürfe. Denn für Barth bedeute die Existenz des Nichtigen einen «*Bruch* im Verhältnis zwischen Schöpfer und Geschöpf» (a. a. O., 332), weshalb theologische Erkenntnis «nur im Schatten dieses *Bruches*» (ebd.) sich vollziehen könne. Härle folgert darum konsequent, dass es hier gar nicht anders sein kann, «als dass theologische Erkenntnis gebrochene Erkenntnis ist» (ders., Sein und Gnade, 242). «Er [sc. Barth] will vermeiden, dass das Nichtige als ein in seiner Weise positives Element in das Verhältnis Gottes zur Welt integriert und damit irgendwie überschaubar, erklärbar und entschuldbar wird.» (Ebd.) Barth versteht, wie gezeigt, das Nichtwollen GOTTES als verneinenden Willen, das damit mit dem Wollen gemeinsam hat, ein Willensakt zu sein. Widersprüchlich ist, dass Barth in der Folge den Willensakt mit der Formel «dass Gott etwas will» (KD II/1, 626) bestimmt. «Auf diese Weise subsumiert Barth das Nichtwollen dem Wollen Gottes, und kommt zu der widersprüchlichen Folgerung: Dass Gott etwas will, kann auch heissen, dass er es nicht will.» Härle, Sein und Gnade, 245.

[494] Siehe oben 4.2.3.3

Wie gezeigt, ist das Überliefern des Judas deshalb eine *Entsprechung ohne Identiät* zum göttlichen παραδοῦναι, weil das irdische Handeln GOTTES die Wiederholung des bereits in sich vollkommenen Überliefern Christi im Raum der immanenten Trinität ist. Anders ausgedrückt, das παραδοῦναι des Judas kann dieser Vollkommenheit göttlichen Handelns nichts hinzufügen.[495] Die theologische Stärke, das παραδοῦναι des Judas auf jene dritte Ebene des Nichtigen zu stellen, liegt meines Erachtens darin, dass das Nichtige gerade nicht «allein aus der Aktivität des Geschöpfes herzuleiten [ist], der gegenüber sich die Herrschaft Gottes auf ein passives Zulassen und Zuschauen, auf ein unwirksames Vorherwissen und auf bloss nachträgliche Stellungnahmen»[496] beschränkt. Gleichwie das Überliefern des Judas vom göttlichen παραδοῦναι umschlossen ist, ist das Nichtige als das, was GOTT nicht will, von dem umschlossen, was GOTT will.

5.3.2 GOTT verwirft das παραδοῦναι des Judas

Die *cooperatio*-Figur ist Barth theologisch suspekt und sie im Zusammenhang der Judas-Passage zu bemühen, führt zu einigen Schwierigkeiten.[497] Eine *cooperatio*-Figur würde bedingen, dass dem παραδοῦναι des Judas ein Mitwirken am Heilsgeschehen zugestanden werden müsste. Das παραδοῦναι des Judas als eine Gestalt des Nichtigen wahrzunehmen, bietet hingegen in der Tat einen hermeneutischen Schlüssel zum besseren Verständnis der Judas-Passagen. Dass sich freilich auch daraus Probleme ergeben, etwa im Hinblick auf die Parallelisierungen zwischen dem παραδοῦναι des Judas und demjenigen GOTTES, stelle ich nicht in Abrede. Gleichwohl vermag die Bezugnahme aufzuzeigen, inwiefern Barth in § 35.4 von Verwerfung sprechen kann, nämlich im Hinblick auf das Handeln des Judas, zumal Barth in § 50 keinen Zweifel aufkommen lässt, dass GOTT das Nichtige *verwirft*:

> «[I]ndem auch es [sc. das Nichtige] zur Linken *Gottes* ist, ‹ist› in dieser problematischen Weise auch es. Gott tut auch zu seiner Linken nichts umsonst; er handelt auch nach dieser Seite nicht ins Leere. Sondern mächtig begründend, weil in ihm selbst, weil in der Freiheit und Weisheit seiner Wahl begründet, weil wirksam wie alles sein Tun, ist auch sein Verwerfen, ist auch sein Unwille und Widerwille, ist auch sein Nein, sein Preisgeben, sein Fahren- und Fallenlassen.»[498]

---

[495] Siehe ebd.
[496] KD III/3, 330.
[497] Siehe oben 4.2.3.2.
[498] KD III/3, 405f.

Ich fasse im Folgenden die drei meines Erachtens wichtigsten Anschlüsse von § 50 an § 35.4 für Barths Judas-Passage zusammen:

Erstens bestimmt Barth das παραδοῦναι des Judas als Sünde, weshalb man es, übertragen auf Barths Rede vom Nichtigen, als «moralische» Gestalt verstehen kann, die sich in besonderer Weise dadurch auszeichnet, dass sie sich «zunächst und direkt *gegen Gott*»[499] richtet. Entsprechend verhält es sich bei Judas: Die Sünde des Judas liegt für Barth darin begründet, dass Judas sich anmasst, nicht nur wie, sondern *gegen* GOTT zu handeln, denn

> «hier ist dieser Adam zum offenen Angriff auf Gott übergegangen. Nun hat Adam, um seines Anspruchs sicher zu sein, seine Hand gegen Gott selbst erhoben, [...] um sich seiner zu entledigen, um in seiner göttlichen Menschlichkeit hinfort ganz unangefochten zu sein.» (558)

Das παραδοῦναι des Judas als «moralische» Gestalt des Nichtigen zu verstehen, macht deutlich, dass Barth es in erster Linie theologisch ernst nimmt. Er fragt allem voran danach, inwiefern das Handeln des Judas etwas darüber aussagt, in welcher Relation er zu GOTT steht. Darum ist Judas' Frage nach dem Zweck der Salbung Christi in der biblischen Geschichte in Bethanien «nicht Selbstzweck, sondern Mittel zu irgend einem Zweck, der ihm vielleicht noch nicht deutlich ist» (513). Ein Dieb ist Judas sodann «zunächst und direkt *gegen Gott*».[500] Zwar geht auch Barth auf die Aussage des Evangelisten Johannes ein, wonach Judas ein Dieb war, weil er «die Kasse hatte und bei sich trug, was eingelegt wurde» (Joh 12,6), doch diese Wertung spielt für Barth eine deutlich untergeordnete Rolle. Weil GOTT in Jesus Christus sich die ganze Schöpfung, und damit auch ihre Schattenseiten, zu eigen gemacht hat, «so sollen wir uns das, statt es besser wissen zu wollen, statt zu klagen, zu schelten und uns zu entsetzen, recht sein lassen».[501] Das ist das Darum von GOTTES Gnadenwahl,[502] wohingegen Judas sich für das Warum der Salbung entscheidet und so in erster Linie gegen GOTT handelt. Dass diese Frage sich *erst in der Folge* auch gegen das Geschöpf, sprich gegen Judas, richtet, ist nun exakt an diese diebische Handlung gekoppelt, insofern Judas an Jesus ein Dieb ist, weil ihm «Jesus letztlich für dieses Bessere [sc. die Hingabe am Kreuz] feil ist» (513). Denn dieses Bessere war gerade auch für ihn gedacht. Jesu Hingabe am Kreuz sollte sich nicht nur für elf seiner Jünger aus*zahlen.* Erst in diesem zweiten Gedankengang kommt Barth sodann auf Maria zu sprechen, zumal Judas «im Unterschied zu jener Maria auf einen Anteil

499 A. a. O., 353 (Hervorhebung durch MKB).
500 Ebd.
501 A. a. O., 336.
502 Vgl. KD II/2, 20. Siehe auch oben 4.2.2.3.

an dieser künftigen Versöhnung verzichtet hatte» (518). Daraus resultiert die Zukunftslosigkeit im Handeln des Judas. Sie ist nicht darin begründet, dass Judas auf den finanziellen Ertrag im Unterschied zur verschwenderischen Gabe der Maria fixiert ist und infolgedessen unmoralisch handeln würde. Die Zukunftslosigkeit eines solchen Handelns geht daraus hervor, dass GOTT einem Handeln gegen IHN in der Erwählung Jesu Christi ein Ende bereitet hat, was aber eben in Barths Rede vom Nichtigen nicht bedeutet, dass GOTT sich von diesem nicht problematisieren[503] lassen würde.[504] Doch während der Mensch dem Nichtigen erlegen ist, bleibt GOTT dem Nichtigen überlegen.[505]

> «[D]er Ort, an dem im Zuge dieser Geschichte über das Nichtige entschieden wurde, ist das Kreuz. Grössere geschichtliche Kontingenz als dort hat das Nichtige noch nie erlangt. Es durfte sich dort an Gott selbst vergreifen. Es machte Gott selbst problematisch. Aber Gott entschied in einem Kampf auf Leben und Tod über das Nichtige.»[506]

In der Judas-Passage steht für Barth die biblische Geschichte der Salbung in Bethanien, wie gezeigt, als Chiffre für GOTTES zulassendes Handeln am Kreuz und für SEIN wirkmächtiges Handeln in der Auferweckung des Gekreuzigten. Übertragen auf Barths Rede vom Nichtigen ist die Salbung von Bethanien die Vorwegnahme dessen, wie GOTT über das Nichtige siegen wird. Stand aber Judas in § 35.4 für Barth diesseits dieses Ereignisses und war ihm sodann ein Erkennen dessen, was Christus auch für ihn am Kreuz erlitt und in der Auferstehung überwinden würde, nicht möglich, so ist nun in § 50 auch das Erkennen des Nichtigen christologisch bedingt: Es gibt «keinen anderen Erkenntnisgrund [...] als Jesus Christus»[507] für das Nichtige. «Man sieht es von Jesus Christus, von seiner Geburt und von seinem Tode, von seiner Auferstehung her.»[508] Man kann darum unter Berücksichtigung und in Übereinstimmung mit § 50 wohl mit Barth von einer anthropologischen Zukunftslosigkeit, nicht aber von einer christologischen Zukunftslosigkeit des Judas sprechen.

Aufgrund dessen stellt sich nun *zweitens* erneut die Frage, warum Judas Ischarioth dieser letzte – in Barths Argumentation: erste – Schritt der Erkenntnis verwehrt blieb, zumal er des Todes Jesu teilhaftig war. Während ich innerhalb

503 Vgl. Krötke, Sünde und Nichtiges, 10–12.

504 Friedlander, Karl Barth und das Nichtige, 56, hat darum zu Recht darauf verwiesen, dass «dieser Kampf gegen das Nichtige *mehr Gottes Sache*» bleibt (Hervorhebung durch MKB).

505 Vgl. Krötke, Sünde und Nichtiges, 23.

506 A. a. O., 22.

507 KD III/3, 380. Vgl. auch a. a. O., 345.347.351f.355f.416.

508 A. a. O., 346.

der systematisierenden Darstellung von § 35.4 mit der inkommensurablen Unterscheidung bzw. der Gleichzeitigkeit von Kairologie und Chronologie argumentiert habe, muss in § 50 auffallen, dass Barth aufgrund der «Wirklichkeit sui generis» des Nichtigen diesem sozusagen ausschliesslich das Vergangenheits-Tempus beimisst. Zutreffend hält darum auch Ford fest: «In short, the reality of God is eternal, with past, present and future coinciding in pure duration; the reality of creation is historical, with past, present and future in succession; and the realitiy of nothingness is only past.»[509] Weil auf der Seite des Geschöpfs der Glaube an Jesus Christus um die «vergangene Realität des Nichtigen» weiss, erfährt das Nichtige eine zeitliche Beschränkung. Es erhält im Glauben sein Ablaufdatum:

> «Was ist das Nichtige? In der Erkenntnis und im Bekenntnis des christlichen Glaubens, das heisst im *Rückblick* auf Jesu Christi Auferstehung und im *Ausblick* auf seine Wiederkunft kann hier nur *eine* Antwort gegeben werden: Es ist das *Alte*, nämlich die alte Drohung, Gefahr und Verderbnis, das alte, Gottes Schöpfung verfinsternde und verwüstende Unwesen, das in Jesus Christus *vergangen*, dem in seinem Tod das widerfahren ist, was ihm allein gebührt: dass es an diesem Ziel des positiven Willens Gottes, weil dieses als solches auch das Ende seines Unwillens ist, zunichte gemacht wurde.»[510]

Jenes Bekenntnis eines zur Erwählung Bestimmten – nicht das Bekenntnis *des* Erwählten! – dem Judas gegenüber fehlt, wie Barth in § 35.4 zeigt, auf der Ebene des Textes des Neuen Testaments. Stattdessen kommt Judas, so Barths Wahrnehmung der neutestamentlichen Berichte, ganz auf die Seite dieser *alten* Drohung zu stehen:

> «In allem, was ihm [sc. Jesus] zu diesem Kampf dienen konnte, ist er ja nun still gelegt [durch Judas] und von Stunde zu Stunde wächst jetzt die Drohung, auf die es mit seiner Überlieferung zum vornherein abgesehen war, ihn überhaupt still zu legen, ihn endgültig auszuschalten auf die Weise, wie man es mit missliebigen menschlichen Kräften, wenn man ihrer ganz sicher werden wollte, noch immer getan hat. Und diese Drohung wird ausgeführt werden: Jesus wird, wenn die von Judas begonnene Überlieferung zu ihrem Ziel gekommen sein wird, sterben müssen unter den Händen derer, denen er überliefert ist. [...] Das ist es, was Judas auf sein Gewissen genommen hat: Jesus in die Situation zu bringen, in der ausser Gott niemand ihm helfen konnte, den Menschen die Macht über Jesus in die Hand zu spielen, die ihn gänzlich ohnmächtig machen, die ihn schliesslich töten konnte und musste, über die hinaus er nur noch an die Macht Gottes appellieren konnte.» (534)

[509] Ford, God's Story, 103.
[510] KD III/3, 419f.

Doch Judas richtet sich nicht an die Macht GOTTES, sondern richtet sich selbst: Er begeht Selbstmord (Mt 27,5). Oder, so Apg 1, sein Innerstes – die σπλάγχνα – richtet sich gegen aussen, «er ist an seiner eigenen inneren Unmöglichkeit [...] zu Schanden und zunichte geworden» (522). Wie jedoch das Ende des Judas den glaubenden Menschen an die Verkündigung weist, so fordert auch das Nichtige den Menschen dazu auf, den «Blick *zurück* auf Jesu Christi Auferstehung und den Blick *vorwärts* auf seine Erscheinung in der Herrlichkeit»[511] zu richten: «Gott *allein* regiert.»[512] Darum kann man «nach Barth die Macht des Nichtigen Gott gegenüber gar nicht gering genug veranschlagen».[513] Dies zu tun, ist Aufgabe der Verkündigung der Erwählung Jesu Christi. Der Auftrag, der sich aus § 50 ergibt, verhält sich darum in der Tat analog zu jenem in § 35.4. Schliesslich hat Barths Judas-Deutung zur Folge, dass die Kirche «die Übermacht der Gnade und die Ohnmacht der menschlichen Bosheit ihr gegenüber» (529) zu verkündigen hat. Das Nichtige *ist* vergangen und *wird* darum vergehen.

Versteht Barth die «moralische» Gestalt des Nichtigen als ein vergehendes «Tun», so ergibt sich daraus *drittens* eine Bezugnahme zur Gestalt des vergehenden Menschen in Barths Erwählungslehre und damit zur Erwählung der einen Gemeinde in ihrer doppelten Gestalt. Die israelitische Gestalt, die Gestalt des vergehenden Menschen, zeichnet sich dadurch aus, dass sie «dem Zeugnis der Kirche gegenüber die der Sünde folgende menschliche Not: des Menschen Schranke und Leid, sein Vergehen und den Tod, dem er verfallen ist, in der Abstraktion exemplarisch darstellen und verkörpern [muss]» (289). Wie bereits vorweggenommen, bezeugt dabei die Kirche das Ja, Israel das Nein GOTTES. Nun hat aber Krötke im Zusammenhang der Barth'schen Rede vom Nichtigen darauf hingewiesen, dass Barth hinsichtlich des Verhältnisses von Ja und Nein GOTTES «nicht so eindeutig gesprochen [hat], wie es im Blick auf den Gesamtduktus der Kirchlichen Dogmatik scheinen mag»:[514] Während das Nein GOTTES im Hinblick auf den Menschen von Barth so verstanden wird, «dass die *gnädige Intention* des Zornes Gottes gewahrt bleibt»,[515] ist das Nein GOTTES gegenüber der Sünde und den anderen Gestalten des Nichtigen «ein Nein ohne verborgenes Ja»[516]. «Dieses Nein ist auf Gottes Ja nur bezogen, sofern Gott zum Menschen

511 A. a. O., 420.
512 A. a. O., 179.
513 Härle, Sein und Gnade, 232.
514 Krötke, Sünde und Nichtiges, 23.
515 Ebd.
516 KD IV/1, 453.

Ja *gegen* seine Sünde sagt. Die Intention dieses Nein ist es, die Sünde zu *vernichten.*»[517] Nun verweist gerade Krötke, der 2008 auf dem internationalen Barth-Symposion in Emden die Meinung vertrat, in § 35 zeige sich ein «Nachklang der traditionellen Praedestinationslehren»,[518] hinsichtlich des hier zuerst genannten Nein GOTTES in seinem Standardwerk zur Sünde und zum Nichtigen bei Karl Barth – freilich nur in einer Fussnote[519] – auf die Seiten 546ff. in KD II/2. An jener Stelle erörtert Barth, inwiefern GOTT «*an sich selbst so handeln* [will], *wie dann Judas an Jesus handelte*» (546). Wenn folglich sowohl das Nein GOTTES als gnädige Intention des Zornes GOTTES, das sich als schrecklicher Nachklang im Handeln des Judas wiederfindet und sodann «kein den Menschen treffendes Nein» (181) ist, als auch das unbedingte Nein gegen die Sünde gelten soll und ausserdem die Sünde als Gestalt des Nichtigen in Ewigkeit vernichtet ist und darum vergeht, rückt die biblische Judasgestalt einmal mehr in eine Spannung. Während sich diese bisher stärker darin zeigte, dass Judas zwischen Verrat und Mitwirkung am Heilsgeschehen zu stehen kommt, drängt sich nun die Frage auf, ob diese Spannung nicht eher so gefasst werden muss, dass sie sich zwischen einem sündigen und damit verwerflichen Tun und einer *Darstellung* des Heilsgeschehens bewegt. Es ist darum in einem vorläufig letzten Blick nun auch noch nach allfälligen Bezügen zu der von Barth später entwickelten Sündenlehre zu fragen. Denn das besondere Problem der Sündenlehre ist,

> «dass sich in der Sünde die perverse Wirklichkeit des Nichtigen und die Wirklichkeit des Menschen zu decken scheinen. Die Frage nach der *Sünde* wird darum zugleich zur Frage nach dem *Sünder.* Und die Frage nach dem Sünder hat im besonderen zu klären, wie sich das Sein des Menschen als Sünder auf sein Sein als Mensch Gottes nicht nur *auswirkt,* sondern auch, wie es sich von ihm *unterscheidet.*»[520]

Darüber hinaus zeigt auch Barths ausführliche Passage zur Debatte um Supra- und Infralapsarismus in KD II/2, dass Hamartiologie eine wichtige Rolle in Barths Erwählungslehre spielt, ein Anschluss insofern sachgemäss ist.[521]

517 Krötke, Sünde und Nichtiges, 23.
518 Krötke, Summe des Evangeliums, 75.
519 Krötke, Sünde und Nichtiges, 23, Anm. 47.
520 A. a. O., 53.
521 Vgl. Wüthrich, Gott und das Nichtige, 49f.

5.4 Die Erniedrigung Christi und der Hochmut und Fall des Judas: Die Judas-Deutung und die Hamartiologie der Versöhnungslehre

«Es ist wahr, dass, was Gottes Gnade ist und vermag, tatsächlich erst und gerade darin endgültig und unzweideutig zum Leuchten kommt, dass sie sich als seine Gnade an den ihrer *Unwürdigen*, als Gnade für verlorene *Sünder* erweist und betätigt»,[522] schreibt Barth zu Beginn seiner Versöhnungslehre, in die seine Lehre von der Sünde zu stehen kommt. Er verweist damit darauf, dass die Sünde ausschliesslich von der Erwählung Jesu Christi aus begründet und erörtert werden kann.[523] Dementsprechend besteht Band IV der Kirchlichen Dogmatik aus drei Teilen (und einem Fragment), die nach den drei Hauptthemen der Christologie gegliedert sind: Person, Amt und Stand/Weg, wobei das dreifache Amt das Grundmotiv der Gliederung ist:

> «Die altprotestantischen Lehrstücke von der Person, dem Amt und den Ständen Jesu Christi werden so miteinander kombiniert, dass das Sein der unio personalis in den beiden status [exinanitionis und exaltationis] als Geschichte erzählt[] und durch das – als eigentliches Gliederungsprinzip fungierende – dreifache Werk/Amt als Sein des geschichtlich Handelnden dargestellt werden kann.»[524]

Es zeigt sich sodann in dieser Gliederung Barths Umkehrung der traditionellen Zuordnung «Gesetz und Evangelium» in «Evangelium und Gesetz»: Der Gottessohn ist gehorsam und *kommt* zu den Menschen *hinab* – der Mensch *erhebt sich* (KD IV/1, §§ 59 und 60). Der Menschensohn *wird erhöht* – der Mensch *bleibt* in seiner Trägheit *sitzen* (KD IV/2, §§ 64 und 65). In der Herrlichkeit des Mittlers zeigt sich Christus als *wahrhaftiger Zeuge* – des Menschen *Lüge* ist die Gestalt der Sünde (KD IV/3, §§ 69 und 70). Alle drei Gestalten der Sünde – Hochmut und Fall, Trägheit und Elend, Lüge und Verdammnis – werden dem Menschen im Spiegel der versöhnenden Tat GOTTES offenbar.[525] Barth erwähnt in allen

---

522 KD IV/1, 73.

523 Zum Verhältnis von Erwählungs- und Versöhnungslehre in der Tradition und Barths Kritik daran siehe oben 3.1.

524 Jüngel, Einführung in Leben und Werk, 54.

525 Vgl. Krötke, Sünde und Nichtiges, 54–56.

sechs Paragrafen die biblische Judasgestalt.[526] Anschlüsse an seine Judas-Deutung ergeben sich indes in besonderer Weise hinsichtlich des Gehorsams des Gottessohnes und der Gestalt der Sünde als Hochmut und Fall. Das liegt darin begründet, dass Judas und mit ihm «die sündigen Menschen selber [...] an dem zu ihrer Versöhnung mit Gott sich ereignenden Geschehen seiner Dahingabe in den Tod aktiv beteiligt werden»[527].

Dieser Bestandsaufnahme entsprechend nimmt auch Sonderegger in ihren Untersuchungen zu Barths Judas-Deutung auf die Versöhnungslehre und darin auf § 59 sowie § 60 Bezug. Der Bezug zu § 60 besteht für Sonderegger darin, dass Judas Jesus in die Lage gebracht hat, dass er «the power of Satan undisguised in the garden»[528] Gethsemane trifft; «he is temped as once before to assert his own will, to ‹reserve judgement›, but this time in earnest. Jesus is not mistaken in his terror.»[529] Der Zusammenhang mit § 59 zeigt sich in dem, dass Judas als «agent of [...] divine justice»[530] den Weg bereitet, dass Jesus der Erwählte GOTTES sein kann, denn «to really know good and evil is to suffer God's wrath against evil, a judgement in which Satan executes God's righteous will. The identity of purpose between God and Evil is the terror of the Passion, a reality Jesus recognizes alone.»[531]

Auch in seiner Versöhnungslehre wiederholt Barth die problematische Zuordnung Israels zum Zeugen des Gerichts. Gleichwohl bietet gerade Barths Hamartiologie innerhalb dieser Versöhnungslehre eine, wenn auch bescheidene, Möglichkeit, Barth mit Barth zu widersprechen: Während die Sünde in der Judas-Passage weitgehend in Judas' Relation zu Israel thematisch wird und damit der Eindruck entsteht, Judas sei der einzige sündige Apostel unter den zwölf, Barth ausserdem die Reihenfolge von Evangelium und Gesetz nicht aufhebt, sondern umkehrt, muss innerhalb seiner Sündenlehre auffallen, dass die Sünde des Judas eine ist, die *alle* Menschen angeht – nicht nur das Volk Israel! In seiner Sündenlehre ist für Barth die biblische Judasgestalt «nur» ein exemplarischer Fall für des Menschen Hochmut und Fall.[532] Zwar steht auch hier Judas für den, «der das Alles in Bewegung setzt»,[533] doch «jene Jünger mit ihrer Flucht, jener Petrus mit seiner Verleugnung»[534] unterscheiden sich *in ihrer Sünde nicht* von Judas.

[526] KD IV/1, 181.247.258.291.299.441f.489.494.522, KD IV/2, 287f.291.436, KD IV/3, 268.451.502.
[527] KD IV/1, 299.
[528] Sonderegger, Born a Jew, 96.
[529] Ebd.
[530] Ebd.
[531] Ebd.
[532] Vgl. KD IV/1, 442.
[533] Vgl. a. a. O., 441.
[534] Ebd.

Dass Barth freilich in der Folge auch hier Judas in den Zeugendienst Israels stellt und damit einzig zur Darstellung des Gerichts degradiert, diese Schattenseite der Barth'schen Theologie lässt sich auch mit Barths Sündenlehre nicht aufheben.

In § 59 «Der Gehorsam des Sohnes Gottes» verknüpft Barth das traditionelle Lehrstück vom *status exinanitionis* mit demjenigen vom *munus sacerdotale.* Dass Jesus Christus wahrer GOTT ist, zeigt sich in seiner Erniedrigung:

> *«Denn es geschah in der Herrlichkeit des wahren Gottes, dass der ewige Sohn seinem ewigen Vater darin gehorsam wurde, dass er sich selbst dazu hergab und erniedrigte, des Menschen Bruder zu werden, sich neben ihn, den Übertreter zu stellen, ihn damit zu richten, dass er sich selbst an seiner Stelle richten und in den Tod geben liess.»*[535]

Der Sünder ist damit vernichtet und es ist «Raum geschafft für die Existenz des neuen, mit Gott versöhnten Menschen».[536] Wird sodann der Mensch im «Spiegel» dieser versöhnenden Tat GOTTES, in der sich GOTT in *Demut* zum Menschen herablässt, wahrgenommen, so wird der *Hochmut* als des Menschen Sünde offenbar. Diese Bewegung GOTTES von oben nach unten und des Menschen Versuch der Entsprechung von unten nach oben vollzieht Barth in vier Argumentationsgängen: Erstens thematisiert er GOTTES Freiheit – «*Gott wird wie wir – wir wollen wie Gott sein*» –,[537] zweitens GOTTES Macht – «*Gott, der Herr, wurde Knecht – der Mensch, der Knecht, will Herr sein*» –,[538] drittens GOTTES Recht – «*Gott, der Richter, liess sich richten – der Mensch will selber Richter sein*» –[539] und viertens GOTTES Hilfe – «*Gott ging in die Tiefe, um dem Menschen zu helfen – der Mensch will sich selber helfen*»[540]. Und in der Tat lassen sich alle diese vier Versuche, des Menschen Sünde als seinen Hochmut zu verstehen, im παραδοῦναι des Judas in § 35.4 lokalisieren.

Hinsichtlich Judas' Rolle in der biblischen Geschichte von der Salbung in Bethanien beanstandet Barth, Judas habe Jesus gegenüber seine «eigene» Freiheit behaupten wollen und damit die Freiheit GOTTES zu unterschlagen versucht.[541] Doch dieser Mensch der Sünde, der «seinen Hochmut für den legitimen

[535] A. a. O., 171.
[536] Krötke, Sünde und Nichtiges, 55.
[537] A. a. O., 58. Vgl. KD IV/1, 464–479.
[538] Krötke, Sünde und Nichtiges, 58. Vgl. KD IV/1, 479–494.
[539] Krötke, Sünde und Nichtiges, 59f. Vgl. KD IV/1, 494–508.
[540] Krötke, Sünde und Nichtiges, 59. Vgl. KD IV/1, 508–531.
[541] Siehe oben 4.2.1.2.

Gebrauch seiner Freiheit hält»,[542] «wird immer wieder auf sich selbst zurückfallen und nur der Mensch sein»[543]. Und gleichwie Barth in seiner Sündenlehre diesen Menschen vor den Spiegel der versöhnenden Tat GOTTES stellt, stellt Barth in § 35.4 die biblische Judasgestalt vor den Spiegel der Überlieferung Jesu Christi durch GOTT selbst:

> «Überlieferung ist die einem Gewaltigen widerfahrende Freiheitsberaubung, durch die seine Gewalt nicht nur gestört, sondern als solche zerstört wird, in der ihm nichts übrig bleibt, als sich zu fügen in das, was über ihn verhängt wird, um im übrigen nach der höheren Gewalt Gottes Ausschau zu halten. Die Freiheit, deren Jesus durch *Judas* beraubt wurde, ist offenbar nur ein bescheidenes Spiegelbild der göttlichen Freiheit, deren ihn *Gott*, deren er sich *selbst* beraubte.» (544f.)

Dass GOTT, der Herr, Knecht wurde, zeigt sich für Barth in seiner Judas-Passage darin, dass Jesus den zwölf Jüngern die Füsse wäscht und ihnen das Abendmahl gibt:

> «Wie Jesus im Abendmahl der *Hausherr* ist, der den Seinen Brot und Wein austeilt, so macht er sich in der Fusswaschung zu ihrem *Sklaven*. Gerade dazu, sich ganz vor ihnen und für sie zu erniedrigen, verwendet er die vom Vater in seine Hände gelegte Machtfülle […]. Man muss also die Fusswaschung zunächst sicher von Phil. 2, 7 f. her verstehen: ‹Er nahm Knechtsgestalt an ... er erniedrigte sich selbst›.» (525f.)

Als Judas jedoch einen Bissen vom Abendmahl genommen hatte, «ging er hinaus. Es war aber Nacht.» (Joh 13,30) Judas partizipiert zwar sowohl an der Fusswaschung als auch am Abendmahl und nimmt damit Anteil an der Versöhnung GOTTES, doch – entsprechend des Menschen Sünde als seines Hochmuts – wendet sich Judas davon ab und überliefert den Knecht: «[S]tatt παραλαμβάνειν ist παραδοῦναι» (511) das Werk des Judas Jesus Christus gegenüber.

Auch im Bezug darauf, dass GOTT, der Richter, sich richten lässt, entscheidet sich die biblische Judasgestalt bei Barth für die Gegenbewegung des Hochmutes: Statt sich «das letzte Gericht, das Gericht Gottes über seine Tat und damit die Wiederherstellung der durch seine Tat gestörten Ordnung» (521) geben zu lassen, will Judas selbst Richter, «sein eigener *Henker*» (ebd.), sein. Und erneut steht dieser Tat des Judas als Sünde der Spiegel der Versöhnung GOTTES gegenüber:

> «Furchtbarer könnte er nicht bestätigen, dass er sich tatsächlich diesseits der im Tode Jesu geschehenen und in seiner Auferstehung offenbarten Versöhnung der Welt mit Gott befindet und bewegt. Er will auch das Gericht Gottes, dem er auf Grund seiner

[542] Krötke, Sünde und Nichtiges, 58.
[543] KD IV/1, 465.

> Tat allerdings verfallen ist, nicht als Gottes freie Gnade empfangen und also von seiner Hand erwarten, sondern er will auch das Gericht Gottes in seine *eigene* Hand nehmen, *selber* an sich selber vollziehen.» (Ebd.)

Mit dem vierten Argumentationsgang Barths in § 60 im Anschluss an § 35.4 schliesst sich der Kreis erneut mit der biblischen Geschichte von der Salbung in Bethanien, denn «wer irgend etwas für zu gut hält, um es ihm zuzuwenden, wer irgend einen Zweck für wichtiger hält als die Verherrlichung seiner Herablassung, seines Todes, [...] der muss und wird Jesus ausliefern» (513). Während Jesus Christus mit seinem Tod *allen* helfen will, ist Judas mit seiner Frage nach dem Sinn und Zweck der Salbung nur an seiner «eigene[n] *Initiative* zu solcher Hilfe» (513) interessiert.

Es ist klar, dass Barth die biblische Judasgestalt hinsichtlich seines sündigen Tuns einzig in jener Gegenbewegung zur Bewegung GOTTES in Jesus Christus lokalisiert. Das Handeln des Judas verhält sich anachronistisch gegenüber demjenigen GOTTES. Während das παραδοῦναι GOTTES ein *für* die und so *zu* den Menschen herabkommendes Handeln ist, handelt Judas mit seinem παραδοῦναι *gegen* GOTT. In Barths Hamartiologie entspricht diesem Menschen der Sünde, der jeweils die Gegenbewegung zu GOTTES Bewegung vollzieht, sein vergangenes Sein, während dem wirklichen Menschen sein zukünftiges Sein entspricht. Dabei steht das zukünftige Sein für «die Einheit des göttlichen *Erbarmens*»,[544] das vergangene Sein für «die Einheit des göttlichen *Verschliessens*»[545]. Im Hinblick auf Barths Judas-Deutung aufschlussreich ist nun aber, dass *alle* Menschen an beiden Einheiten teilhaben.[546] Das gilt zumal deshalb, weil Barths Sündenlehre «die Lehre von der im Tod Jesu Christi überwundenen Sünde»[547] ist. Dementsprechend hält Barth bereits in § 35.4 fest, dass die Versöhnung des Menschen mit GOTT «grundlegend in seiner [sc. des Menschen] Reinigung von der Sünde bestehen muss» (544). Die Selbstüberlieferung Christi hat diese Versöhnung ermöglicht. Sie hat ermöglicht, dass der Sünder bereits jetzt Anteil an der «Einheit des göttlichen Erbarmens» hat. Hinsichtlich der biblischen Judasgestalt und seiner fehlenden Annahme dieser Versöhnung *im Glauben* auf der textlichen Ebene des Neuen Testaments hat Barth mit der offenen Situation der Verkündigung geantwortet. Eine Entsprechung dazu ist das Motiv von GOTTES Gnadenzeit in Barths Versöhnungslehre: «Gottes Gnade *bleibt* Gnade, indem sie auf

544 A. a. O., 558.
545 A. a. O., 559.
546 Vgl. a. a. O., 448f. Siehe auch ders., Gotteserkenntnis und Gottesdient, 177.
547 Krötke, Sünde und Nichtiges, 78.

das Ja des freien Menschen *wartet.* Das ist das *Wagnis*, das Gott mit dem Menschen eingegangen ist.»[548]

In Barths Theologie handelt es sich dabei freilich um ein Wagnis, das gebannt ist, zumal ein παραδοῦναι des Judas, in Entsprechung *zum*, doch ohne Identität *mit* dem παραδοῦναι GOTTES, nicht mehr möglich ist, denn auch für Barths Versöhnungslehre gilt, dass Christus hinfort nicht mehr stirbt (Röm 6,9). Es muss sodann bei Barth viel eher von einem *Wagnis auf Zeit* gesprochen werden. Und dieses Wagnis – dann aber mit Netz und doppeltem Boden – macht womöglich auch die Gelassenheit und Heiterkeit der Barth'schen Theologie aus: ihre Möglichkeit, jene dunkle Rezeptionsgeschichte um die Gestalt Judas Isachrioths im Lichte des Evangeliums neu zum Leuchten zu bringen. Die Erwählung Jesu Christi, dieses «Wagnis» GOTTES, die Verwerfung einzig und allein auf sich selbst zu nehmen und sich auf den zur Erwählung bestimmten Menschen einzulassen, ist darum in der Tat das «Tröstlich-Trotzigste[], was die Kirchliche Dogmatik zu bieten hat»[549]. Nicht Barths ReVision der Lehre von der doppelten Prädestination, seine Erwählungslehre, sondern ihr Inhalt, ihr Gehalt, ihr Gewicht, d. h. die Erwählung Jesu Christi, die Selbstauslieferung Christi, GOTTES παραδοῦναι, ist die Summe des Evangeliums. Die Erwählung Jesu Christi ist aber gerade deswegen die Summe, weil ihr *weder* durch das παραδοῦναι des Paulus etwas addiert *noch* durch das παραδοῦναι des Judas etwas subtrahiert wird bzw. durch das sündige Tun der Menschen im Hier und Jetzt etwas subtrahiert werden kann. Auch entlässt die Erwählung Jesu Christi den Menschen nicht aus der Verantwortung, sondern nimmt ihn in die Pflicht, einer der zwölf Apostel zu sein. Das bedeutet, ein Zeuge des Evangeliums zu werden. Wenn die Erwählung Jesu Christi ihr Telos in der Erwählung der Gemeinde und diese wiederum ihr Telos in der Erwählung des Einzelnen hat, dann lässt sich GOTT darauf ein, dass sündige Menschen zu Dienern SEINES Versöhnungswerkes werden. Die Erwählung Jesu Christi bedeutet aber eben auch, dass GOTT darauf wartet, dass auch jene indirekten Diener, die Verworfenen in Anführungszeichen, zu direkten Dienern werden, dass auch ihr παραδοῦναι nicht mehr schrecklicher Nachklang, sondern ein Echo des gnadenhaften παραδοῦναι GOTTES werde. Gleichwohl gehören die «Verworfenen» bereits jetzt zur Gemeinschaft der Zeugen und Zeuginnen des Evangeliums, weil sie grundlegend offenbar machen, welchem Menschen sich GOTT in der Erwählung Jesu Christi zugewandt hat: dem der Gnade GOTTES bedürftigen Menschen. Das ist der Trost jener Summe des Evangeliums, der nun gleichsam zum Trotz derjenigen wird, die bereits jetzt

548 A. a. O., 68.

549 Frettlöh, «Das Ja vor jeder Frage», 115.

um ihre Bestimmung zur Erwählung wissen: «Darum fragt Paulus Röm. 8, 31 in jenem wahrhaft gottesfürchtigen Trotz: ‹Ist Gott für uns, wer mag wider uns sein?› Er hat keinen anderen Grund zu diesem Trotz, als den Trost Jesu. Eben der Trost Jesu aber macht diesen Trotz notwendig.» (548) Und so muss nun die Erwählung Jesu Christi auch das Tröstlich-Trotzigste sein, was Barths Kirchliche Dogmatik der biblischen Judasgestalt zu bieten hat: GOTT wartet auch, ja insbesondere darauf, dass Judas sich der Salbung Christi zur Verherrlichung seines Todes vorbehaltlos anschliesst. GOTT wartet auch auf das Ja des Judas Ischarioth und aller Judasgestalten im Hier und Jetzt.

ZWÖLF APOSTEL UND DOCH NUR EIN
einziger JUDAS DARUNTER?
WÜRBE DER GÖTTLICHE HEUT
ZÄHLTE ER *mindestens elf*

CHRISTIAN FRIEDRICH HEBBEL

6. Judas Ischarioth: «Überlieferer» des Evangeliums[550]

6.1 Judas – einer (in) unserer Theologie? Von der begründeten Hoffnung für alle Judasgestalten

Die hier vorgelegten Untersuchungen zu Barths Deutung der biblischen Judasgestalt haben gezeigt, dass Barth einen ernstzunehmenden Beitrag zur theologischen Rehabilitierung Judas Ischarioths geleistet hat. Barths differenziertes Bild widerstreitet einerseits einer einseitig negativen Polemik gegen diesen Jünger Jesu Christi sowie seiner Heroisierung andererseits. Dass Judas ein Sünder war, und in den Darstellungen der biblischen Texte gar *der* Sünder des Neuen Testaments, hat Barth nicht in Abrede gestellt, aber er hat mit Nachdruck darauf verwiesen, dass er «nur» Sünder unter seinesgleichen war. Und anstelle einer vor- und übereiligen moralischen Disqualifizierung der Judasgestalt hat er nicht nur die elf anderen Jünger, sondern ebenso jeden Menschen als Geschöpf GOTTES in Gemeinschaft mit Judas gestellt, hat zur Solidarität mit diesem Apostel aufgerufen. Denn die theologische Lehre, in die die biblische Judasgestalt bei Barth zu stehen kommt, handelt allem voran von einem anderen «Sünder». Barths Lehre von GOTTES Gnadenwahl handelt von einem, der von Haus aus frei von Sünde war, sich aber für alle Menschen und so auch und gerade für Judas Ischarioth zur Sünde machen liess:[551] Jesus Christus – wahrer Mensch und wahrer GOTT. Nicht nur wurde mit Barths ReVision der Lehre von der doppelten Prädestination «aus einem theologumenon horrible wieder eine frohe Botschaft»,[552] analog wurde aus jener stigmatisierten Figur, der das Christentum über beinahe 2000 Jahre alles anzuhängen versuchte, was seinem Ideal, seinen menschlich-allzumenschlichen Vorstellungen nicht zu entsprechen schien, wieder *einer von uns.* Dass Judas Ischarioth über Marias Verschwendung der Salbe in Bethanien zur Verherrlichung des Todes Christi murrte, ist zwar nach dem Zeugnis des Evangelisten Johannes sachgemäss, doch die anderen Jüngerinnen und Jünger hätten genauso gut in jener Situation murren können – und dass es

[550] Da ich bereits unter 5.1 eine Zusammenfassung geboten habe, inwiefern der Judasgestalt in und für Barths Lehre von GOTTES Gnadenwahl eine signifikant noetische Bedeutung zukommt, konzentriere ich mich im Folgenden auf den anderen Aspekt meiner Fragestellung, nämlich ob und, wenn ja, inwiefern Barths Judas-Deutung einen Beitrag zur *theologischen* Rehabilitierung dieser Gestalt bietet.

[551] Vgl. Mangina, Theologian of Christian Witness, 76.

[552] Lüthi, Geschichte der Auslegung, 169.

nach dem Bericht des Markus (14,4) und des Matthäus (26,8) eben gerade *nicht* Judas war, der murrte, daran hat Barth wieder erinnert. Das ist die Summe des Evangeliums, dass die Substitution der Verwerfung in der Erwählung Jesu Christi auch Judas Ischarioth gilt – wenngleich sie für diesen bei Barth «nur» als eschatologische Möglichkeit infrage kommt, was jedoch in Barths Konzeption überhaupt erst den Aufruf zur Verbundenheit mit allen Menschen, die noch nicht um ihre Bestimmung zur Erwählung in Jesus Christus wissen, auf den Plan ruft. Das ist der besondere Beitrag jener exegetischen Judas-Darstellung im Gegenüber zur dogmatischen Grundlegung von Barths Erwählungslehre: Barth befragt die biblischen Texte zur Gestalt Judas Ischarioths auf ihre Relevanz für die Theologie von heute. Die elf anderen Jünger bieten keinen Grund zur christlichen Überheblichkeit,[553] sondern fordern zur Solidarität auf. Dass nie wieder ein Judas am Baum hängen muss – weil ein anderer für ihn am Kreuz hing –, das ist die frohe Botschaft, der Inhalt der Lehre von GOTTES Gnadenwahl, kurz: die Summe des Evangeliums!

Ausgehend von einer textkritischen Entdeckung in den neutestamentlichen Texten zu Judas Ischarioth, die zum Dreh- und Angelpunkt der gesamten Argumentation wird, hat Barth auch in § 35.4 «Die Bestimmung des Verworfenen» seiner Kirchlichen Dogmatik an den zwei christologischen Hauptsätzen seiner Erwählungslehre festgehalten: «*Jesus Christus ist der erwählende Gott.*» (111) – Genitivus subjectivus – und «Jesus Christus ist der erwählte Mensch.» (124) – Genitivus objectivus – in dieser unumkehrbaren Reihenfolge. Weil GOTT in dieser doppeldeutlichen Erwählung Jesu Christi die Verwerfung auf sich selbst nimmt, bleibt für den Menschen nur sein Erwähltsein *in* Jesus Christus. Zum Erkenntnisgrund dieses In-Christus-erwählt-Seins wird, einfach ausgedrückt, der Glaube an die Auferstehung Jesu Christi. Weil sodann der Mensch nur innerhalb jener Grenze der Erwählung Jesu Christi stehen kann, muss Barth konsequenterweise auch Judas Ischarioth innerhalb jener Grenze erörtern. Barth tut dies, indem er das in allen Kontexten der Erwähnung Judas Ischarioths wiederkehrende Verbum παραδοῦναι nicht, wie in der Tradition üblich, mit «verraten» übersetzt, sondern auf dessen Grundbedeutung «überliefern» zurückgreift. Diese exegetische Entscheidung ermöglicht es Barth in der Folge, die Judasgestalt in ihrer Relation zum παραδοῦναι der anderen Jüngern, des Paulus, Jesu Christi und GOTTES wahrzunehmen. Judas Ischarioth ist in dieser Lesart nicht der Verräter, sondern der Überlieferer Jesu Christi. Judas ahmt damit in schrecklicher Art nach, was GOTT in Ewigkeit getan hat: Damit die Verwerfung in Jesus Christus für den Menschen substituiert wird, dafür gefiel es GOTT, IHREN Sohn Jesus Christus auszuliefern. Wenn aber Judas Jesus Christus «überliefert»

[553] Vgl. Bukowski, Gift des Judenhasses, 20f.

hat, überliefert er dann nicht auch das Evangelium und damit die frohe Botschaft, dass Jesus Christus von den Toten auferstanden ist? Barths Antwort auf diese Frage ist eine zweifache, in der sich nun die Spannungen seiner Erwählungslehre zeigen und damit Barths *theologische* Rehabilitierung der biblischen Judasgestalt auf den Prüfstand stellen. Barth antwortet auf die soeben gestellte Frage einerseits mit einem Ja, insofern Judas

> «in einer Weise zu seinem [sc. Christi] Diener wurde, wie es auch Paulus und Petrus nicht gewesen sind: nämlich zum Diener des Versöhnungswerkes selber, an dem jene doch nur nachträglich und als dessen Zeugen beteiligt wurden. [...] Weil die *göttliche* Überlieferung der Inhalt und Gegenstand der *apostolischen* Überlieferung ist, darum gäbe es ohne *Judas* und seine Tat auch *diese* nicht!» (559f.)

Judas wurde so zum wesentlichen Mitbegründer des Christentums. Andererseits antwortet Barth mit einem Nein, weil Judas mit seiner Tat *diesseits* des Ereignisses der Auferstehung steht und darum nur das Kreuz und sodann nur das göttliche Gericht, nur das Nein bezeugen kann. Barth hält an Judas' bleibender Berufung zu einem Jünger des Zwölferkreises und damit an seiner Erwählung fest, doch Barth degradiert ihn zum Platzhalter und bestimmt stattdessen Paulus als seinen Nachfolger, zumal dieser auf der anderen Seite des Kreuzes steht und damit den Inhalt des Evangeliums verkündigen kann: die Auferstehung. Und als Folge dieser Argumentation wird nun Judas Ischarioth bei Barth zur Repräsentationsfigur des Volkes Israels, des Judentums schlechthin. Damit lässt sich indes unverkennbar eine signifikant noetische Bedeutung der Judasgestalt in und für Barths Lehre von GOTTES Gnadenwahl behaupten, weil Barth damit wiederholt und ins Bild der Evangelien setzt, was er in § 34 anhand seiner ausführlichen Exegese von Röm 9–11 erörtert hat: Der doppelten Gestalt der Erwählung Jesu Christi entspricht die Erwählung der *einen* Gemeinde in ihrer doppelten Gestalt als Israel und Kirche. Während demnach das παραδοῦναι des Judas für den Zeugendienst Israels steht, so steht das παραδοῦναι des Paulus für den Zeugendienst der Kirche.

Barth veröffentlichte seine Erwählungslehre 1942 und damit nur wenige Jahre nachdem Ruth Rolloff, Erich Hartmann und Michael Wieck und mit ihnen Millionen von Menschen jenen Ruf gehört hatten, den sie noch bis Ende des Krieges und in ihrer Erinnerung ihr Leben lang hören würden und der ihr Leben für immer verändern sollte: «Judas verrecke!» Ohne Frage: Barth hielt als einer der wenigen Theologen jener Zeit an der *bleibenden* Erwählung Israels fest, was zu würdigen und ihm zugutezuhalten ist. Doch gerade angesichts dieser traditionsbrüchigen Position vermisst man umso dringlicher den *allem vorausgehenden* Ruf des Evangeliums für Jesu Brüder und Schwestern, den Ruf *für* Judas und das Volk Israel, für das Judentum. Zu einer Zeit, in der die biblische Judasgestalt aufgrund ihrer schrecklichen Pervertierung durch das nationalsozialistische Regime akuter als je zuvor der *theologischen* Rehabilitierung bedürft hätte, fällt Barth hinter seine eigene revidierte Verhältnisbestimmung von Evangelium und Gesetz zurück und macht sich damit der stereotypischen Hierarchie zwischen Christen- und Judentum schuldig. Das drückt sich paradigmatisch darin aus, dass er die Ansicht vertritt, «der auferstandene Herr der Kirche [sei] *auch* der offenbarte Messias Israels» (218) – doch gerade angesichts des «Judas verrecke!» müsste es *umgekehrt* sein! Robert Geis meint: «Was an Kampf und tapferem Widerstand aus der Gnade werden kann, wer hätte das deutlicher gezeigt als Karl Barth.»[554] Und ich frage mich: Gilt das auch für das Jahr 1942, als, sinnbildlich gesprochen, Judas Ischarioth nach Auschwitz deportiert wurde? Wie dringend nötig wäre eine christliche Schulderkenntnis, nicht Beschuldigung Judas Ischarioths gewesen, denn nur «christliche Schulderkenntnis, nicht Beschuldigung Israels kann die Substanz kirchlicher Israel-Lehre dem Judentum sichtbar machen»[555].

In Anlehnung an Kornelis Heiko Miskotte, der einen «Überschuss»[556] an Menschlichkeit im Alten Testament dem Neuen gegenüber konstatiert, hat für Marquardt der christliche Glaube

> «einen ‹Überschuss› an Bedürfnis nach eben dieser Menschlichkeit. Denn die Erkenntnis Jesu Christi ist [...] vor allem auch Erkenntnis der eigenen Bedürftigkeit und Angewiesenheit auf eine ‹Menschlichkeit›, die der Sünder und zumal der Heide in sich selbst nicht hat. [...] *Die ‹nur› im christlichen Glauben erkennbare Einheit der erwählten Gemeinde ist die Erkenntnis der Angewiesenheit gerade des christlichen Glaubens auf das jüdische Exempel der Menschlichkeit.*»[557]

Diesen Aspekt hat Barth durchaus ernst genommen, indem er seiner Judas-Passage jene dogmatische Bestimmung des Verworfenen vorangestellt hat, die unmissverständlich klarmacht, dass der «Verworfene» und sodann auch Judas Ischarioth die Erlösungsbedürftigkeit der Welt und *jedes einzelnen Menschen* repräsentiert.[558] Und indem Barth Judas Ischarioth, entsprechend dem neutestamentlichen Befund, bleibend als einen der Zwölf verstanden hat, hat Barth einen wichtigen Beitrag dazu geleistet, dass das Christentum seine Beziehung zu Israel *sucht.* Man muss darum, trotz bzw. gerade wegen der negativen und nicht zu

554 Geis, Leiden an der Unerlöstheit der Welt, 22.
555 Marquardt, Entdeckung des Judentums, 108.
556 Miskotte, Wenn die Götter schweigen, 179–181.
557 Marquardt, Entdeckung des Judentums, 111.
558 Vgl. KD II/2, 505.

relativierenden Frontstellung, dass Israel und Judas Ischarioth *nur* Zeugen des Gerichts seien, jene Grenze, in der Barth auf den «Verworfenen» und dessen Tun-als-ob zu sprechen kommt, umso dringlicher betonen, wie Barth dies auch selbst tut: «[E]s ist wichtiger, dringlicher, ernsthafter, ihre [sc. der ‹Existenz› des ‹Verworfenen›] von Gott gesetzte Grenze zu sehen, als die Schrecklichkeit, die ihr innerhalb dieser Grenze eigen ist.» (502) Was indes «die Wahrheit *des den Christus Verwerfenden* ist, kann ein an Christus Glaubender nicht wissen und darum nur von aussen beschreiben»[559]. Das gilt darum auch für Barth und allemal für seine Kirchliche Dogmatik, weshalb Marquardt beizupflichten ist, wenn er für § 35 konstatiert:

> «Dieses ‹von aussen› muss deutlich bleiben. Es ermöglicht die Beschreibung der Verwerfung als Relation zu Christus, – *es verwehrt aber als Grenzüberschreitung eine Analogiebeschreibung zur Verwerfung Christi* oder die Bildung eines Antitypos zu seiner Erwählung, durch die die ‹Schrecklichkeit› des verworfenen Wesens und Seins, Handelns und Tuns erfasst werden könnte. Das käme doch nur auf Werturteile hinaus, die gerade nichts mit Theologie zu tun haben, wenngleich sie sich leider auch bei Barths Beschreibung der Verworfenen, zumal der verworfenen Juden – schrecklich – häufen. So lehnen wir die Grenzüberschreitung ab und halten uns an das gerade nach Barth Wichtigere, Dringendere und in jeder Beziehung Ernsthaftere, das dann auch weniger grimmig ernst ist als all jene Aufzählungen der Schrecklichkeit des Verworfenen.»[560]

Dieses Dringendere nimmt diejenigen, die bereits jetzt um ihre Bestimmung zur Erwählung wissen, in Barths Erwählungslehre in die Pflicht, das Evangelium zu verkündigen. Die Summe des Evangeliums ist, gesprochen mit der Barmer Theologischen Erklärung, Zu- und Anspruch auf unser ganzes Leben[561] – vorbehaltlich dessen, dass eine endgültige Rechtfertigung, ein «Zurechtbringungsprozess»[562] für alle Menschen, im Eschaton noch aussteht. Was die Kirche und mit ihr die Gemeinschaft aller Hoffenden jedoch nicht davon befreit, diese Rechtfertigung im Hier und Jetzt bezeugend zu verkündigen und allen Menschen in Christi Sinne zuzusprechen und klagend für sie zu schreien, zumal sie im Hier und Jetzt für viele Menschen faktisch nicht erfahrbar ist. Wir alle bleiben dieser Rechtfertigung bedürftig – nicht nur Judas Ischarioth, sondern

559 Marquardt, Entdeckung des Judentums, 304 (Hervorhebungen durch MKB).
560 Ebd.
561 Barth, Texte zur Barmer Theologischen Erklärung, 3.
562 Vgl. Frettlöh, «Heute nun wieder ein Ästchen aus meinem Lebensbaum ...», 260, für einen eschatologischen Entwurf, der eine Zurechtbringung aller Geschöpfe einschliesst.

ebenso die anderen Jünger und Jüngerinnen. Das ist die theologische und sodann christologisch-soteriologische Deutung der biblischen Judasgestalt Barths anstelle jener moralischen der Wirkungsgeschichte. Damit diese Deutung aufgrund von Barths Erörterung der Relation zwischen Judas und dem Judentum nicht in den Hintergrund gerät, kann es hilfreich sein, Barths Judas-Deutung als fundamentaltheologische Weichenstellung für spätere Lehren seiner Kirchlichen Dogmatik zu verstehen. Barths Lehre vom Nichtigen in § 50 wie seine Hamartiologie in seiner Versöhnungslehre in KD IV bieten einen ernst zu nehmenden Beitrag, die sündige Tat des Judas nicht einzig in seiner Relation zum Judentum zu erörtern und zu verstehen. Beide Bezüge machen unmissverständlich klar, dass die Tat des Judas ein anachronistisches Handeln ist und darum nicht als ein spezifisch jüdisches Verhalten gekennzeichnet werden darf, sondern alle Menschen, weil Sünder und Sünderinnen, angeht. Eine heutige Rezeption der biblischen Judasgestalt wird gerade jene späteren Beiträge Barths in seiner Dogmatik zu berücksichtigen haben, auf dass es nie wieder zu einer Pervertierung dieser biblischen Gestalt wie während des Nationalsozialismus kommt. Darüber hinaus ist Barths Theologie insofern weiterzudenken, als Christinnen und Christen nicht nur Hinzuerwählte in den Bund GOTTES mit jüdischen Menschen sind, sondern darüber hinaus durch Christus auch zu Mitzeuginnen und Mitzeugen werden. Die christliche Zeugenschaft, welche die jüdische Zeugenschaft als gegeben voraussetzt, wahrt «das besondere jüdische [...] Selbstzeugnis»[563] und *fragt* nach einer *cooperatio testimonii.*

Und womöglich lehrt uns Christen und Christinnen im Neuen Testament erst einmal Judas Ischarioth, was eine solche *cooperatio testimonii* ist, weil gerade er, der meint, seine Erwählung verspielt zu haben, mit der Auferstehung Jesu Christi zum Zeugen des Erbarmens GOTTES wird. Und wenn die durch die Auferstehung auf den Plan gerufene Versöhnung «Leben aus den Toten» (Röm 11,15) ist, gibt es schlechterdings keinen Grund, Judas Ischarioth weiterhin diesseits jenes Ereignisses zu sehen und damit einzig und allein als Zeuge des Gerichts zu verstehen. Was für eine hoffnungsvolle Theologie könnte sein, wenn wir auch unseren Judasgestalten, den Judasgestalten im Hier und Jetzt, nicht absprächen, einmal Zeugen und Zeuginnen des Erbarmens GOTTES zu sein. Was, wenn anstelle jener dunklen Wirkungsgeschichte rund um Judas Ischarioth «das Plädoyer dessen [tritt], der sein Leben auch für ihn hingab»[564]? Was indes der Zeugenbegriff in Barths gesamter Theologie und für diese bedeutet und was er für unsere heutige Zeit leistet, gehört zu den Fragen, die an dieser

[563] Klappert, Israel und Kirche, 59.
[564] Frettlöh, Einer von uns, 188.

Stelle offenbleiben müssen. Dass es sich dabei um ein Desiderat der Barth-Forschung handelt, wird – so meine vorläufig abschliessende Wahrnehmung – gerade aufgrund einer genaueren Betrachtung und Auseinandersetzung mit Barths Judas-Deutung umso augenfälliger.

Ich komme auf jenen Vorwurf von Buess an seinen Lehrer Barth zurück, dass dieser mit § 35 seiner Erwählungslehre «*eine feine, aber deutlich gezogene Grenze* [*verletzt*]»[565] habe, insofern «Barth hier spricht, wo er verstummen sollte»,[566] denn «dass Jesus Christus das ‹Haupt› der Erwählten *und* Verworfenen sei [...][,] [das] ist biblische Wahrheit. Aber es ist im strengen Sinn eschatologische Wahrheit.»[567] Doch ich frage mich: Ist nicht all unser theologisches Reden eschatologische Wahrheit, aber aufgrund des biblischen Zeugnisses eine *begründete* Hoffnung? Ermutigt uns die Theologie Karl Barths nicht gerade dazu, GOTT *im* und allemal *beim* Wort zu nehmen? Und das auch mal laut und zuweilen ziemlich verwegen? Müssten wir darum nicht gerade «begründete Hoffnung haben für den, der doch einer von uns war und uns verlassen hat»[568]? Dass, wie Buess schreibt, «theologische Erkenntnis [...] nur als Werden wahr ist»[569], stelle ich damit keineswegs infrage. Aber gerade weil dem so ist, nimmt sie uns Theologen und Theologinnen im Hier und Jetzt umso mehr in die Pflicht. Es käme darum darauf an, uns einzugestehen, dass unsere Geschichte und allemal unsere Theologie sich immer wieder mit diesen anderen elf Aposteln und den weiteren Jüngerinnen identifiziert hat und ihr dabei gerade nicht aufgefallen ist, dass sie nach dem Tod Jesu flohen. Wie konnte ihnen nicht auffallen, dass einer von ihnen fehlte? Warum waren sie bloss so um ihren eigenen Kummer besorgt? Hatten sie den Bruder, mit dem sie so lange unterwegs waren, bereits *von der (Apostel-)Liste gestrichen*? Warum gingen sie ihm nicht nach? – Doch einer ging ihm nach: der Auferstandene. Sollten wir es ihm mit unserer Theologie nicht gleichtun?

---

565 Buess, Zur Prädestinationslehre, 60.

566 Ebd.

567 A. a. O., 59.

568 Frettlöh, Einer von uns, 186.

569 Buess, Zur Prädestinationslehre, 60.

6.2 Wo wird Judas hin(weg?)getragen? Eine epilogische Bildbetrachtung

In Vézelay – einem der «plus beaux villages de France»[570] – erhebt sich am Zipfel des Hügels, auf dem das burgundische Dorf steht, ein romanisches Meisterwerk: die Basilika Sainte-Marie-Madeleine. Seit dem Jahr 1979 zählt sie zum UNESCO-Weltkulturerbe und zieht nicht nur deswegen Jahr für Jahr unzählige Besucherinnen und Besucher an, sondern auch weil sie gemeinsam mit Rom und Santiago de Compostela zu den beliebtesten Wallfahrtsheiligtümern gehört.[571] Die Basilika lädt aufgrund ihrer architektonischen und künstlerischen Grazie zum Verweilen ein. Mit dazu gehören die 99 Kapitelle, die Texte, Geschichten und Themen aus dem Alten und dem Neuen Testament sowie aus der Vita von Heiligen ins Bild setzen. Eines von ihnen zeigt Judas Ischarioth. Ich betrachte es und denke ihm nach:[572]

Judas hängt am Strick! Und der Strick hängt am äusseren Ende des Kapitells, an der Volute auf der linken Seite. Die Augen des Judas sind weit geöffnet und die Zunge hängt ihm lechzend aus dem Hals. Er ist völlig entblösst, nackt. Mit seiner linken Hand versucht er, seinen Schambereich zu verdecken – schämt er sich? Wofür? Dafür, dass er Jesus Christus überlieferte? Die rechte Hand scheint länger zu sein und ohnehin fallen die besonders langen Finger sofort ins Auge – eine optische Täuschung? Oder der ins Kapitell gesetzte «*Langfinger*»? Die Beine und sein Oberkörper wirken klein, am grössten ist sein Kopf. Ob sein Genick bereits gebrochen ist? Der Kopf hängt am Strick, aber es scheint fast so, als würde er mit der linken Schulter versuchen, den Kopf aufrecht zu halten. Will er sein Gesicht wahren? Seine Füsse kann man von unten nicht sehen,[573] die Knie sind leicht gebeugt – so ganz zu hängen scheint er nicht. Noch nicht? Die nach links und rechts verlaufenden Voluten ent*springen* einem Blattwerk. Es sind grosse Blätter. Ein äolisches Kapitell ist es nicht, denn die Blätter zeigen nach oben, als würden sie aus dem Boden spriessen. Es scheint ein *fruchtbarer*

---

[570] Vgl. Plus Beaux Villages de France, Art. Vézelay.

[571] Vgl. Diemer, Stil und Ikonographie der Kapitelle, 1–3.

[572] Eine Fotografie des Kapitells findet sich als letztes Verbum externum in dieser Arbeit. Ausserdem ist dieses Kapitell Teil des Covers dieser Monografie und schliesst damit vorläufig den Kreis der systematisch-theologischen Wahrnehmungen zur biblischen Judasgestalt.

[573] Judas trägt gemäss Diemer «Schuhe, und seine Füsse scheinen den Astragal zu erreichen». Ders., Stil und Ikonographie der Kapitelle, 361.

Acker zu sein. Und dort hängt nun also Judas – umgeben von Blättern, unter dem Dach der Volute. Ein kleiner Windstoss, und seine Knie sind nicht mehr gebeugt, er fällt aus dem Kapitell. Jedoch würde der Strick ihn immer wieder zurückbaumeln lassen. Doch das ist nur die linke Seite, auf der Judas ganz alleine hängt.

Auf der rechten Seite hängt Judas nicht mehr am Seil, sondern liegt auf den Schultern eines anderen Mannes. Judas' Augen sind nun geschlossen, seine Hände fast nicht mehr sichtbar. Judas ist noch immer nackt, braucht sich aber nicht mehr zu schützen – auch nicht mehr zu schämen? Er wirkt friedlich. Wie ein Hirte ein Schaf, so trägt der andere Mann Judas auf seinen Schultern. Das verlorene Schaf, um das sich der Hirte gesorgt hat? Das schwarze Schaf? Eine Last scheint dieses schwarze Schaf – Judas – indes nicht zu sein: Da ist ganz schön viel Bewegung im Kapitell. Das Gewand des guten Hirten wirkt leicht und von einer lechzenden Zunge wie bei Judas auf der linken Seite ist nichts zu sehen. Der Mund ist geschlossen, der Blick sehr bestimmt. Auch hier stehen beide unter dem Schutz der Voluten, umgeben von Blättern. Doch der gute Hirte trägt Judas eben nicht nur auf seinen Schultern, sondern er trägt ihn an einen anderen Ort: Der linke Fuss des Hirten ist erhöht, als würde er sogleich eine Stufe nehmen. Wo die Treppe hinführen wird? Zu den anderen Schafen, zur Herde zurück? Wo trägt der gute Hirte den erhängten Judas Ischarioth hin? Weg? Nach Hause? Ja, nach Hause!

STE-MARIE-MADELEINE

Literatur- und Abbildungsverzeichnis

Die Abkürzungen folgen dem Abkürzungsverzeichnis der Theologischen Realenzyklopädie (TRE) Online, De Gruyter.

Karl Barth

Barth, Karl, Matthäus 26,17–29 (1914), in: ders., Predigten 1914 (GA 5), hg. von Ursula Fähler/Jochen Fähler, Zürich 1999, 88–101.

– Fides quaerens intellectum. Anselms Beweis der Existenz Gottes im Zusammenhang seines theologischen Programms (GA II/1931), hg. von Eberhard Jüngel/Ingolf U. Dalferth, Zürich ²1986.

– Das Wort Gottes und die Theologie. Gesammelte Vorträge, München 1924.

– Die Kirchliche Dogmatik (KD) I/1–IV/3, Zollikon-Zürich 1932ff.

– Römer 15,5–13 (1933), in: ders., Predigten 1921–1935 (GA 31), hg. von Holger Finze, Zürich 1998, 296–305.

– Offenbarung, Kirche, Theologie. Drei Vorträge, gehalten vom 10.–12. April 1934 in Paris, in: ders., Theologische Fragen und Antworten. Gesammelte Vorträge, 3. Band (1927–1942), Zürich ²1986, 158–184.

– Evangelium und Gesetz (TEH, Bd. 32), München 1935.

– Credo. Die Hauptprobleme der Dogmatik dargestellt im Anschluss an das Apostolische Glaubensbekenntnis. 16 Vorlesungen, gehalten an der Universität Utrecht im Februar und März 1935, Zollikon-Zürich ²1948.

– Gottes Gnadenwahl, München 1936.

– Gotteserkenntnis und Gottesdienst nach reformatorischer Lehre. 20 Vorlesungen (GiffL) über das Schottische Bekenntnis von 1560, gehalten an der Universität Aberdeen im Frühjahr 1937 und 1938, Zollikon 1938.

– Dogmatik im Grundriss (1946/47), Zürich ⁸1998.

– Die Menschlichkeit Gottes (ThST, Bd. 48), Zollikon-Zürich 1956.

– Nachwort, in: Schleiermacher-Auswahl, hg. von Heinz Bolli, Gütersloh ²1980, 290–312.

– Texte zur Barmer Theologischen Erklärung. Mit einer Einleitung von Eberhard Jüngel und einem Editionsbericht, hg. von Martin Rohkrämer, Zürich ²2004.

Sekundärliteratur

Balthasar, Hans Urs von, Karl Barth. Darstellung und Deutung seiner Theologie, Freiburg i. Br. [4]1976.

Bangerl, Wilhelm Johann, Das Nichts als Ab-Grund der Freiheitsgeschichte. Perspektiven der Gotteserfahrung im Zeitalter der Nichtsbedrohtheit aus der Begegnung mit Luigi Pareyson, Franz Rosenzweig, Karl Barth und Hans Urs v. Balthasar (Forum Religionsphilosophie, Bd. 9), Berlin/Wien 2006.

Becker, Jürgen, Das Evangelium nach Johannes (Ökumenischer Taschenbuchkommentar zum Neuen Testament, Bd. 4/2), Würzburg [3]1991.

Benjamin, Walter, Goethes Wahlverwandtschaften, in: ders., GS I/1, Frankfurt a. M. 1980, 123–201.

Bergner, Gerhard, Um der Sache willen. Karl Barths Schriftauslegung in der Kirchlichen Dogmatik (FSÖTh, Bd. 148), Göttingen 2015.

Berkouwer, Gerrit Cornelis, Der Triumph der Gnade in der Theologie Karl Barths, Neukirchen-Vluyn 1957.

Bjerg, Svend, Judas als Stellvertreter des Satans, in: EvTh 52/1 (1992), 42–55.

Bonhoeffer, Dietrich, Predigt zu Matthäus 26,45b–50. Finkenwalde, Judica, 14.3.1937, in: ders., Illegale Theologenausbildung: Finkelwalde 1935–1937 (DBW, Bd. 14), hg. von Otto Dudzus/Jürgen Henkys, München 1996, 973–979.

Brunner, Emil, Die christliche Lehre von Gott (Dogmatik Bd. 1), Zürich 1946.

– Die christliche Lehre von Schöpfung und Erlösung (Dogmatik Bd. 2), Zürich 1950.

Buess, Eduard, Zur Prädestinationslehre Karl Barths (ThSt[B], Bd. 43), Zollikon-Zürich 1955.

Bukowski, Sylvia, Impuls für eine Predigt über den Reformationsaltar: Das Gift des Judenhasses, in: Evangelische Kirche im Rheinland, Ausschuss «Christen & Juden», Der Jude als Verräter. Antijüdische Polemik und christliche Kunst (Eine Arbeitshilfe zum Wittenberger «Reformationsaltar» von Lucas Cranach dem Älteren im Kontext des christlich-jüdischen Verhältnisses), 19–21, www.ekir.de/www/downloads/ekir2014bild_bibel.pdf (letzter Zugriff: 10.7.2016).

Busch, Eberhard, Karl Barths Lebenslauf. Nach seinen Briefen und autobiographischen Texten, München 1975.

– Unter dem Bogen des einen Bundes. Karl Barth und die Juden 1933–1945, Neukirchen-Vluyn 1996.

– Die grosse Leidenschaft. Einführung in die Theologie Karl Barths, Gütersloh 1998.

Cane, Anthony, The Place of Judas Iscariot in Christology, Hampshire/Burlington 2005.

Chung Paul S., Karl Barth, God's Word in Action, Eugene OR 2008.

Crüsemann, Frank, Karl Barths Erwählungslehre und das Alte Testament, in: ZDTh 20 (2004), 147–161.

– Was ist und wonach fragt die erste Frage der Bibel? Oder: das Thema Scham als «Schlüssel zur Paradiesgeschichte», in: Kerstin Schiffner u. a. (Hg.), Fragen wider die Antworten, Neukirchen-Vluyn 2010, 63–79.

Demson, David E., Hans Frei and Karl Barth. Different Ways of Reading Scripture, Eugene OR 1997.

Dieckmann, Bernhard, Judas als Sündenbock. Eine verhängnisvolle Geschichte von Angst und Vergeltung, München 1991.

– Judas als Doppelgänger Jesu? Elemente und Probleme der Judastradition, in: Józef Niewiadomski/Wolfgang Palaver (Hg.), Dramatische Erlösungslehre. Ein Symposium (Innsbrucker theologische Studien, Bd. 38), Innsbruck/Wien 1992, 227–242.

Diemer, Peter, Stil und Ikonographie der Kapitelle von Ste.-Madeleine, Vézelay. Inaugural-Dissertation, Weimar 1975.

Dinzelbacher, Peter, Judastraditionen (Raabser Märchenreihe, Bd. 2), Wien 1997.

Drewermann, Eugen, Fürbitte für einen Verzweifelten, in: Raul Niemann (Hg.), Judas, wer bist du?, Gütersloh 1991, 29–43.

Duden Online, Art. Judas, der, www.duden.de/rechtschreibung/Judas_Verraeter (letzter Zugriff: 5.8.2016).

Eberlein-Braun, Katharina, Erkenntnis und Interpretation. Kritisches Denken unter den Voraussetzungen der Moderne bei Theodor W. Adorno und Karl Barth (Dogmatik in der Moderne, Bd. 3), Tübingen 2011.

Fenske, Wolfgang, Brauchte Gott den Verräter? Die Gestalt des Judas in Theologie, Unterricht und Gottesdienst (Dienst am Wort, Bd. 85), Göttingen 2000.

Ford, David, Barth and God's Story. Biblical Narrative and the Theological Method of Karl Barth in the «Church Dogmatics» (IC, Bd. 27), Frankfurt a. M. 1981.

Frettlöh, Magdalene L., Theologie des Segens. Biblische und dogmatische Wahrnehmungen, Gütersloh ^{4}2002.

– «Das Ja vor jeder Frage». Karl Barths Lehre von Gottes Gnadenwahl – ein Beitrag zum gegenwärtigen Subjektivationsdiskurs, in: ZDTh 20/2 (2004), 103–146.

– Gott Gewicht geben. Bausteine einer geschlechtergerechten Gotteslehre, Neukirchen-Vluyn 2006.

– Judas – einer von uns. Themapredigt im Anschluss an Apostelgeschichte 1,15–20, in: dies., «Ein Wort gibt das andere». Predigten und andere WortGaben aus dem Kirchlichen Fernunterricht (Erev-Rav-Hefte, Biblische Erkundungen 12), Uelzen 2010.

– «Heute nun wieder ein Ästchen aus meinem Lebensbaum ...». Erinnerungs- und Trauerarbeit begleiten. Ein Nachwort-Essay, in: Hannah Michaelsen, Adieu, Raphael! Erinnerungen einer Weiterlebenden, hg. von Magdalene L. Frettlöh, Uelzen 2014, 241–297.

– Gott «wählte unser Leiden [...] zu seinem eigenen Leiden». Was bedeutet die von Ewigkeit her geschehene Rechtfertigung Gottes angesichts geschöpflichen Leidens in der Zeit?, in: ZDTh 33/2 (2017), 7–55.

Frey, Christofer, Die Theologie Karl Barths. Eine Einführung, Waltrop ^{2}1994.

Friedlander, Albert H., Karl Barth und das Nichtige, in: Marcel Marcus u. a. (Hg.), Israel und Kirche heute. Beiträge zum christlich-jüdischen Dialog. Für Ernst Ludwig Ehrlich, Freiburg i. Br. u. a. 1991, 46–56.

Gallagher, Ian/Churcher, Sharon, After 2000 Years – the voice of Judas. World Exclusive: Churches Braced for Explosive Publication of «Lost Gospel» Which Could Threaten Very Basis of Christian Teaching, in: Mail on Sunday (UK), 12 March 2006.

Geis, Robert Raphael, Leiden an der Unerlöstheit der Welt. Briefe, Reden, Aufsätze, hg. von Dietrich Goldschmidt/Ingrid Überschär, München 1984.

Goebel, Hans Theodor, Trinitätslehre und Erwählungslehre bei Karl Barth. Eine Problemanzeige, in: Dietrich Korsch/Hartmut Ruddies (Hg.), Wahrheit und Versöhnung. Theologische und philosophische Beiträge zur Gotteslehre, Gütersloh 1989, 147–166.

– Vom freien Wählen Gottes und des Menschen. Interpretationsübungen zur «Analogie» nach Karl Barths Lehre von der Erwählung und Bedenken ihrer Folgen für die Kirchliche Dogmatik (Forschungen zur Praktischen Theologie, Bd. 9), Frankfurt a. M. u. a. 1990.

Goldschmidt, Hermann L./Limbeck, Meinrad, Heilvoller Verrat? Judas im Neuen Testament. Mit einem Geleitwort von Anton Vögtle, Stuttgart 1976.

Gollwitzer, Helmut, Krummes Holz – aufrechter Gang. Zur Frage nach dem Sinn des Lebens, München 1970.

Haarmann, Volker, Hintergrund: Judas, der Jünger Jesu, in neutestamentlichen Überlieferungen und in der Alten Kirche, in: Evangelische Kirche im Rheinland, Ausschuss «Christen & Juden», Der Jude als Verräter. Antijüdische Polemik und christliche Kunst (Eine Arbeitshilfe zum Wittenberger «Reformationsaltar» von Lucas Cranach dem Älteren im Kontext des christlich-jüdischen Verhältnisses), 5–7, www.ekir.de/www/downloads/ekir2014bild_bibel.pdf (letzter Zugriff: 10.7.2016).

Hailer, Martin, Heike Miskottes Israel-Theologie als theologisches Kaleidoskop, in: Martin Leiner/Michael Trowitzsch (Hg.), Karl Barths Theologie als europäisches Ereignis, Göttingen 2008, 291–316.

Härle, Wilfried, Sein und Gnade. Die Ontologie in Karl Barths Kirchlichen Dogmatik, Berlin/New York 1975.

Harrison, Dick, Verräter, Hure, Gralshüter. Judas Ischariot, Maria Magdalena, Pontius Pilatus, Josef von Arimathäa – Geschichte und Legenden, aus dem Schwedischen von Ingrid Bohn, Düsseldorf 2007.

Hartenstein, Judith, Art. Evangelium nach Judas, in: Das wissenschaftliche Bibellexikon im Internet (www.wibilex.de), 2009 (letzter Zugriff: 4.8.2016).

Hartmann, Erich, Münchener Jahre, in: Andreas Heusler/Andrea Sinn (Hg.), Die Erfahrung des Exils. Vertreibung, Emigration und Neuanfang. Ein Münchner Lesebuch, Berlin/Boston 2015, 72–81.

Janowski, J. Christine, Allerlösung. Annäherungen an eine entdualisierte Eschatologie, Neukirchen-Vluyn 2000.

– Warum sollte Gott nicht alle erlösen? Antworten auf einige Einwände gegen eine Allerlösungslehre, in: Magdalene L. Frettlöh/Hans P. Lichtenberger (Hg.), Gott wahr nehmen. Festschrift für Christian Link, Neukirchen-Vluyn 2003, 277–328.

Jens, Walter, Der Fall Judas (Interdisziplinäre Forschung und fächerverbindender Unterricht, Bd. 8), Ludwigsfelde [17]2015.

Jüngel, Eberhard, Gottes Sein ist im Werden. Verantwortliche Rede vom Sein Gottes bei Karl Barth. Eine Paraphrase, Tübingen 1965.

– Die Möglichkeit theologischer Anthropologie auf dem Grund der Analogie. Eine Untersuchung zum Analogieverständnis Karl Barths, in: ders., Barth-Studien (Ökumenische Theologie, Bd. 9), Zürich et al. 1982, 210–232.

– Einführung in Leben und Werk Karl Barths, in: ders., Barth-Studien, a. a. O., 22–60.

– Wertlose Wahrheit. Zur Identität und Relevanz des christlichen Glaubens, Tübingen [2]2003.

– Ganz werden (Theologische Erörterungen, Bd. 5), Tübingen 2003.

Kaiser, Ursula Ulrike, Das Judasevangelium, in: FV 61/1 (2016), 33–47.

Kim, Minho, Die umstrittene Prädestinationslehre. Luther – Calvin – Barth, Neukirchen-Vluyn 2013.

Klappert, Bertold, Die Christologie K. Barths als Anfrage an die Christologie der Gegenwart, in: Hans-Georg Geyer (Hg.), Freispruch und Freiheit. Theologische Aufsätze für Walter Kreck zum 65. Geburtstag, München 1973.

– Israel und die Kirche. Erwägungen zur Israellehre Karl Barths (TEH, Bd. 207), München 1980.

– Die Rezeption der Theologie Calvins in Karl Barths Kirchlicher Dogmatik, in: Hans Scholl (Hg.), Karl Barth und Johannes Calvin. Karl Barths Göttinger Calvin-Vorlesung von 1922. Mit Beiträgen von Jürgen Fangmeier, Alexandre Ganoczy, Albrecht Grözinger, Bertold Klappert, Christian Link, Dieter Schellong, Hans Scholl, Manfred Schulze, Hinrich Stoevesandt, Neukirchen-Vluyn 1995, 46–73.

Klassen, William, Judas – Betrayer or Friend of Jesus?, London 1996.

Klauck, Hans-Josef, Judas – ein Jünger des Herrn, Freiburg i. Br. et al 1987.

Kreck, Walter, Grundentscheidungen in Karl Barths Dogmatik. Zur Diskussion seines Verständnisses von Offenbarung und Erwählung, Neukirchen-Vluyn 1978.

Krieg, Matthias/Zangger-Derron, Gabrielle (Hg.), Judas. Ein literarisch-theologisches Lesebuch, Zürich 1996.

Krötke, Wolf, Sünde und Nichtiges bei Karl Barth (Neukirchener Beiträge zur Systematischen Theologie, Bd. 3), 2., durchges. u. erw. Aufl., Neukirchen-Vluyn 1983.

– Die Erwählung der einen Gemeinde. Zum Ort des Ökumene-Problems in der Erwählungslehre K. Barths, in: Rüdiger Lux (Hg.), «... und Friede auf Erden». Beiträge zur Friedensverantwortung von Kirche und Israel. Festschrift für Christoph Hinz zum 60. Geburtstag (Veröffentlichungen aus dem Institut Kirche und Judentum bei der Kirchlichen Hochschule Berlin, Bd. 18), Berlin 1988, 67–80.

– Die Christologie Karl Barths als Beispiel für den Vollzug seiner Exegese, in: Michael Trowitzsch (Hg.), Karl Barths Schriftauslegung, Tübingen 1996, 1–21.

– Die Summe des Evangeliums. Karl Barths Erwählungslehre im Kontext der Kirchlichen Dogmatik, in: Michael Beintker u. a.(Hg.), Karl Barth im europäischen Zeitgeschehen (1935–1950). Widerstand – Bewährung – Orientierung, Zürich 2010, 67–82.

– Gottes Gerechtigkeit als Recht der Gnade in der Theologie Karl Barths, in: ZDTh 56 (2012), 8–23.

Kübler, Mirjam, Judas Iskariot. Das abendländische Judasbild und seine antisemitische Instrumentalisierung im Nationalsozialismus, Kamen 2007.

Kügler, Joachim, Das Johannesevangelium, in: Martin Ebner/Stefan Schreiber (Hg.), Einleitung in das Neue Testament, 2., durchges. u. aktual. Aufl., Stuttgart 2008, 210–231.

Kuschel, Karl-Josef, Judas und Petrus. Nachdenken über einen doppelten Verrat, in: Raul Niemann (Hg.), Judas, wer bist du?, Gütersloh 1991, 68–76.

Lapide, Pinchas, Wer war schuld an Jesu Tod?, Gütersloh ^{2}1989.

Leonhardt, Rochus, Grundinformationen Dogmatik. Ein Lehr- und Arbeitsbuch für das Studium der Theologie, Göttingen ^{4}2009.

Lindsay, Mark, Dialectics of Communion: Dialectical Method and Barth's Defence of Israel, in: Geoff Thompson/Christiaan Mostert (Hg.), Karl Barth: Future for Postmodern Theology, Hindmarsh 2000, 122–143.

Link, Christian, Die «Einführung des Subjekts» in die Wissenschaft. Ein methodischer Umbruch in Medizin und Theologie, in: ders., In welchem Sinne sind theologische Aussagen wahr? Zum Streit zwischen Glauben und Wissen. Theologische Studien II, Neukirchen-Vluyn 2003, 183–197.

– Art. Prädestination. II. Dogmengeschichtlich, in: RGG^{4} 6 (2008), 1526–1530.

– Art. Prädestination. III. Dogmatisch, in: RGG^{4} 6 (2008), 1530–1532.

– Prädestination und Erwählung. Calvin-Studien, Neukirchen-Vluyn 2009.

– Calvin. Reformator Westeuropas (Studienreihe Luther, Bd. 6), Bielefeld 2016.

Lona, Horacio E., Judas Iskariot – Legende und Wahrheit. Judas in den Evangelien und das Evangelium des Judas, Freiburg i. Br. u. a. 2007.

Lüthi, Kurt, Judas Iskarioth in der Geschichte der Auslegung von der Reformation bis zur Gegenwart, Zürich 1955.

– Gott und das Böse. Eine biblisch-theologische und systematische These zur Lehre vom Bösen, entworfen in Auseinandersetzung mit Schelling und Karl Barth, Zürich 1961.

Luz, Ulrich, Das Evangelium nach Matthäus. Mt 26–28, Bd. I/4 (EKK), Düsseldorf u. a. 2002.

Maccoby, Hyam, Judas Iscariot and the Myth of Jewish Evil, New York u. a. 1992.

Mangina, Joseph L., Karl Barth. Theologian of Christian Witness, Louisville/London 2004.

Markschies, Christoph, Art. Gnosis/Gnostizismus. II. Christentum, in: RGG^{4} 3 (2008), 1045–1049.

Marquardt, Friedrich-Wilhelm, Die Entdeckung des Judentums für die christliche Theologie. Israel im Denken Karl Barths (ACJD, Bd. 1), München 1967.

Maury, Pierre, Erwählung und Glaube, Zollikon 1940.

McCormack, Bruce, Karl Barth's critically realistic dialectical theology. Its genesis and development 1909–1936, Oxford 1995.

– u. a.: Statt eines Nachwortes ... Abschlusspodium Karl Barth in Deutschland – Resümee und Perspektive, in: Michael Beintker u. a. (Hg.), Karl Barth in Deutschland (1921–1935). Aufbruch – Klärung – Widerstand, Zürich 2005, 465–486.

McDonald, Hugh Dermot, The Atonement of the Death of Christ. In Faith, Revelation, and History, Grand Rapids 1985.

McGlasson, Paul, Jesus and Judas. Biblical Exegesis in Barth (American Academy of Religion, Academy Series, Bd. 72), Atlanta 1991.

Meiser, Martin, Judas Iskariot. Einer von uns (Biblische Gestalten, Bd. 10), Leipzig 2004.

Miskotte Kornelis Heiko, Wenn die Götter schweigen. Vom Sinn des Alten Testaments, München 1963.

Oropeza, B. J., In the Footsteps of Judas and Other Defectors. The Gospels, Acts, and Johannine Letters (Apostasy in the New Testament Communities, Bd. 1), Eugene OR 2011.

Plasger, Georg, Jesus Christus als Urbild des Menschen und wahrer Mensch. Erwägungen zu Schleiermachers und Barths anthropologischer Christologie, in: Matthias Gockel/Martin Leiner (Hg.), Karl Barth und Friedrich Schleiermacher. Zur Neubestimmung ihres Verhältnisses, Göttingen 2015, 113–128.

Plus Beaux Villages de France, Art. Vézelay, www.france-beautiful-villages.org/en/vezelay (letzter Zugriff: 8.8.2016).

Popkes, Wiard, Christus Traditus. Eine Untersuchung zum Begriff der Dahingabe im Neuen Testament (AthANT, Bd. 49), Zürich/Stuttgart 1967.

Reichel, Hanna, Theologie als Bekenntnis. Karl Barths kontextuelle Lektüre des Heidelberger Katechismus (Forschungen zur systematischen und ökumenischen Theologie, Bd. 149), Göttingen 2015.

Robinson, James M., Das Judasgeheimnis. Ein Blick hinter die Kulissen, aus dem Amerikanischen von Heinz-Dieter Knigge, Göttingen 2007.

Rosenau, Hartmut, Allversöhnung. Ein transzendentaltheologischer Grundlegungsversuch, Berlin u. a. 1993.

Saari, Aaron Maurice H., The Many Deaths of Judas Iscariot. A Meditation on Suicide, London/New York, 2006.

Schleiermacher, Friedrich, Der christliche Glaube. Nach den Grundsätzen der evangelischen Kirche im Zusammenhange dargestellt (Bd. 2, ^{2}1831), Berlin ^{7}1960.

Schmitt, Eric-Emmanuel, Das Evangelium nach Pilatus, aus dem Französischen von Brigitte Grosse, Frankfurt a. M. 2012.

Schmitz, Werner, Judas, http://cms.bistum-trier.de/bistum-trier/Integrale?MODULE=Frontend&ACTION=ViewPageView&Filter.EvaluationMode=standard&PageView.PK=31&Document.PK=42283 (letzter Zugriff: 4.8.2016).

Schwarz, Hans, Die christliche Hoffnung. Grundkurs Eschatologie, Göttingen 2002.

Siller, Annelore, Kirche für die Welt. Karl Barths Lehre vom prophetischen Amt Jesu Christi in ihrer Bedeutung für das Verhältnis von Kirche und Welt unter den Bedingungen der Moderne, Zürich 2009.

Sonderegger, Katherine, That Jesus Christ Was Born a Jew. Karl Barth's «Doctrine of Israel», Pennsylvania 1992.

– Art. Israel, in: Richard Burnett (Hg.), The Westminster Handbook to Karl Barth, Louisville KY 2013, 117–120.

Sparn, Walter, «Extra Internum». Die christologische Revision der Prädestinationslehre in Karl Barths Erwählungslehre, in: Trutz Rendtorff (Hg.), Die Realisierung der Freiheit. Beiträge zur Kritik der Theologie Karl Barths, Gütersloh 1975, 44–75.

Spijkerboer, Anne M., Karl Barth und seine Exegese von David und Saul, in: ZDTh 13 (1997), 32–38.

Stegemann, Ekkehard W., Israel in Barths Erwählungslehre. Zur Auslegung von Römer 9–11 in KD II/2, § 34, in: ZDTh 20 (2004), 162–184.

Štefan, Jan, Gottes Vollkommenheiten nach KD II/1, in: Michael Beintker u. a. (Hg.), Karl Barth im europäischen Zeitgeschehen, a. a. O., 83–108.

Trowitzsch, Michael, Karl Barth heute, 2., grundlegend überarb. Aufl., Göttingen 2012.

Vogler, Werner, Judas Iskarioth. Untersuchungen zu Tradition und Redaktion von Texten des Neuen Testaments und ausserkanonischer Schriften (ThA, Bd. 42), Berlin 1983.

Völter, Bettina, Judentum und Kommunismus. Deutsche Familiengeschichten in drei Generationen, Wiesbaden 2003.

Wagner, Harald, Judas. Das Geheimnis der Sünde, menschliche Freiheit und Gottes Heilsplan, in: ders. (Hg.), Judas Iskariot. Menschliches oder heilsgeschichtliches Drama?, Frankfurt a. M. 1985, 11–38.

Weeden, Theodore J., Mark: Traditions in Conflict, Philadelphia 1971.

Wengst, Klaus, «Freut euch, ihr Völker, mit Gottes Volk». Israel und die Völker als Thema des Paulus – ein Gang durch den Römerbrief, Stuttgart 2008.

Werpehowski, William, Erzählung und Ethik bei Karl Barth, in: Marco Hofheinz u. a. (Hg.), Ethik und Erzählung. Theologische und philosophische Beiträge zur narrativen Ethik, Zürich 2009, 69–92.

Wieck, Michael, Zeugnis vom Untergang Königsbergs. Ein «Geltungsjude» berichtet, mit einem Vorwort von Siegfried Lenz, Heidelberg 1988.

Wischnath, Rolf, Eine Passionspredigt über Judas und dessen Reue, www.reformiert-info.de/15205-0-84-9.html (letzter Zugriff: 10.7.2016).

Wright, Nicholas Thomas, Judas and the Gospel of Jesus. Have we missed the Truth about Christianity?, Grand Rapids 2006.

Wüthrich, Matthias D., Gott und das Nichtige. Zur Rede vom Nichtigen ausgehend von Karl Barths KD § 50, Zürich 2006.

Zeindler, Matthias, Erwählung. Gottes Weg in der Welt, Zürich 2009.

Zwiep, Arie W., Christ, the Spirit and the Community of God. Essays on the Acts of the Apostles (WUNT, Bd. 293), Tübingen 2010.

Nachweise verba externa

S. 31: Ingeborg Drewitz, Judas Isachrioth [Auszug] in: Karl-Josef Kuschel (Hg.), Der andere Jesus (SP 625), München 1987, 169.

S. 45: Johann Zainer, Geistliche Auslegung des Lebens Jesu Christi, Insel-Verlag Leipzig 1922, 33 [Inselbüchereri Nr. 350], Holzschnitt: Jesus wäscht Judas die Füsse © Bayerische Staatsbibliothek München, 2 Inc.s.a. 138, fol. n1 recto (97r)

S. 57: Peter Maiwald, Judas-Versionen.

S. 67: Rembrandt van Rijn (1606–1669), Judas Returning the Thirty Pieces of Silver, 1629. Oil on panel. Private collection. © Private Collection, Photography courtesy of The National Gallery, London, 2016. Wikimedia commons.

S. 79: Kurt Marti, Die Liebe geht zu Fuss. Ausgewählte Gedichte. © 2018 Verlag Nagel & Kimche AG, Zürich.

S. 91: Vereinigte Domstifter zu Merseburg und Naumburg und des Kollegiatstifts Zeitz, Bildarchiv Naumburg, Foto: Matthias Rutkowski.

S. 107: Spürst du meine Zärtlichkeit?, Waage Verlag Zürich 1988/5. Auflage, 63f

S. 121: Leonardo da Vinci, Study for the head of Judas in «The Last Supper», c1494-c1499 (1883). From The Literary Works of Leonardo Da Vinci, Vol. 1 by Jean Paul Richter, PH. DR. [Sampson Low, Marston, Searle & Rivington, London, 1883]. © Heritage-Images / The Print Collector / akg-images.

S. 145: Gerhard Schöne, Setz Dich zu mir © Gerhard Schöne/ BuschFunk Berlin, CD «Lieder» – BuschFunk 1994.

S. 163: Nikolai Nikolajewitsch Ge, Das Gewissen Judas © The Yorck Project: *10.000 Meisterwerke der Malerei,* Wikimedia commons.

S. 197: Christian Friedrich Hebbel, Christus und seine Apostel, in: Franz von Lipperheide (Hg.), Spruchwörterbuch, o.O. ^{4}1962, 428.

S. 209: Cover-Bild von Matthias Hestermann des Kapitells «Jesus trägt Judas» in Vezelay © Matthias Hestermann.

Personenregister

Karl Barth wurde aufgrund des stetigen Vorkommens nicht aufgenommen.

Bibelstellenregister